關係結束後，成為更好的自己

暢銷經典版

分手、離婚、喪偶，
重建自我的19段旅程

Rebuilding

When Your Relationship Ends

BRUCE FISHER
ROBERT ALBERTI

布魯斯·費雪
羅伯特·艾伯提——著
熊亭玉——譯

目錄

獻給成千上萬曾參加心理重建課程的人們。我在課堂上幫助他們，也從他們身上學到很多東西，並寫在了這本書中。獻給我的孩子羅伯、托德和希拉。藉由他們的愛，我看到了更多的現實，聽見了更多的反饋，認識了更多的真相。獻給我的父母比爾和維拉，隨著人生閱歷的增加，我越發珍惜他們給了我生命和愛。獻給我的妻子尼娜，她愛我，並給予我所需要的東西，而非我想要的東西。最後，我要感謝我的合著者，同時也是我的編輯和出版人——艾伯提，在他的幫助下，我們寫出了我所想要的書。

——布魯斯．費雪（一九三一～一九九八）

獻給我的父母卡里塔和薩姆，早在我接受正規的心理學訓練之前，你們就讓我明白了離婚雖然是一件痛苦的事情，但對成人和孩子來說可以是一段成長的經歷。離婚過後，我們仍能做到生活得更健康、更幸福。獻給布魯斯，他向我們展現出如何將這一切變成現實。

——鮑勃．艾伯提

推薦序——維琴尼亞・薩提爾*

離婚如同一場手術，影響個人生活的各個方面。我經常說，離婚的根源在於婚姻存續時的情況和希望。很多人在結婚時都懷抱著美好的願望，覺得生活會變得更好，應該只有傻瓜才會覺得並非如此卻還選擇結婚吧。離婚時的失望有多深，取決於人們期望從生活中得到什麼，或是認為人生必須要找到另一半才有意義。

＊　維琴尼亞・薩提爾（Virginia Satir，一九一六～一九八八），最受愛戴、尊敬的心理治療大師之一，致力於婚姻和家庭的心理治療。她是公認的家庭系統理論的創始人。她的眾多著作奠定了家庭治療框架的基礎，如暢銷書《家庭如何塑造人》（*Peoplemaking*），為當今家庭心理治療有深遠的影響力。薩提爾女士為本書的第一版撰寫推薦序文。

對很多人來說，離婚就是一段支離破碎的經歷，在繼續個人的生活之前，他們需要收拾殘局。他們通常強烈地感受到絕望、失望、想要報復、無望與無助的情緒。為了將來的生活，他們需要重新定位。他們需要一些時間來緬懷過去的希望，並意識到希望不會憑空出現。

許多有關離婚的書籍都只是談論各種問題。的確，離婚後自尊會受到傷害，自我價值感會降低，內心會不斷糾結到底出了什麼問題，對未來會有很多恐懼。費雪博士提供了一套非常實用且有效的架構，幫助人們審視這個心路歷程，看看自己所處的階段，尋找未來的方向。他一步一步地引導人們去享受離婚之後的生活。他認為人們在這段期間裡可以從過去學到東西，更加了解自己，還可發展過去所未知的自我。若將這樣的過程比喻為是手術後的恢復期，確實是非常貼切。

人們在離婚當下以及離婚之後的情緒經歷，非常類似於面對死亡時的感受。一開始，人們會經歷否定期，拒絕承認已經發生的事情，想要逃離所處的環境。然後是憤怒，責備別人讓自己深陷困境。第三個階段是討價還價，處於這個階段的人們想要拿出帳本，把什麼都算個清楚。常見的表現形式，就是離婚時對孩子的監護權和財產分配的處理。接踵而來的就是抑鬱期，這時候人們會自怨自艾並產生強烈的失敗感。在經歷這所有的階段後，最終人們才會接受現實，接受自我，然後開始對未來產生希望。

我相信布魯斯．費雪的這本書可以引導人們度過一道道的關卡。重要的是，心理重建需要時間，人們要給自己時間來喚醒內心中麻痺、壓抑或未知的部分。願每一個人——此處指的是經歷離婚的人們——在走向生命的下一個階段時是帶著希望而不是失敗感。

寫於加利福尼亞門洛帕克

一九八〇年九月

前言

羅伯特・艾伯提博士

翻開本書之際，你很可能正因剛剛結束的戀情而傷心。也許你的婚姻曾經持續了很多年。也許你的戀情穩定，但沒有得到教會或國家的認可。你可能有小孩，也可能沒有小孩。也許是你提出了分手，又或者你只收到寥寥幾語的訊息，被告知分手。你的前任可能是個不錯的人，也可能是個混蛋。

無論你有什麼樣的故事，此時此刻，你心痛不已。我們了解這種排山倒海的感覺，但你真的可以從戀情結束的痛苦中恢復，並走過這段艱辛的旅途。這確實很難，不可能在一夜之間完成。不過，你能辦到的。這本書會告訴你該怎麼做，書中的十九個步驟是一套經過驗證的方法，已經成功幫助上百萬名讀者從離婚、分手或失去伴侶的痛苦中恢復過來，重建他們的人生。

一次又一次，我們收到離婚男女的來信，知道他們在讀過這本書後一步步走了出來，他們非常開心能把這本書介紹給自己的朋友：「你離婚了？那你必須讀一讀這本書！」

這需要花一些時間

你當然可以在幾個小時內就讀完這本書。可是離婚恢復期的長短就是另外一回事了。好好利用這本書，也許要花一年或更多時間，該用多長時間就用多長時間。你可能會前進幾步，然後後退一步。如果你參加了以此書為基礎的離婚復原討論課程，你進步得可能會快一點，大多數人的情況是如此。無論你做什麼樣的努力，都請不要著急，給自己充分的時間來度過布魯斯・費雪所謂的「離婚過程」。他的研究顯示：完全走出這一階段需要兩年左右的時間。什麼？兩年時間？你不想聽到這個，不是嗎？在現實的世界裡，你不可能在幾週甚至是幾個月的時間就完成從已婚人士到離婚人士，再到真正獨立的轉變。這總是要花上一段時間的。

有如攀登高山

開始心理重建之路後，你很快就會注意到，如同我們所描述，這個過程就像是在攀登高山

（或許沒什麼好驚奇的，布魯斯．費雪成年之後，大部分時間都居住在科羅拉多州的博爾德，就在洛磯山脈腳下）。攀登高山這個比喻很貼切：這一切的過程真的有可能讓你感到漫長且艱辛。一路上，你也許還會覺得「走到彎路」；就像是山路一樣，這條道路不可能筆直地通往頂峰。十九個重建過程出現的順序是針對絕大多數的人，並不意味著所有的人都是如此。一路攀登，你很有可能會遭遇挫折、迂迴前進，偶爾還會偏離道路。但請不要因此停下腳步。你所走的每一步，都是有價值的人生經歷和教訓。不要著急，給自己足夠的時間，充分了解自己的痛苦，重建自己的能力，讓自己得以前行。或許你已經發現，市面上關於離婚的書籍成千上萬種。大多數的書講的都是解決法律、財務方面的問題，爭取撫養孩子和監護權，找到新愛情。這本書則不同。人生在遭遇重大變故時，若想恢復自己的生活，就會面對各種不可迴避的情緒問題，我們的目標就是幫助你處理這些問題。

本書一開始會先呈現整個重建過程的全景，接著指導你度過最初的幾個月，這段時間裡，你很有可能會感到非常壓抑、憤怒、孤單，這是黎明前的黑暗。隨著時間的流逝，我們會幫助你扔掉過去的包袱。（你還一直扛著呢！）然後你會開始認識到自我的力量和價值。雖然有風險，但你會願意再次信任他人，願意再次展開始新戀情。如果繼續攀登，最終你就能找到有目標的自由人生。這些過程極有可能不會一帆風順，不過我們了解你，這一路上，每當你需要支持的時候，這本書便會帶給你指引。

在讀本書的同時，如果你參加過或看過布魯斯．費雪的離婚討論課程，他們會為你安排日程表，會和其他人一起參與討論，並從中學到很多東西。如果你是一個人在閱讀這本書，也可以自己安排進度，關心生活中此時此刻正在發生的事情。無論你以何種方式閱讀本書，都能在書中找到有用的訊息，在攀登重建自我的過程中獲得支持。

關於這本書的誕生

布魯斯．費雪是美國愛荷華州的農場小孩（用他自己的話來說）。大學畢業後，他當了緩刑監督官，面對的對象是違法的青少年。因為這段經歷，他再次回到大學研究所深造，希望更深入了解情緒力量帶給人生的衝擊。後來他的研究領域與職業生涯因為一場離婚而改變了方向。他開始探究人們是如何處理離婚這件事，並研發出一套「測試」標準，用來衡量離婚的過程。在第一版的「費雪離婚調適量表」（Fisher Divorce Adjustment Scale），他經過調查研究後發現，離婚過程中人們會經歷情緒上的痛苦，其中具有高度一致性的有十五個情緒階段（後來調整為十九個）。你可以在網路上閱覽「費雪離婚調適量表」（http://www.rebuilding.org/assessment，此為英文網站）。

費雪將這套模式拓展成復原討論課程，幫助人們度過離婚恢復期，與此同時，他開始把自己的理念和經歷整理成書。最初是由他自行出版，書名為《當你的感情結束後》（*When Your Relationship Ends*），一九八〇年我看到了這本書，當時我在出版社裡算是有影響力的編輯和出版人（我同時是執業治療師）。費雪和我一起努力花了一年時間，把這本書改編成較大眾化的書籍，於一九八一年由Impact Publishers出版，書名為《重建：當關係結束後》（*Rebuilding: When Your Relationship Ends*）。同一時間，費雪已經開始培訓其他人使用這套模式來指導離婚復原討論課程，這個為期十週的課程逐漸在全美國及其他國興起。

在費雪三十年的職業生涯中，培訓了百名指導師，他們將這套模式具體地呈現在離婚復原討論課程中，而課程最後的成效為費雪帶來非常珍貴的數據。此外，這個模式與這本書之所以能不斷提升，還要感謝幾千名曾參加課程的人們，他們的經歷以及所獲得的成果，不間斷地提供了紮實的基礎。一九九八年，費雪因罹患癌症不幸去世，這個時期，他建立的重建過程已經從原本的十五個發展到十九個；本書共經歷三個版本，印刷出版近百萬本，翻譯成多種語言，全世界的社區中心、教堂、門診中心、治療師，還有無數個家庭都在使用他的這套模式，並衍生出數百種討論課程。

讀者與學員藉由自身經歷肯定了這套重建過程在他們人生中的價值；不僅如此，教授、研究人員和治療師對此進行了幾十項研究，並在專業的相關雜誌上發表文章。這些研究顯示，透過「重建」模式的幫助，大多數參與離婚復原討論課程的學員，在自尊、對離婚的接納、對未來的希望、對過去戀情的釋懷、對憤怒情緒的接受，以及對新的社會關係的重建等各方面，都有非常重大的收穫。因此，這是一本以現實情況為基礎並經過細心驗證成效的書籍，而非一本隨意編排的通俗心理讀物。

關係正在變化中

如同我們所知道的，現在的感情關係可謂是形形色色，傳統的婚姻不再受到歡迎，選擇婚姻的年輕人變少，晚婚的現象也越來越多。雖然大多數離婚的人都會選擇再婚，但第二段婚姻維繫的時間卻不比第一段長。夫妻尋求超越傳統邊界的幸福，打破道德與宗教的界線是常有的事。前神父們也結婚了。即使人們到中年仍未婚，單身不再是貶義詞。年齡已不像過去一樣是種阻礙，所謂的花瓶丈夫變得和一直以來都存在的花瓶嬌妻一樣屢見不鮮。

二〇一五年，美國最高法院把同性婚姻納入法律，成書的此時我們對同性婚姻的離異了解並不多。雖然有些人依然認為同性婚姻是種罪惡，但這種婚姻關係變得更常見，每個人都必須適應現實。本書中沒有特別針對同性離異者的內容，但LGBTQ*的關係也會破裂（從已有的數據來看，這個數字和異性離異者相似），我們認為重建過程在本質上是一樣的。也許以後會發現同性離異者的經歷是不一樣的過程，但在那之前，我們認為，具有任何性別取向的人在經歷分手的痛苦之際，都可以從本書中獲得有價值的意見。人們之間的相似之處，遠遠多於不同之處。我們盡可能在這本書中介紹更多的內容，但如果你仍然無法在書中找到與自己情感關係百分百吻合之處，還請多多見諒。你終究會發現，這套重建過程確實是有成效的！

用詞說明

在本書中，你會發現經常提到由費雪創建的離婚復原課程，我們通常稱之為「費雪離婚討論課程」，有時稱它為「十週課程」、「費雪離婚與個人成長討論課程」、「重建課程」、「費雪討論班」，有時甚至簡稱為「課程」，雖然說法不同，但所指的內容是一樣的。

幫幫我！

當你正在努力的當下，時常會覺得自己需要更多幫助。如果你發現自己的焦慮、壓抑或憤

---

* 性少數群體，是女同性戀者（Lesbian）、男同性戀者（Gay）、雙性戀者（Bisexual）、跨性別者（Transgender）、酷兒（Queer）的英文首字母縮寫字，另外還有兩類：間性者（Intersex）、無性戀者（Asexual）。——譯者注

怒程度很強烈，我們會建議你向專業的治療師尋求協助。最終你還是要靠自己的力量走出來，但就像處理任何一項具有挑戰性的工作一樣，你必須要有合適的輔助工具，才能順利地完成任務。當你發現自己卡在某處，專業的諮商就是最有效的工具之一。當然，在開始之初，你需要的訊息都能在這本書中找到。我們建議你讀完每一個章節（即使一開始看起來並不適用於自己的情況）；持續為自己的「重建」過程做紀錄，回答每個章節後面的問題：「你現在過得如何？」（請務必誠實面對自我）；在重建之初，請不要貿然進入新戀情；然後，請不要著急，一定要給自己足夠的時間。

準備好踏上旅程吧。請打起精神，保持樂觀，並對未來充滿希望。拋棄多餘的包袱，換上堅固的鞋子。科羅拉多州的洛磯山脈是布魯斯・費雪人生中重要的一部分。加州的內華達山脈則是我人生裡重要的一部分。這座「重建」的高山就在你面前。準備好了嗎？我們一起來攀登吧。

第一章

重建的過程

當一段感情關係結束時，你很有可能會感受到隨之而來的痛苦。如何面對逝去的愛情？這19個調整步驟是一套非常有效的方法。在這一個章節裡會大致地介紹這套方法中的每個過程。

你痛苦嗎？假如你剛分手，當然會感到痛苦。但有些分手的人看起來並不痛苦，這是怎麼回事呢？要麼是他們已經療傷完畢，要麼就是他們還沒有感覺到痛苦。沒有關係，請大大方方承認自己的痛苦。痛苦是自然、健康、預料中的，甚至是很不錯的。既然大自然用痛苦這種方式告訴我們，我們受到了傷害，需要治療，那我們就著手開始治療吧。

我們能幫助你嗎？可以的。這二十五年來，布魯斯都致力於指導離婚復原討論課程，我們可以與你一起分享這些課堂上的內容。有些人參加了為期十週的討論班，他們的成長令人驚嘆。這本書第一版時就已經擁有數十萬讀者，在此，我們也會和你分享他們的看法及回饋，或許這樣做同樣能幫助你療傷。

離婚後會有一個調整期，這個過程有開始有結束，中間有具體的學習步驟。當你切身感受到痛苦，就會更急切地想要學習療傷的方法。我們之中大多數人都有長

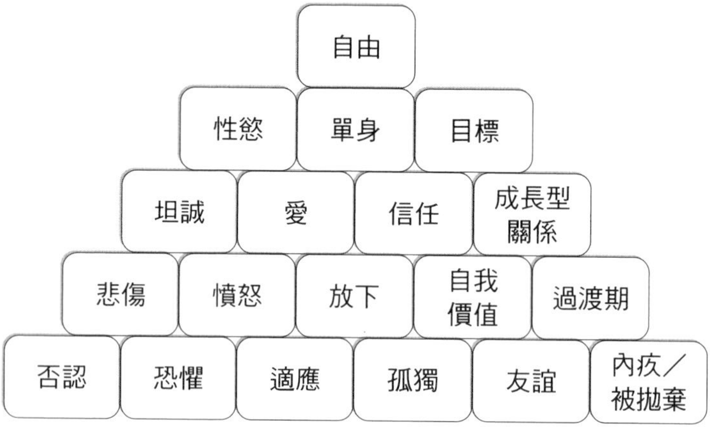

年的破壞性行為模式，也許從童年開始就是如此，而你可能就是其中一位。改變是非常困難的。處在愛情中時，你可能會覺得非常舒服，根本感覺不到需要改變。但是，現在你們分手了，痛苦擺在面前，你該怎麼做呢？你可以把痛苦當作學習和成長的動力，這雖然很難，但你可以做到的。

調整期的各個步驟組成金字塔形的「心理重建方塊」，它象徵著高山，而心理重建就是要攀登這座高山。對於大多數人而言，這是艱苦的行程。有些人沒有力量和恆心攀登到山頂，半途而廢；有些人還沒完整走到最後，就忍不住走進了另一段重要的戀情——他們一樣沒有攀登到頂端就放棄了，無法看到登峰之後壯麗的人生景緻；而有些人則是躲進山洞，待在自己的小小世界中，眼睜睜看著登山的隊伍從眼前經過，他們也是沒有登上山頂的一群人。更遺憾的是，還有一些人選擇了自我毀滅，在登山的道路上，看見第一個懸崖就縱身往下跳。

但我們可以肯定地告訴你，勇敢攀登吧，你不會後悔的！登上山頂，你就會發現一切艱辛的付出都是值得的。

攀登心理重建的這座高山需要多長時間呢？根據「費雪離婚調適量表」（Fisher Divorce Adjustment Scale），通常一年的時間可以到達高山的林木線（也就是渡過了攀登過程中極為痛苦的「否認」階段），如果要到達山頂，花費的時間還要更長一點。有些人花的時間低於平均水準，有的人則高於平均。研究顯示，有些人需要三至五年時間才能完成攀登。請不要因此洩氣，重要的是完成攀登的過程，而不是糾結在時間上的長短。要記住，按照自己的節奏來登山，不要因為有人的速度比你快就心煩意亂。就像生活一樣，你最大的收穫來自於登山和成長的過程。

我們傾聽過眾多參與離婚復原課程的學員心聲，閱讀了成千上萬封讀者們的來信，所以非常了解你所處的狀態。有時候人們甚至會說：「該不會上週我在和前任說話的時候，你就在門外偷聽吧！你怎麼會知道他說了這些話？」雖然我們都是不同的個體，有著獨特的經歷，但在分手時，我們都會經歷一些類似的模式。所以在談到模式時，你便會覺得某個模式很符合自己的感受。

生活中因為某些事情的結束而產生的危機其實和分手類似，它們的模式都是相似的。佛蘭克是布魯斯討論班上的一名參與者，他結束了神父的生涯，訴說自己經歷類似分手的模式。南希被開除丟了工作，她也經歷了類似的模式。貝蒂的丈夫去世了，她的感受也是相同的。也許，最重要的個人技能之一就是**學會如何調整自己以應對危機**。生活在世上，我們就很有可能會遭遇更多的危機，因此學會如何縮短痛苦的時間就顯得極為重要。

本章會簡短描述攀登心理重建的這條小徑。然後在接下來的章節，將一一體會「攀登」過程中的情感學習。我們會建議你從現在就開始寫日記，這樣可以使你的攀登過程變得更有意義。等到行程結束的那天，你可以回顧你的日記，查看自己在攀登過程中的改變和成長。本章結尾會有更多關於日記的內容。

金字塔形狀的重建方塊顯示了十九種具體的感受和態度，代表你必須征服的「高山」。調整期和攀登高山一樣艱難：我要從哪裡開始？該怎麼登山？高山如此險峻，找一個嚮導，再加上一份地圖如何？重建方塊就是嚮導，就是地圖，曾經沿著小路登上山頂的人們為你準備了這位嚮導，這份地圖。你只要一路攀登就會發現：雖然分手帶給你感情創傷，但你卻可以找到極大的個人成長空間。

本書的第一版是在一九八一年出版，當時布魯斯只寫了十五個重建方塊。之後，他持續幫助了成千上萬的人渡過離婚期，透過進一步的研究讓他在原本的基礎上增加了四個方塊，同時在原來的十五個方塊上做出修改。有很多人參加了布魯斯的離婚復原討論班，也有很多人成為這本書的讀者，他們的生活觸動了布魯斯，他對這些人心存感激。我們從他們身上學到很多東西，並把這一切寫進這本書中與你共同分享。

針對每一個重建方塊，都會提供具體的處理方法，避免這些方塊成為絆腳石（你很有可能已經摔得很慘了！）。雖然人們通常能馬上辨識出自己現階段需要克服的方塊，但也會有人無法找到自己的問題所在，因為他們善於隱藏自己對待問題時的情感和態度，直到他們一路攀登到了高處，才會發現並回頭開始征服最初忽略掉的重建方塊。凱西是某一屆討論班裡的志願者，在某天的課程中，她突然意識到：「原來我一直都沒有發現自己卡在內疚和被拋棄的重建方塊中！」因為知道了問題所在，隔週她就和大家報告自己有了很大的進步。

本章接下來的內容會概括介紹心理重建的攀登行程，說明路途中逐一出現的方塊。首先看到的是「否認」和「恐懼」這兩個方塊，它們是一開始就出現在調整道路上的過程，是令人痛苦不已的絆腳石。這種感受非常痛苦，你會覺得難以承受，甚至因而不願意挪動步伐開始攀登。

否認：我無法相信這種事會發生在我身上

有個好消息是：人類的心理機制非常巧妙。它只讓我們感受到自己能夠承受的痛苦，這樣我們就不會崩潰。難以承受的痛苦被放進了「否認」的袋子中，一直到我們足夠堅強，能承受這份痛苦時才會被放出來。

而壞消息是：有些人一直處於否認當中，不願意走上恢復之路，也就是不願意攀登這座重建的高山。造成這種現象的原因有很多，有些人無法接觸、辨認自己的感受，因此難以適應任何一種變化。但他們必須懂得的道理是：「凡是人們能感受到的，都是可以治癒的。」有些人則是因為對自我的評價很低，不相信自己可以征服這座高山。還有些人是懷有很嚴重的恐懼心理，因而無法攀登高山。

那麼你呢？在你的否認之下隱藏著什麼樣的情緒感受呢？諾娜一直猶豫是否

否認

要參加為期十週的討論班，後來她終於明白自己為什麼猶豫了：「如果我真的參加了討論班，就表示我的婚姻已經結束了，但我還不想接受這個事實。」

恐懼：我非常的害怕！

你經歷過暴風雪嗎？狂風怒號，漫天飛雪，只能看見眼前幾公尺內的東西。那種感覺就像是：找不到安身之處，便會性命不保。這樣的經歷的確讓人心生恐懼。在剛分居時，你感受到的恐懼就猶如是身處在暴風雪中。你可以藏身在何處呢？

如何才能找到該走的路呢？你選擇不攀登這座心理重建的高山，因為僅僅是站在山腳下就已經讓你感覺難以承受了。你覺得山路只會讓自己更迷茫，使處境更危險、更恐怖。一旦這樣想，你又怎麼可能往上攀登呢？所以你會想要躲起來，捲曲身體藏在某個角落裡，藉以躲避這場可怕的暴風雪。

瑪麗打了幾次電話報名參加討論班，但每一屆討論班晚上開課時她都沒有出現。她一直躲在自己空蕩蕩的公寓裡，只有當家裡沒有食物時，她才會冒險走出家門到商店買東西。她想要躲避這場風暴，不想面對自己的恐懼。恐懼壓倒了

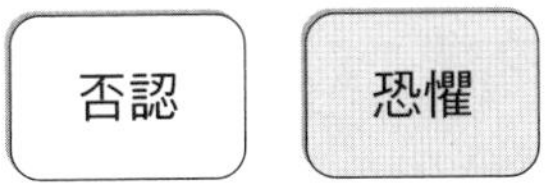

她，讓她害怕得不敢來參加離婚復原討論班的晚間課程。

你是怎麼處理恐懼的呢？當被恐懼支配，動彈不得時，你會做些什麼？你能鼓足勇氣面對自己的恐懼，然後準備好攀登這座高山嗎？每當你征服了恐懼，你就多一份繼續人生之旅的力量和勇氣。

適應：可是小時候這樣做是可行的！

每一個人都有很多健康的心理狀態：好奇、有創造力、有愛心、自我價值感、適度的憤怒。可是在成長的過程中，我們受到家庭、學校、教會或是其他方面的影響，例如電影、書籍和雜誌，它們並非總是對健康的心理有益，反而是造成壓力、創傷、缺少愛和其他健康的隱患。

如果一個人被照顧、被關心和被愛的需求沒有得到滿足，他就會想辦法來適應。但是，並非所有的適應行為（Adaptive Behavior）都是健康的。在適應行為中有：對他人過度負責，成為完美主義者，取悅他人，或是有隨時想要幫助人的衝動。不健康的適應行為如果發展過度，會讓你失去平衡，而你可能就會藉由與另一個人建立關係來重建自己的平衡。例如，如果我是個過分負責的人，我就可能

否認　恐懼　**適應**

會找一個不怎麼負責任的伴侶，如果我找的人還不夠不負責任，我就會將他訓練得更加不負責任，如此就能把責任「極端地」放在自己身上：我變得越來越負責，而對方則變得越來越不負責任。這種極端化現象對戀情而言通常是致命的。這是一種病態的互相依賴。

吉兒的陳述就能說明這個問題：「我有四個孩子，我丈夫就是其中之一，他就像是我的大兒子。」所有的責任都落在吉兒的肩上，整個家庭的財務管理要她負責，支付帳單也是她的事，吉兒對此非常不滿。但其實她不需要去指責丈夫傑克不幫忙，她應該明白，人與人之間的關係就像是一個系統，一旦她過度負責，傑克就很有可能不負責。

幼年時期學會的適應行為不一定能帶來健康的成人關係。這樣解釋，你或許就能明白為什麼需要攀登這座高山了吧？

接下來的幾個方塊代表了「離婚黑洞」：孤獨、失去友誼、內疚與被拋棄、悲傷、憤怒，以及放下。這些都會讓人感到很難受，覺得是一段非常難熬的時光。若想熬過每個階段、迎來好心情，絕對是需要下一番功夫。

孤獨：我從來沒有這麼孤單過

分手之後，你也許會感受到一股前所未有的孤獨。當配偶離開了，許多日常的生活習慣必須跟著改變。作為夫妻時，你們或許有分隔的時候，但在那個當下，即使你的配偶不在身邊，你們的夫妻關係仍是存在的。而當夫妻關係結束時，無論從哪個方面來說，配偶都不在你身邊了。突然之間，你變的形影相吊。

「我一輩子都會這樣孤單的過下去。」這個想法是令人難以承受的。一旦有這樣的想法，就彷彿再也不會有愛你的人互相陪伴了。你可能還有與你一起生活的小孩，身邊也有朋友和親人，你愛的人們給了你溫暖的感覺，但這些卻都敵不過這種孤獨感。這種空蕩蕩的感覺會消失嗎？孤身一人的你，還能擁有舒適的感覺嗎？

約翰時常在酒吧裡逗留，他審視自己的這種生活，然後對自己說：「面對孤獨，我一直都在逃避，想利用酒精麻痺自己。我想，我該試著一個人待在家裡，把自己的感受寫在日記裡，看看這麼做是否能更了解自己。」藉由這樣的方式，他已經開始把感到孤獨變成享受孤獨。

否認　恐懼　適應　**孤獨**

友誼：大家都去哪裡了？

你會發現，最開始出現的重建方塊往往都非常痛苦。正因為這些感受太痛苦了，所以你非常需要朋友來幫助你面對並克服。不幸的是，人們在離婚的過程中，已經失去了很多朋友。對於分居的人來說，這樣的問題尤為明顯。而且由於情感上的痛苦以及害怕被拒絕，離婚的人很常會迴避社交往來，讓問題變得更加嚴重。你的朋友當然也不會覺得離婚是件高興的事，所以待在離異友人的周圍，會使他們覺得不舒服、不自在。

貝蒂說，上週末那些以前經常聚在一起的夫妻們舉辦了派對，卻沒有邀請她和她的前夫。「我真的感到很受傷，也非常的憤怒。她們到底在想什麼？難道是認為我會勾引她們的丈夫還是怎麼樣呢？」或許你需要的是重建自己的社會關係，與能夠理解你在情感上受苦並願意真心接納你的人來往。用心留住一些老朋友，然後結交能夠支持你、傾聽你心聲的新朋友。

現今，透過網路與人聯繫十分方便，你會很常用手機、平板電腦或筆記型電腦來代替面對面的交流。網路的確在很多方面都是非常好的資源，但是我們強烈建議你，不要因為簡訊、推特或臉書的存在就阻斷面對面的接觸。

否認　恐懼　適應　孤獨　友誼

內疚／被拋棄：拋棄者內疚；被拋棄者遭拒絕

你一定聽過拋棄和被拋棄吧，只要是經歷過分手的人都不需要別人來解釋這兩個詞。一般來說，兩人之中會有一個主動提出分手，這個人就是把別人甩了的拋棄者；另一個較不情願且被動的就是被拋棄者。大多數拋棄者會因為傷害了以前的戀人而感到內疚；被拋棄者則難以接受被甩的事實。

拋棄者主要的感受是內疚，被拋棄者主要的感受是被拒絕，因此兩者的調適過程不同。在離婚復原討論班尚未討論這個話題之前，迪克一直覺得他的分手是雙方共同的願望，直到上完課回家後，他開始思考這個問題，最後終於承認自己是被拋棄者。一開始，他感到非常憤怒，但隨後便承認自己很在意被拋棄，並且認知到自己必須處理好這種情緒，才能繼續在心理重建的路上攀登下去。

否認　恐懼　適應　孤獨　友誼　內疚／被拋棄

悲傷：可怕的失落感

悲傷是復原過程中重要的一環。失去了愛，某段關係結束了，所愛的人不在了，沒了家，只要是在這些情況下，我們都會為失去的東西感到悲傷。對有些人來說，離婚在很大程度上是悲傷的過程。是一種難以承受的傷心再加上絕望的感覺。因為悲傷，所以會感到筋疲力盡，認為自己是無助的，且無力改變生活。悲傷是一個很關鍵的重建方塊。

悲傷的特徵之一就是體重下降，但有些人在悲傷階段體重上升。布倫達對海瑟說：「我必須減肥——我大概會再次分手吧！」她會這樣說的確不足為奇。

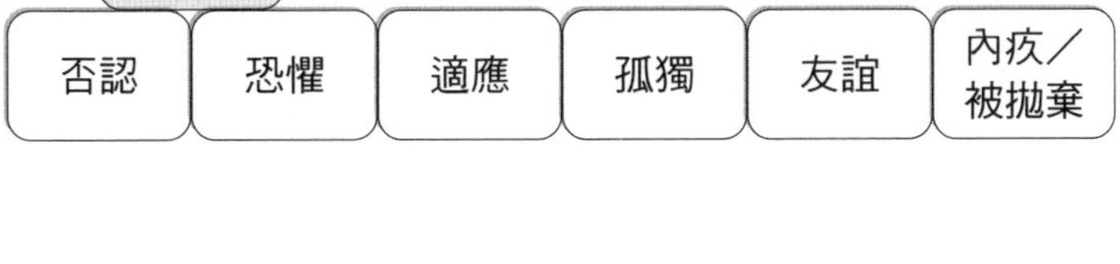

憤怒：可惡的混蛋！

唯有親身經歷過，否則很難明白在離婚期的憤怒強烈程度。《得梅因紀事報》（*Des Moines Register*）報導了一則軼事，從讀者的反應就可以判斷這個人是離婚或已婚人士：一位被甩的女性開車經過公園，看見甩了她的前任正躺在毯子上，身邊還有一位新女友。於是她把車開進公園，直接從那兩人身上輾過（幸好她開的是輛小車，兩位受傷都不嚴重）！離婚的人看到的反應是大喊一聲：「幹得好！她有沒有倒車再撞一次？」不明白離婚憤怒的已婚者則會倒吸一口氣：「天啊！太恐怖了！」

大多數離婚的人都未能想像到自己會如此憤怒。這是一種特定的憤怒，單純針對自己的前任。這種憤怒能幫助你在情感上與前任拉開一些距離。這是應該的，所以若能處理得當，憤怒的確有助於你的恢復。

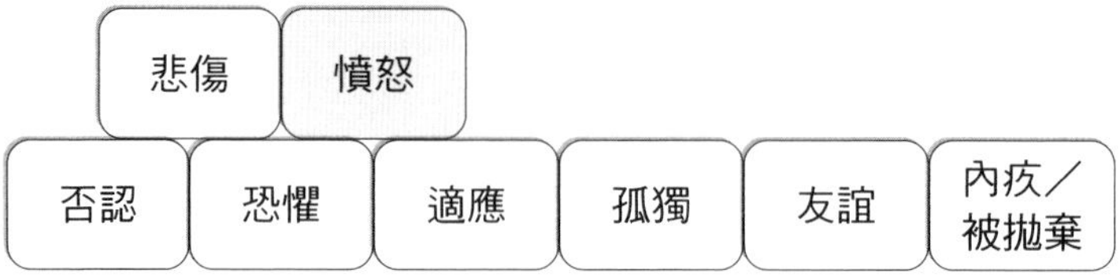

放下：要解脫很難

愛情的聯盟解體了，牢固的情感連結卻還未解開，想要放下？實在太困難了。然而，別在這段已經結束的關係上繼續投入感情，這一點很重要。

史黛拉先分居後離婚，四年後才來到離婚復原討論班。可是，她依然戴著結婚戒指。已經結束的關係就像一具情感的屍體，即使繼續投入也絕對不會得到任何回報。相反地，我們應該積極投入於有豐厚回報的個人成長方面，這樣做會幫助走過離婚期。

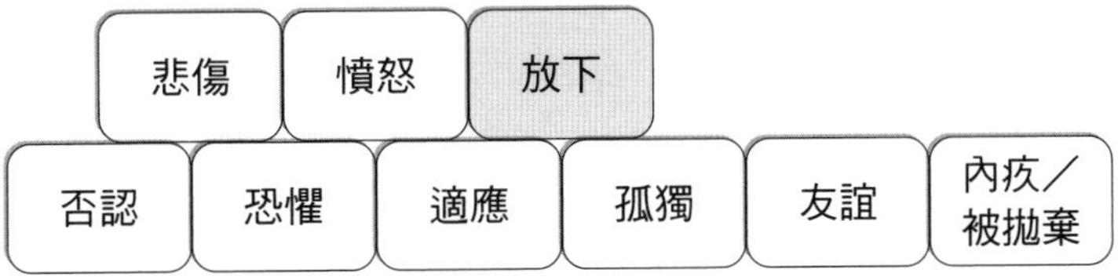

自我價值：其實我還不錯！

自我價值與自尊心對人們的行為有很大的影響。自尊低落與想要尋找更強的自我認同，是造成離婚的主要原因。而離婚又反過來拉低了自尊，讓人失去自我認同。對很多人而言，分手時的自我概念會跌到最低點。因為他們非常投入在感情中，所以分手後的自我價值和自尊心都遭到了毀滅性破壞。

珍在日記裡寫：「我覺得自己一無是處，甚至連早上都無法打起精神起床。」、「每天我都找不到理由去做任何事情，我只想變得小小的，待在床上不起來，直到我能找到起床的理由。既然沒人會想我，我為什麼要起床呢？」

但只要你能提升自我的價值感，就能走出離婚的黑洞，並漸漸地更愛自己。然後勇氣就會隨之來到你身邊，你需要這份勇氣帶你進入面對自我的旅程。

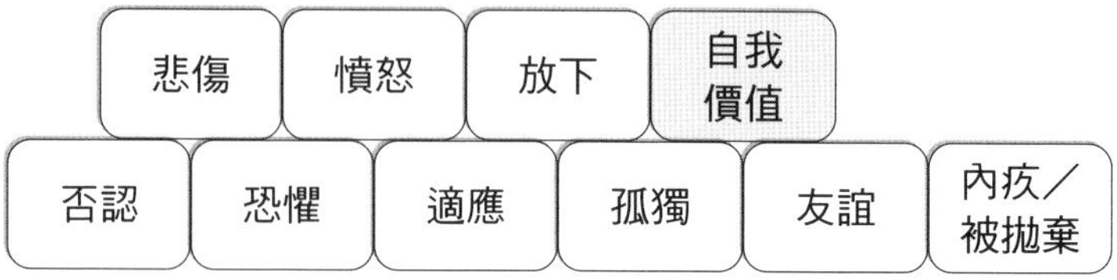

過渡：我已覺醒，決定與過去徹底告別

你想弄清楚為什麼這段關係會結束，或許你需要對已經逝去的感情進行「驗屍」。一旦找出分手的原因，你就可以著手改變，在未來創造並建立不一樣的關係。

在過渡階段，你會開始意識到原生家庭對你的影響。你很有可能發現以前的配偶與自己關係不好的父親或母親非常相似，你會在自己的成人關係中試著解決童年沒有完成的成長任務。也許你會厭倦自己一直都在做「應該做的事」。對於該怎麼過自己的生活，現在你想要自己做決定。你可能會開始一段叛逆的階段——破繭而出。

沒有解決掉的絆腳石，最終可能會導致分手的結局。你必須把垃圾扔掉，是時候把上一段關係、過往戀情以及早年生活的包袱全都清理掉。你原以為已經處理好這些情感垃圾，但只要開始新的戀情，就會發現這些東西還留在你心裡。課程學員肯恩曾經對布魯斯說：「無論我走到哪裡，都擺脫不了這些東西。」過渡是你學習以新方式與他人交往的轉變期，也是一個你能自由自在做自己的開始。

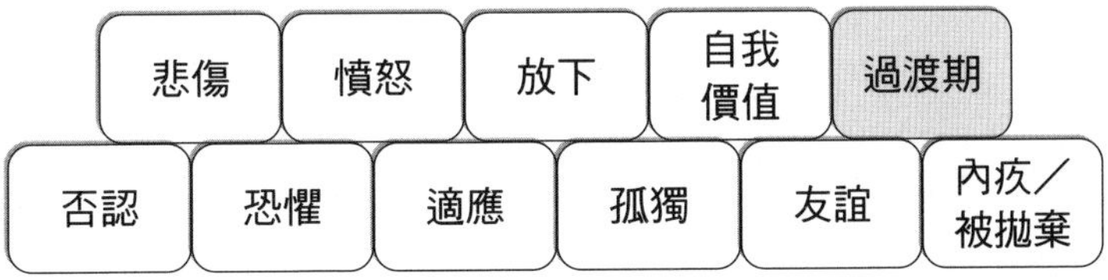

雖然要征服接下來的四個方塊會非常困難，可是一旦你面對自我，了解真正的自己，重建健康關係的根基，就會獲得極大的滿足感。坦誠、愛和信任能讓你成為真正的自己。歸屬則帶你輕鬆與他人重新建立親密關係。

坦誠：原來我一直躲在假面具的背後

面具是你表現出來的情緒或形象，你希望別人認為這就是你。可是面具會讓別人無法了解真正的你，有時甚至讓你也無法了解自己。布魯斯回憶起他童年時的一位鄰居，這個人總是笑臉迎人。「等我長大後，我才發現隱藏在那張笑臉下的是他內心堆積如山的憤怒。」

有許多人都很害怕摘下自己的面具，我們認為別人不會喜歡真實的自己。可是，假如我們真的摘下了面具，我們的感受又會是怎樣呢？我們會感受到和朋友以及所愛的人之間變得更親近、更親密，這是一種以前所想像不到的感覺。

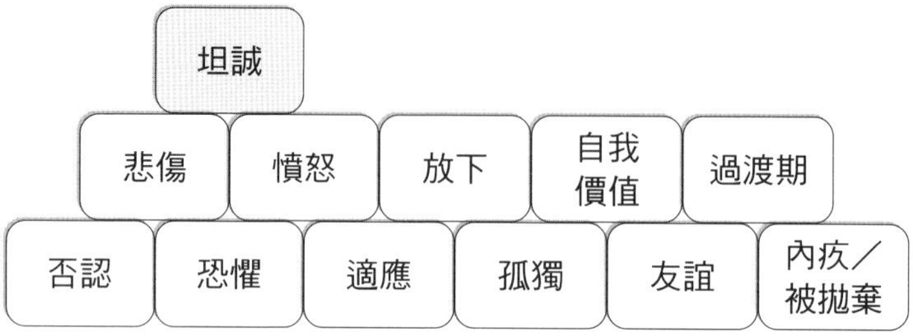

學員珍在討論班裡吐露心聲，說自己厭倦了在臉上掛著芭比娃娃般的幸福表情。「我真的好想讓別人知道我的真實感受，我不想再裝出幸福快樂的樣子。」她的面具變得沉重了起來，這意味著她可能準備好要摘下面具了。

愛：真的有人會在乎我嗎？

一個典型的離婚人士會說：「以前，我認為自己知道愛是什麼，但現在我會想，之前的我並不知道愛是什麼吧。」分手會讓人重新審視什麼是愛。在這個階段，人們有可能會認為自己不討人喜愛。雷納德說：「我不只覺得自己現在不討人喜愛，我擔心自己永遠都不會讓人喜歡了！」這種擔心真的會使人感到崩潰。

「愛鄰如己」是基督徒的教義，但如果你不愛自己會怎樣呢？有很多人把愛的重心放在另一半身上，勝過於愛自己。離婚的時候，愛的重心不存在了，於是加重了失去的創傷。在重建的過程中，學會愛自己是很重要的一點。如果你不愛自己，不能認同自己原來的

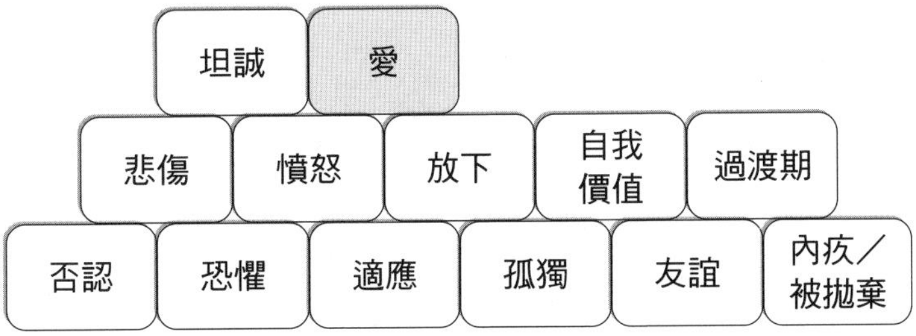

模樣，不能「完完全全地接受自己」，你又怎麼能期待別人愛你呢？

信任：情感的傷口開始癒合

信任位在重建的金字塔中心位置，代表人們內心信任的基本是整個調整期的中心。離婚的人經常說自己無法再信任任何異性，但當你對別人指指點點的時候，有三根手指頭對著自己。這句話雖是老生常談，但用在這裡卻非常恰當。當他們說不能信任異性時，其實更多時候是指他們無法信任自己，而不是對方。

一段關係結束後，典型的離婚人士會受到愛情帶來的深刻傷害，而這種傷害會妨礙他們再次墜入愛河。他們需要很長的時間才能再冒著受傷害的風險與他人有情感上的接觸。但其實還有一點需要提醒的：保持距離也是有危險的！洛伊絲說，她第一次約會回家後，發現身體的一側留下車門的壓痕，原因是她坐在車上時，極力的想離約會對象遠一些。

成長型關係：有助於心理重建

分手後，人們會另尋新戀情，而且往往會覺得在新戀情裡找到了上一段感情中缺少的東西。人們的感受會是這樣：「我相信我找到了那個人，那個我唯一想要與他廝守終生的人。這段新感情好像解決了我所有的問題，我要牢牢地把握住。我相信，現在這個人會讓我幸福。」

此時，人們需要意識到，自己的感覺之所以如此好，是因為你已經變成自己想成為的那種人。人們想要找回自己的權力，想要掌控自己對美好事物的感覺。

分手後的新戀情通常被稱作「反彈式關係」（Rebound Relationship），這個用詞在某種程度上有幾分真實。這段新戀情一旦結束，往往比之前的分手還讓人痛苦。痛苦能達到什麼程度？在簽署離婚協議的人之中，大約有百分之二十沒有參加離婚復原課程，可是這百分之二十的人在反彈式關係結束後，卻都報名了課程。

你可能還沒有準備好要思考下一個方塊。但是，時機已經到了。

性慾：我有興趣，但是我很害怕

提到「性」這個詞，你會想到什麼？大多數人可能會有情感和非理性的反應。我們的社會過分強調了性，美化了性，導致於在已婚人士的想像中，離婚的人往往都是縱慾的——他們可以自由自在地「在性愛的草地上嬉戲玩耍」。事實上，在離婚單身後，性慾往往是這些人覺得最為煩惱的事情之一。

處在戀情中的人有性伴侶，即使戀情結束了，但性的需求還在。事實上，在離婚期的某些階段，人的性慾會更為強烈。然而一想到約會，這些人多多少少還是有些害怕的，他們就像回到了青少年時代；想到自從上次約會後，約會的規矩已經不同了，他們就更加害怕，很多人認為自己變老了、沒有吸引力、缺乏自信、怕出糗，甚至道德感凌駕於他們的性慾之上。有些人要接受來自父母的教誨，有些人的孩子則是樂於叨念他們（老媽，一定要早點回家哦）。就這樣，對很多人來說，約會成了充滿不確定性、令人迷茫的一件事。性慾的不滿足變成

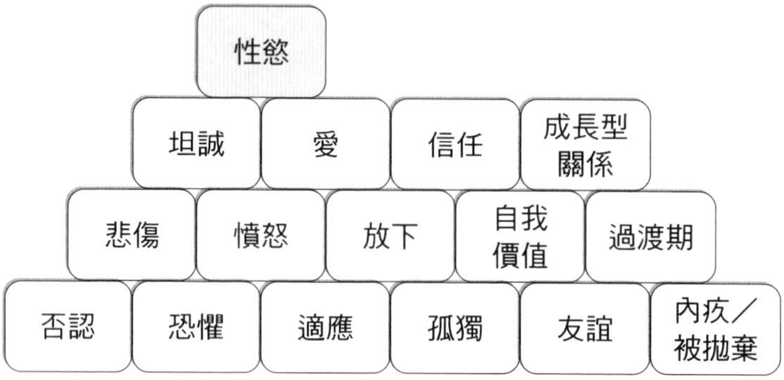

常見的現象，也就不足為奇。

我們已經快要攀登到頂峰。努力到現在，會感到很有成就感。剩下的這些方塊是：單身、目標和自由。現在，我們終於可以坐下，從頂峰欣賞美麗的風景了！

單身：單身也沒關係，對嗎？

有些人是直接從原生家庭走進了婚姻家庭，他們沒有經歷過單身生活，完全錯過這個重要的自我成長時期。有些人的大學生活都是在父母的監督下度過的。

無論你以前的經歷如何，分手後的單身期對於要成長為一個獨立個體來說，是非常有價值。這個階段的調整，會讓你真正做到對過去釋懷，讓你學會如何成為一個完整的個體，學會自我增值。單身豈止是可有可無，單身是必要的！

在離婚復原討論班上談到單身的話題時，瓊安顯得非常興奮。「我一直很享受單身的狀態，還以為自己不正常呢。聽到

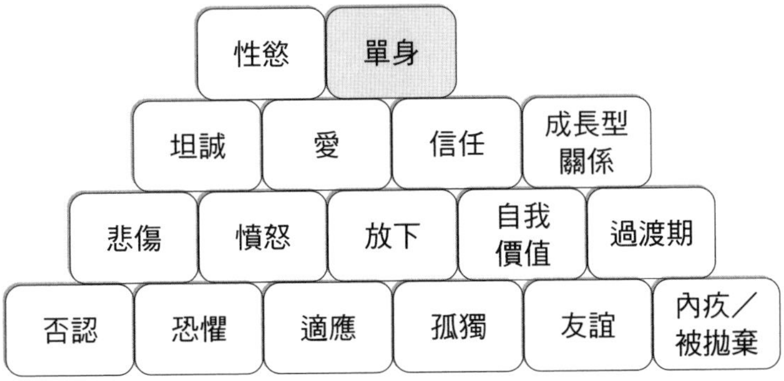

你們這樣說，我覺得做個幸福的單身人士是正常的。謝謝你們。」

目標：現在，我對未來有目標了

你知道自己能活多久嗎？布魯斯在四十歲時離婚，他驚奇地意識到，自己的人生路只不過才走了一半。如果還有那麼長的人生路要走，你的目標是什麼呢？分手後的調整期完成後，你要怎樣規劃自己的人生呢？

勾勒出自己的「人生軌跡圖」，看看自己的人生模式，找尋未來可能有所成就的領域，這將對你很有幫助。規劃，能協助你在當下看到未來。

自由：破繭成蝶

終於到達頂峰！

最後一個階段有兩個層面。一個是「選擇」的自由。你已經突破了所有的重建方塊。在過去，這些方塊是你的絆腳石，現在你自由了，已經為進入下一段戀情做好準備。你能讓新戀情更有意義，更充實。不論是單身生活，還是戀愛關係，你都可以自由選擇。

另一個層面的自由是：「做自己」的自由。大多數人都有未被滿足的需求，這些未滿足的需求會成為自己的負擔，可能會控制我們，阻止我們自由自在地成為想要成為的人。如果我們卸下這個重擔，學會滿足這些未被滿足的需求，就能自由自在地成為自己。也許，這才是最重要的自由。

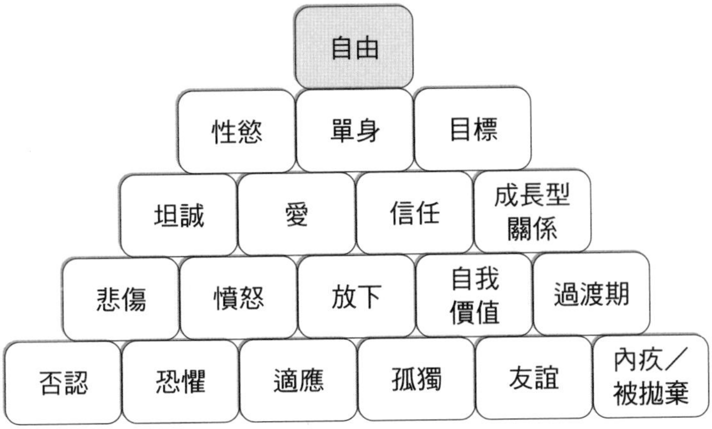

回顧

我們已經簡單地瀏覽了整個分手後的調整期。在攀登重建的過程中，有人偶爾腳底一滑，就回到之前已經處理過的重建方塊。這本書將這些過程標示成一到十九個方塊，但如果你遇到了問題，處理的時候不一定要按照這個順序。事實上，你很可能會同時處理所有的方塊。遭遇到大的挫折（例如打官司或是又分手了）會導致你在攀登的路途中往下滑、後退一段距離。

重建你的信仰

有人會問，信仰和重建有什麼關係？許多人在離婚後，很難再繼續與婚前的教會維持關係。原因不止一個。有些教會依然認為離婚是種罪惡，或至少是「不體面的」。即使教會不譴責離婚者，很多人也會覺得自己有罪。（值得注意的是，教宗方濟各在二〇一六為離婚的天主教徒提出一線希望：在不改變教會法規的情況下，離婚者不應被驅逐出教會，教區應以欣然接受的態度對待他們。）

許多教會、寺廟、清真寺、猶太教堂都是家庭導向，所以離婚後的單親家庭會覺得缺少歸屬感。因為在他們的信仰裡找不到安慰和理解，很多人就會開始遠離信仰。這種疏離感加重了他們孤單和被拋棄的感覺。

幸運的是，也有很多教會非常關心離婚人士的需求。如果你的教會沒有這種規劃，我們強烈建議你表達出自己的需求。像是建立一個單身的團體，參加成人課程。若是感覺被排斥和孤獨，請讓自己的牧師知道，讓教職人員試著去教育他人，讓他人明白離婚人士的需求。

每個人的生活方式都反映了自己的信仰，而我們的信仰則強烈地左右著我們的幸福感。布魯斯說：「上帝想要我們以最大極限的方式開發並增長自己的潛能。」重建的目的就在於此——讓我們將自己的潛能發揮到最大極限。學習如何適應危機是精神層面的進步。我們與周遭人們關係的品質，還有我們對他人表現出來的愛、關懷和照顧，這些都顯示出我們與上帝之間的關係。

孩子也需要心理重建

「孩子們呢？」很多人詢問重建和孩子們之間的關係。孩子的適應過程與成人非常相似。重建方塊同樣適用於孩子（同時適用於其他親人，例如祖父母、姨媽、姑媽、舅舅、伯父以及密友等）。很多父母非常用心地幫助孩子度過適應過程，反而忽略了自己的需求。

如果你是剛剛踏上重建之路的單親家長，我們建議你先學會照顧自己，完成整個調適過程。如此一來，你會發現孩子更容易調適。對於孩子，你能做出的最大幫助就是先調整好自己。孩子們通常會與父母卡在同一個重建方塊上，你進步了，也就幫助孩子進步。

在接下來的章節中會一一討論每個重建方塊，也會談論每個階段對孩子的意義。如果你希望制訂一個有條理的方式來幫助孩子適應父母的離婚，附錄A提供了與兒童相關的重建過程。

準備功課：在行動中學習

當生活中或與人交往時遇到了問題，很多人會選擇從書籍中找尋答案。他們學習到各種詞彙、有了覺悟，但卻沒有在現實生活中進行更深度的情緒學習。情緒學習包括了在你情感中留下標記的那些經歷，例如：母親通常會安慰人；某些行為會招致懲罰；分手是痛苦的。在情緒上學到的東西會大大地影響我們的行為。我們要學會適應危機，其中很大一部分就是對情緒的再學習。

有些從小到大你一直信奉的事情可能並不正確，你需要重新再做學習。智能學習包括思想、事實和觀念，這些都是有價值的，但前提是要先進行情緒的學習。唯有當你完成了情緒學習，智能學習才能在你生活中有所作用。書中許多章節都納入了能幫助你情緒再學習的特定練習。完成練習的功課後，再繼續攀登重建的高山吧。以下是第一份功課：

1. **做紀錄或寫日記**。寫下自己的感受，你可以每天都寫，也可以每週寫，或是按照適合自己的規律來寫。日記中最好多用「我覺得」做開頭的句子，這樣就能記錄下更多自己的感受。寫日記不只是一種有助於個人成長的情緒學習，還能夠成為測定個人成長的標尺。數月後，人們通常會回過頭來閱讀自己當初寫下的東西，此時他們會驚訝地發現，自己居然完成了這樣的改變。寫過日記的人都會告訴我們，這是一件很值得做的事。我們的建議是：閱讀完本書第一章的內容後，馬上開始寫日記。也許每閱讀完一個章節，你都想在日記裡寫下一點東西；也許你一週寫一次，或是有其他的規律。無論是否有「規律」，你的重建過程一定要有寫日記的部分。

2. **找一個你信任和可以求助的人，學會向他請教**。找一個你想要更加了解的人，與他建立友誼。你可以用盡一切辦法來開始這段友誼，總之就是要邁出這一步。如果你願意，可以告訴對方這份功課的內容。學習建立一個朋友支援網絡，當你開始感覺有一點安全感時就去聯繫，一旦你陷入分手深坑邊緣時，至少有一個朋友可以扔一條救生索給你（如果你已經陷在坑裡，再伸手求救就會很困難了）。

3. **為自己建立一個支持小組**。支援網絡非常重要，這是你第一份功課的核心。我們的建議是：找一個或是多個朋友，最好是男女都有。當你遇到的重建方塊讓你覺得很困難，你就可以和他們進行討論。如果對方經歷過或是正在經歷離婚，你們之間的溝通就會更容易，畢竟已婚人士比較難理解你的感受和態度。然而，最重要的是你信任對方。如果你選擇在能丟給你救生索的朋友中成立討論群組，這本書就是你們的指南書。我們必須警告你的是：並不是所有的朋友支援網絡都能做到支持你。你在選擇成員時一定要慎重。他們必須像你一樣，堅定積極地追求成長，不會對外洩露個人訊息。

4. **回答「你現在過得如何」的問題**。每章最後都有一連串的問題，其中絕大多數是源於布魯斯的「費雪離婚調適量表」，我們在調整後列成了問題清單。花點時間回答這些問題，然後透過答案判斷自己是否可以繼續征服下一個重建方塊。（如果你想要完整的「費雪離婚調適量表」，請聯繫專業諮詢師或是心理學家，請他們為你測試和評分，並對結果進行解說。）

你現在過得如何？

這是你的第一份清單，回答後再繼續下一章的內容。請用「滿意」、「需要改進」或是「不滿意」作答。

1. 我已經明確知道目前需要進行的重建方塊。

2. 我明白什麼是調整期。
3. 我想要開始自己的調整期。
4. 我想透過這次危機帶來的痛苦更加了解自己。
5. 我想利用這次危機帶來的痛苦作為動力，推動個人成長。
6. 如果我還不太願意成長，我會努力弄清楚是什麼樣的情感在妨礙我的成長。
7. 我要坦然面對自己的想法和感情，以求找到當前阻礙我前進的重建方塊。
8. 我能在這次的危機中重建自我，將這次危機變成具創造性的學習經歷，對此我滿懷希望和信心。
9. 我和朋友們討論這種重建方塊的調整模式，好讓我更有把握知道自己所在的階段。
10. 我一定會弄清楚為什麼我分手了。
11. 如果我有小孩，無論他們多大，我都要盡力幫助他們完成他們的調整期。

如何使用這本書？

獨自使用。大多數看過這本書的讀者都是剛離婚不久的人，他們都獨自使用這本書。如果你屬於這一類，我們建議：從頭開始讀，每次只讀一章。繼續下一章內容前，先完成所讀章節的練習。本書的章節順序正是你心路歷程的走向。

但是，我們知道很多讀者都想要先睹為快，然後再從頭開始一路往前走，完成所有的練習。無論你採取什麼樣的方式，我們的建議是：在閱讀此書時，使用螢光筆作記號，這能幫助你更容易理解書中所要傳達的訊息。有些讀者會反覆多次閱讀這本書，每次都用不同顏色的螢光筆，他們覺得這樣很有效果。每一次的閱讀都會讓你發現以前沒有注意到的新概念。你只會看到自己想看到的內容，而看到的內容則取決於你所處的個人成長階段。

每一位讀者在看了這本書後都會有很多不同反應。有些讀者在得知某些訊息後，反應非常大。例如，你可能意識到自己分手分得太快，必須回頭和前任處理一些未完的事。喬治是幾年前費雪離婚課程的一個學員，他告訴布魯斯，自己讀完第一章後感受到巨大的憤怒，並用盡全身力氣把這本書扔向牆壁。

討論群組。成立一個小型的討論群組，每週共同討論一章內容，這樣的形式會更優於獨自使用這本書。建立這樣的討論群組並不需要什麼領導才能，然而有了討論群組，你會驚喜地發現自己從中得到很多支持。與別人一起討論，你會學到更多東西。很多教會都會為單身的成員提供這樣的討論群組。

《重建手冊》（*Rebuilding Workbook*）和《重建引導師指南》（*Rebuilding Facilitator's Manual*）這兩本書說明了該如何展開為期十週的離婚復原課程。從以往的經驗來看，遵循這兩本書的討論群組成員在個人成長和轉變方面最有收穫。為期十週的課程是以本書做教材。《重建手冊》中有十份教案，一次課程對應一份教案。如果你對這十週的課程有任何問題，都可以在《重建手冊》這本書中找到答案。

課程參與者在十週內所發生的轉變，讓大多數人都感到很驚訝。雖然這門課通常被稱作「離婚復原課程」，但實際上旨在幫助人們掌握自己的生活，幫助人們學會如何在生活中做出「愛的選擇」。研究顯示，當一段戀情結束，你努力於復原自己的生活時，這套課程就是最有效的一種治療方式——甚至超越了個體心理治療。

很多教會和團體都有開設離婚復原課程，這讓人感到欣慰。然而，有些課程除了使用本書，每週還會舉辦相關議題的專家講座。如此一來，你不僅要調整適應自己的危機，還要忙於應對每週的新觀點。在這類講座中，你沒有機會積極的參與討論，無法從同伴身上學到東西。討論和互相學習其實就像是一個實驗室，你可以從中學會如何掌控自己的生活；相反地，講座的形式是讓你被動地傾聽他人的想法。講座強調的是接收資訊，而費雪重建課程的重點是成員的參與，著重於成員之間的互相交流和聯繫，講座則正好阻礙了這種互動。

請別誤會我們的意思。獲取有關離婚期的訊息這件事完全沒錯，市面上有很多與這方面有關的好書，我們鼓勵你多多閱讀，擴展自己對離婚、離婚復原以及離婚後的生活這三大類做全面性的了解。但是，如果只有訊息，就會像在疼痛的地方貼上ＯＫ繃，你無法獲得真正的痊癒，也無法改變自己的生活。

我們並非要妄稱知道所有問題的答案，但這本書所講的內容確實是有成效的。數以萬計的人們利用這本書成功度過了離婚期。它能幫助你有效處理危機，掌控自己的生活。我們相信這本書能帶給你實用的訊息，幫助你學習、成長、療傷，使你可以成為更加接近你想成為的那種人。我們預祝你攀登成功！

第二章

否認

我無法相信事情怎麼會發生在我身上！

分手可能是你經歷的事情中最痛苦的一件。因為太過痛苦了，所以你很有可能會有否認或是不相信的反應。而否認或是不相信只會妨礙你正視「為什麼我不得不分手」這個重要問題。這個問題的答案往往比較複雜，回答時需要花費一些時間和精力。如果你不能接受分手的事實，你的調整和重建就會面臨到巨大困難。

貓頭鷹在黑暗中孤獨地嗚叫，
昨晚我聽見牠在呼喚配偶。
我同牠一起等待，想要聽到熟悉的回應之聲，
牠的心往下一沉，我的也一樣
耳邊一片寂靜，甚至比嗚叫還要刺耳。
今夜，牠依然嗚叫，
回應牠的是無盡的寂靜。
我從未見過這隻貓頭鷹。
我只聽到牠的叫聲
還有牠的等待……

——南希

看看那一大群人，他們聚集在登山口，等著攀登這座「重建」高山！在這人群中有各式各樣的人：各種身材、各種膚色、各種年齡，有男人，也有女人，有些人富有，有些人貧窮。有些人認為只有失敗者才會離婚，但這裡有很多人看上去就像是人生贏家；有些人已經要攀登了，開始活動筋骨預做準備；有些人看起來像受了驚嚇，彷彿剛剛目睹死亡；有些人抬頭瞭望

這座山，手足無措，覺得自己永遠不可能登上山頂。還有很多人就在原地等待，期望前任會再回來找自己，這樣他們就不用登這座山了。

很多人看起來魂不守舍的樣子。約翰搖晃著腦袋喃喃地說：「我以為我們的婚姻很幸福。當時我是高中橄欖球隊隊長，她是啦啦隊隊員。所有人都覺得我們非常相配。但上週，她丟了一顆炸彈在我頭上。她說，她不幸福，她不愛我，她想要離婚。她把兩個孩子寄放在她父母家。我一句話都說不出來。我從未想過這件事情會發生在我身上。」

瑪麗迫不及待地開始攀登。她告訴旁邊的人說：「在婚姻中，我感到非常不幸福。我想要離婚，卻不敢採取行動。後來火車失事，他死了。我一點都不悲傷，所有的人都覺得我很古怪。他離開了，我自由了，可以攀登這座高山了。我們什麼時候開始呢？」

麗塔說：「他離我而去，現在與另一個女人生活在一起，但我知道，在我心裡他永遠都是我丈夫。上帝讓我們在婚姻中結合，只有上帝才能結束這段婚姻。我拒絕攀登這座山，直到我死的那天，我都是他的妻子。也許等我們上了天堂，我們會再次相聚。」

大衛正在原地小踏步取暖，他看起來很冷，而且依然震驚：「我的婚姻不錯。我們從不爭吵。可是昨天晚上她對我說，她愛上了我最好的朋友，一邊說一邊收拾行李準備離開。我走進浴室，非常難受。今天早上我打電話給律師，開始辦理離婚的相關手續。」

瑪麗亞是一位頭髮花白的老奶奶：「我和他一起生活，我把一生都給了他。我已經到了該收穫的年紀，原本計畫和他一起共享安寧的晚年生活。可是他連個理由都不給我就離開了。我的收成毀掉了，而且我太老了，不可能再耕地播種了。」

類似的故事說都說不完。這麼多的人對分手做出了不同的反應，他們的故事都有相似之處，但也有各自的特點。

你如此傷心，任何人都很難安慰你。在這階段，我們能做的最大幫助就是傾聽你訴說自己的心情。你似乎感覺自己失敗了，感覺自己被人一拳打在肚子上，感覺情緒崩潰，感覺自己雖然還活著卻像死了一樣。決定要分手的人，對這場危機是有所準備的。對他們而言，最初的震驚會小一些，可是無論對哪一方來說，分手都是痛苦的。

為什麼非要分手？

你心中可能有個巨大的問號：為什麼呢？到底是哪裡出了問題？你覺得一定要弄清楚，要為這段逝去的關係做一個「屍體解剖」。你想要知道為什麼，但同時又否認痛苦的存在，如此一來，你往往不能接受這次「解剖」的結果。弄清楚為什麼，對於克服否認的心理狀態非常有幫助，所以在這一章和下一章的內容中，將討論人們分手的原因。

用這個問題來問青少年，得到的答案都很有意思，當被問到：「你們當中有多少人打算結婚？」通常會有一半的人舉手。接著再問：「你們當中有多少人打算離婚？」時，卻從來沒人舉手。

沒有人一開始就計畫要離婚。而離婚一旦發生，大多數的人都會否認它。我們想要像鴕鳥一樣把腦袋埋進沙子裡，躲過這場風暴。但是，那些存在於我們愛情關係裡的問題，在別人眼裡常常都是明顯易見的，即使我們自己可能還像鴕鳥一樣尚未發現。

在愛情關係中有三個實體：「兩個人」和「他們之間的關係」。愛情關係就像一座橋：兩個人是橋的兩座根基，兩人之間的關係就是兩座根基間的跨度。如果這座橋的某個根基，或是兩個根基都發生了改變，橋梁就會疲勞。有些變化是橋梁無法承受的，當這些變化發生時，它就會坍塌，掉進河裡。而作為根基的人之所以會發生變化，可能是因為個人成長、教育、宗教經歷、態度變化、疾病、焦慮、憤怒、遷居，又或者是對壓力或創傷的反應。（有一種方式能防止兩人之間的關係出現壓力，就是不要成長或變化。但這樣的生活方式太不健康了，不是嗎？）

你也許會意識到，由於你或另一半最近發生了變化，或是你們經歷了個人的成長期，所以你們的愛情關係被打亂，橋梁也因此塌掉，陷進河裡。

你可能會懷疑自己，覺得是自己沒有調整好去適應變化帶來的壓力。如果你真的辦到了，那你還真不是普通的凡人。我們活在世上需要學習兩種最為重要的能力：一是如何建立並維護愛情關係中兩人之間的橋梁；二是如何當父母。對於要扮演這兩個重要的角色，我們從哪裡接受相關教育和培訓呢？大部分都來自我們的父母、電視節目以及其他成人。這些來源不一定對我們有幫助，或者說不一定可靠。有一次，布魯斯與大約一百名女性進行座談會，他問：「有多少人想要擁有父母那樣的婚姻？」只有一個人舉手！其餘的人是否都從自己的家庭得到良好的培養，懂得如何擁有幸福的愛情關係嗎？你是否接受過良好的培養和訓練，懂得調整愛情關係中的壓力呢？

也許你會覺得婚姻諮商可以幫助你做調整，事實是否真的如此呢？或許可以。當夫妻雙方都有心想要改善關係時，那麼對他們而言，我們的表現就是超級優秀的諮詢師，但如果只有一方想改善，我們就是很差勁的諮詢師。

你的愛情關係到底是什麼樣的？你和你所愛的人是否都想要改善這段關係，還是只有你想努力呢？如果努力是單方面，這段關係得以改善的機率就很小。兩匹馬可以拉動一輛很重的貨車，但若其中一匹馬不幹了，這輛車就會動不了。

分手後，你會有失敗感。你很可能深感自責，想著如果自己換一種做法，事情可能就會大不相同：「如果我能更常傾聽她／他說話；如果我沒有那麼怒氣衝衝；如果每次她／他想要發生關係時我都滿足她／他；如果我沒有這麼混蛋……。」

我們希望你的自我懲罰到此為止。我們建議你：坦然一些。自責是後見之明，但也是很大的進步。在你發現愛情裡存在了問題後，你會對生活和自己有更多的了解。你的覺悟和見解都會大幅提高。所以何不把自己的新覺悟和見地用於將來的成長上？為日後的生活做些什麼！不要沉溺於後悔。試著這樣說：「以我過去的認知為基礎來做自我評估的話，我自認已經盡了全力，做了所有該做的努力。」然後就不要再糾結。現在，你要著手的是今天、明天、後天、大後天……。

也許你們分手的原因是因為第三者介入。比起對前任或是對自己，人們都更容易對第三者產生憤怒。這真叫人左右為難——如果你對前任憤怒，你會感覺糟透了；但如果對前任沒有憤怒，你同樣感覺糟透了，怎麼做都沒有好的結果。你曾經愛過對方，所以怎麼憤怒得起來呢？可是面對那位介入你們關係、把「你愛的人從你身邊帶走」的人，要對他憤怒就來得容易得多。

為何愛情關係中的一方會有第三者呢？原因很多。你可能會覺得，有些東西第三者可以給對方，而你不行。有些人的確是因為這個原因有了第三者。但是別忘了，每一段愛情關係的根基都有一些裂縫；由於各種情況和原因，這些裂縫最終導致關係破裂。早在分手之前，你們之間的互動模式就已經成形，如果你們的關係中有嚴重的裂縫，那麼即使在這個當下，你可能也很難看清楚裂縫的存在。

舉個例子。許多人在結婚的時候並沒有擺脫父母的影響，他們還是父母的孩子，除此之外沒有屬於自己的身分。到後來，這樣的人可能會決定甩掉自己的愛人，這中間發生了什麼事呢？其實他真正甩掉的是父母的控制和影響。反抗自己的配偶，實際上可能是在反抗自己的父母。

所以，你們關係中的裂痕有可能在結婚之前就存在了。如果你們的關係中存在著裂痕，第三者就可能透過彌補這道裂痕輕易地介入你們之間。關係中若存在著不足，關係之外的人往往能更容易，或是看似更容易填補這個不足。好的婚姻諮詢師可以幫助你發現並了解愛情中的裂縫和不足。

婚姻會走到盡頭，還有另外一個極為常見的重要原因。許多夫婦都犯了一個錯誤，就是把自己所有的時間和精力投入到婚姻以外的某件事情中。例如，裝修新房子、工作或是唸書。由於他們非常投入，導致沒有時間和精力來經營他們的愛情。事實上，他們做的事情可能是一種迴避對方的方式。房子蓋好了，夫妻之間卻再也沒有共同之處，新房子變成他們的離婚紀念碑。

最初是怎麼開始的？

許多人會問：「那個誰和誰為什麼離婚了？」有時更為貼切的問法應該是：「為什麼那對

夫婦會結婚？」（作者羅伯特在大學時期寫過一篇論文，開頭是：「離婚的基本原因是結婚。」這一見解或許算不上深刻，但我們只要看看大多數人離婚的原因，就能發現這句話一點都不誇張。）

許多人結婚的理由在根本上就不恰當，其中包括：1.避免孤單；2.逃離不幸福的原生家庭；3.他們覺得人人都應該結婚；4.認為只有找不到結婚對象的失敗者才會單身；5.因為有「想要照顧別人」或「想要被人照顧」的需求；6.奉子成婚；7.因為「墜入愛河」……理由可多了！

我們會在另外的章節著重討論愛情，現在只說一句話：愛情有多個層面，有些層面並不成熟；愛情不足以為婚姻打下良好的基礎。人們往往將對方理想化，然後愛上理想化的對方，而非真正的對方。蜜月期一旦結束，幻想就破滅了，你就會發現對方無法達到心目中理想的狀態。也許，「墜入愛河」只是人們為了填補心中的空缺所做的一種嘗試，並不是建立婚姻的良好基礎。

因錯誤的理由（「墜入愛河」也是其中之一）而結婚的人，可以稱他們為「半個人」，他們想變得完整，想要藉由結婚來找到幸福。甚至婚禮誓言裡也有「兩人合二為一」這樣的句子。有一次，布魯斯和一些神父進行座談，有人問他是否認為婚禮誓言是離婚的原因之一。他回答說「是的」，於是討論變得非常熱絡，之後有些在座的神父就改變了婚禮誓言。

同樣地，作者羅伯特不贊同婚禮上常用的一個儀式：用代表雙方的兩根蠟燭去點燃一根代表婚姻關係的蠟燭。好吧，儀式進行到這裡也沒有什麼不妥。可是接下來，原本的兩根蠟燭就被熄滅了！熄滅後，原本單獨的兩個個體怎麼辦？

當你準備好單獨面對人生，並且單身時也能找到幸福，才能說你準備好與另一個人一起面對生活。這種情況其實是：兩個完整的個體雙雙完成了個人成長和自我意識的探索。另一種情況是，兩個半個人想要結合在一起，成為一個完整的人。兩者相比較，前者往往能建立起更有活力的關係。

大多數錯誤的結婚理由都可以總結為：不幸福的人想要透過結婚找到幸福。你是否還記得舊時代中關於婚姻的電影？（電視台總是重播，年輕一點的人應該也不陌生）電影講的是戀人之間的追求過程，等到他們結婚，電影就結束了。其中微妙的訊息就是：現在你結婚了，可以不費吹灰之力地「幸福到老」。這就是童話！

布魯斯的兒子托德把自己的想法寫在論文裡。他的想法頗為深刻。他身為一個年輕人，很清晰地描述了結婚的適當理由：

我走在一條「成長為一個完整的人」的道路上，在未來的某個時間點，我會因為自己杯子裡的東西是如此地豐富，而需要找一個人來分享多出來的部分。

結束了……就是結束了！

這段既不幸福也無價值的關係結束了，你要認識到這一點，這有助於你了解離婚是明智的決定。看一看你的上一段關係，你的前任，還有你自己；在這一刻，請忘記社會上各種所謂「你們是天造地設的一對」的說詞。現在是坦承痛苦的時間。問一問自己：

- 你和前任曾是朋友嗎？
- 你們互相吐露過心事嗎？
- 你們共同的興趣是什麼？有共同的喜好嗎？有共同的人生態度嗎？政治觀呢？宗教信仰呢？養育孩子的方式呢？
- 你們的自我目標，互相設定的目標，或是婚姻的目標相似／相容嗎？
- 你們之間解決問題的方式相同嗎？（具體的解決方案不一定要相同，而是對於採取的方式要能相互認同）
- 對方讓你生氣的時候，你是直接解決、隱藏情緒，還是想要傷害對方？
- 你們有共同的朋友嗎？
- 你們一起出席過社交場合嗎？

- 你們是否按照約好的方式來共同負擔家庭支出和家務這兩件事？
- 你們是否給予彼此獨處的時間？
- 你們互相信任嗎？
- 你們是否覺得彼此的關係非常重要，在必要的時候願意做出一些個人犧牲？

我們希望這些問題沒有為你帶來太大的痛苦。誠實回答完這些問題後，你可能就已經意識到：從多種角度看來，你們的關係其實在正式分居／離婚之前就走到了盡頭。承認自己之前的婚姻有問題已經很不容易了，若要再承認自己也是問題的一部分就更難了（責怪對方，責怪社會或是別的事情就容易多了）。然而，「接受」正是「否認」（第一個重建方塊）最重要的正面力量。

花點時間做到這一點。另外你還要記住：你沒有必要為了接受分手這個事實而背上重重的愧疚感！不要想著「如果我這樣，如果我那樣」，導致離婚的因素就像支撐橋梁的結構一樣，非常複雜。要修建一座堅固的橋梁，需要大量地分析已知的各種力量、壓力、承重和材料強度。成功的愛情關係遠比這個複雜多了！我們對於人際壓力、承重和自身韌度又真正了解多少呢？大多數人都是知之甚少呀。

在向上攀登的途中，你會對此有更多的了解。現在試著深吸一口氣說：「我的戀愛關係已經結束了。」

這一刻，就讓自己哭一會兒吧。

從否認到接受

想著自己分手的原因，仔細審視上一段愛情關係當中的裂痕，你哭得淚水滂沱。此時，你可能會感覺「更難過，但卻理智了一些」。你也許對自己感到有點洩氣。很多人在這個時候都有這種感覺。

如何才能接受分手的事實呢？在「費雪離婚調適量表」裡還有另一套測試，用於檢測你對於分手這個事實的接受程度。經過長期的調查發現，接受的程度和自我價值感有很大的關聯。更具體的說：你的自我價值感越高，就越容易接受分手的事實。

如果你覺得很難邁出攀登重建的第一步，那是因為你拒絕接受分手的事實，你可能需要提升自我概念。如果你最近才剛分手，還處在震驚的狀態，此時我若對你說「你需要提升自我概念」，就是在白費口舌，沒有多大作用。儘管如此，你仍然需要明白這個道理。我們會在第十一章深入講解自我概念，之後你就會發現更多的自我價值，看待自己的眼光也會大為不同。

你現在單身，已經分手了，這是事實。隨著你越來越靠近這個事實，情緒上的痛苦會變得愈發強烈，你感受到的痛苦是真實的。在人的一生中，離婚和配偶去世很可能是兩個最痛苦的經歷。你分手了，你的感受和數百萬人的感受是一樣的——痛苦。雖然知道有很多人和自己經歷著相同的痛苦，但這並不能為你帶來多大幫助。可是我們應該以離婚為動力，實現自己的成長，把危機變成機會，而不是讓這次的經歷給自己留下永遠無法癒合的傷口。痛苦可以成為我們尖刻、憤怒和不快樂的藉口，但我們也可以因為痛苦而成長。你願意選擇哪一個呢？

有些人覺得自己會和前任復合，他們可能會覺得沒有理由去攀登自我調整這座高山。在美國科羅拉多州，有二〇％至三〇％提出離婚申請的人最後沒有離婚（每年的數據都會有些差異）。我們不知道這些夫婦最終的結果，但猜想當中很多人的愛情復活了，於是重新再一起。

如果你們還想和前任復合，怎樣做才是最好的呢？還有必要攀登重建的高山嗎？如果你們的關係已經破裂到實質分居的地步，你們已經開始談論離婚的問題，那你們可能需要分開一段時間。在這段期間要去改變之前的互動模式。也許你需要關閉橋上的交通，然後加強穩固橋梁根基。在你們開始改善橋梁之前，你們雙方都應該經歷個人成長，但請不要忘記：除非雙方都能做出改變，否則你們之前的關係很難再變得更有意義。在你和前任復合前，你可能也需要攀登重建的高山。

孩子的痛苦

「否認」會在三個方面給孩子帶來困擾。第一，父母離異的小孩會持續幻想父母將會復合，並且為此投入大量的情感。他們很難接受父母已經分手的事實。孩子們在這方面的幻想非常強烈，往往會出乎父母的意料之外。你需要不斷地和他們說明父母已經分手的事實，他們才不會繼續在這方面投入大量情感。

孩子們可能會使用各種手段來促使父母復合，例如讓你們有時間共處，或是讓你們交談。孩子們不接受父母分手的事實，並投入大量情感，希望父母能夠復合；對待孩子的這種反應，你的態度要溫柔而堅定，不斷地告訴孩子自己的決定：這場婚姻已經結束了。

對小孩來說，第二個重要的方面是，孩子們認為是因為自己做錯了事情，所以父母才分手。例如，上一次他們沒有聽話，沒有乖乖上床睡覺，吃飯後沒有收拾自己的盤子，或是沒有做自己負責的家事……。他們認為這就是父母爭吵和離婚的原因，所以一定要盡全力幫助孩子了解：父母離婚不是孩子的錯，離婚是成年人之間的問題。

第三個方面就是孩子的恐懼：現在雙親中的一位已經「離開」了，另一位也會走掉嗎？他們往往會黏在父母身邊，需要反覆確定父母不會離開他們。孩子需要明白：父母間的婚姻關係會結束，但他們不會和自己的孩子分開。你需要向自己的孩子保證，即使和配偶分開了，你永遠也不會離開孩子。

對於朋友和愛人的看法

你現在非常脆弱，會陷入另一段感情中，以為這樣就不會感到痛苦了，在此請允許我說幾句。我的看法是：你現在需要的是朋友，而不是情人。

你讀過荷馬的《奧德賽》（Odyssey）嗎？這是古希臘的史詩，講述一群水手在旅途中遭遇各種阻礙的故事。其中一個阻礙就是他們經過一座小島，看到了很多迷人的女海妖，海妖想要引誘水手停留（這些水手事先得到了警告：停留即是毀滅）。他們把自己捆在桅杆上，矇住自己的雙眼，以免受到海妖的蠱惑。

就像荷馬筆下的水手一樣，你需要把自己捆綁在自我約束的桅杆上，在情感的痛苦尚未癒合之前，不要深陷另一段戀情。就長遠來看，深感痛苦之際產生的戀情幾乎無一例外會給你帶來更大的悲哀，而友誼卻是對你有益的。對現階段的你來說，建立友誼比戀情更有意義。

想一想馬戲團的鋼索，鋼索被搭在兩個高台之間。一個高台代表的是你在戀情中的安全感，另一個高台代表的是你需要在內心發掘的安全感。你需要走過調整期的鋼索，找到內心的安全感。

如果你只是躲在家裡，完全不與人來往，你就會失去平衡掉下去。

如果深深地陷入了一段長期有承諾的戀情，並且對這段感情的投入勝過對個人成長的投入，你也可能因此失去平衡摔下去。某天清晨，你從睡夢中醒來，發現自己為了維持戀情，正竭力地討好對方，而沒有努力成為自己想要成為的那個人。

想在鋼索上保持平衡，就需要擁有能夠幫助你保持平衡的朋友。他們不會因為想要獲得你的愛情而給出偏頗的回應，他們對你只有誠實的反饋。朋友比情人更為客觀，在這個階段，你需要的是客觀。替自己設定一個目標：在出雙入對前，要先學會成為幸福的單身人士。

——布魯斯

你現在過得如何？

也許你不想攀登重建這座山，也許你心裡還認為自己沒有離婚，但無論如何請開始這段旅程。你在情感上實在是太痛苦了，你知道自己非得攀登不可。在攀登的過程中，盡可能地學習，你將會受益良多；積極地看待這個攀登之旅，不要把它當成是苦不堪言的差事。

在下一章將繼續探討為什麼愛情會終結。然而，在你繼續閱讀下一章的內容之前，請用些時間完成本章的清單，看一看自己是否準備好繼續前進了。檢查一下自己是否有所進步。沒有人會為你評分，你必須做到對自己完全誠實。

1. 我能夠接受自己已經分手的事實。
2. 當告訴親人和朋友自己已經分手時，我沒有感到不安。
3. 我開始有些明白為什麼我們會分手，這有助於我克服想要否認的念頭。
4. 我認為離婚雖然痛苦，卻是一種正面且有創造性的經歷。
5. 我已準備好積極追尋個人的成長，使自己成為我想成為的人。
6. 我想要先成為幸福的單身人士，然後再認真找尋下一段戀情。
7. 即使我和前任打算復合，我也會繼續努力實現個人成長。

第三章

恐懼

我非常害怕！

恐懼能夠使人無法動彈。可是，如果你能意識到恐懼其實是自身的一部分，是你的朋友，那麼它就會成為一股動力，能讓你更順利地去了解自己。陷入離婚的黑洞時，恐懼是你的主要感受之一。

恐懼是我最大的障礙。我害怕自己掌控不了變化，卻又同時害怕沒有變化。恐懼影響了我整個生活！我害怕獨處，但同時我又主動與他人隔絕；我害怕以後再也沒人愛我，然而在愛情靠近的時候，我又把它推得遠遠的……我完全卡在這裡了，恐懼使我動彈不得……當我承認了自己的恐懼，把它們一一條列出來，坦率地加以討論，這時它們就再也奈何不了我了。

——傑雷

之前，我做了三十三年的全職太太，照顧著一個大家庭。中上層階級的生活環境使我感到安定舒適。後來，我變成了單親媽媽，不但要撫養我們最小的孩子，還要自食其力（但此時，我根本沒有什麼謀生技能），在恐懼的籠罩之下，我真的無法動彈了。

——喬安妮

這條小路讓人望而生畏，不是嗎？有些人還沒有開始攀登就已經給出了如此的陳述，暴露出自己的恐懼：「不要走那條路，你會從懸崖邊上摔下去！」、「這條路太陡峭了。我擔心自己爬不上去。」、「登山的過程中，不知道會有什麼野獸撲向我。」、「我不想登山。」、「如果我選擇攀登，這過程會讓我更進一步的了解自己，這件事使我感到很害怕。」

分手會讓人產生各式各樣的恐懼，有些恐懼是你前所未有的，也從未想過自己竟然會有如此的恐懼。有些恐懼一直都存在於你過去的生活中，只不過你一直都予以否認。

恐懼很容易使你無法動彈。你太過害怕，不敢登山，恐懼讓你舉步維艱。些微的恐懼能有推動的作用，但太多的恐懼則會讓你很難繼續正常的生活。關於恐懼有幾個關鍵要點，它們能幫助你處理這類情緒。第一點：沒有認清的恐懼最為恐怖。一旦認清自己的恐懼，正視它們，你就會發現其實沒那麼可怕，也沒那麼不可戰勝。你只需要做一件非常簡單的事情，就是一一列出自己的恐懼。這真的非常有用。認清你害怕的東西，如此就能更貼近自己真實的感受。

另一個關於恐懼的深刻見解就是：因為恐懼而不敢面對的情況，它們就更有可能發生。例如，我害怕被拒絕，我就會找各種方式避免被拒絕。因此我很可能一味地取悅他人，或是造成過度負責任的性格，又或是不肯表達憤怒。這些行為看起來能使我免於遭受拒絕，但事實上卻增加了我被拒絕的機會。人們感覺到我的不實在、不誠實、不真實，他們就有可能因此拒絕我。如果我們不肯面對恐懼，我們害怕的事情就很有可能變成現實。如果你害怕自己恐懼，最好不要否認它們的存在，而是坦然面對。僅僅如此，就足以趕走部分的恐懼心理了！

你在害怕什麼？

我們來看看大家共同的恐懼。在這裡，我們談論的是離婚期常見的恐懼，能幫助你找到並認清自己的恐懼。這其中有多少是你正在經歷的呢？

最大的恐懼之一就是「害怕未知的將來」。我不知道這條山中小路一直往上走會是什麼樣子；我不知道我對自己或是對別人會產生什麼樣的了解；我也無法想像一個人要如何生活。

這些對未知的恐懼扎根於我們的性格形成期。就像半夜你從夢中醒來，覺得自己真的看到了鬼魂一樣。這種恐懼是真實的，但那些你認為自己看到的東西其實並不真實，那是你想像出來的。而未知的將來就是這樣的鬼魂，你必須明白，自己絕對能夠面對它們，過好每天的生活。你要對重建的過程充滿信心：自己最終能面對分手後出現的每一次新感受。

另一個常見的恐懼是「變成離婚人士」。別人會怎麼想？他們會發現我是個失敗者。如果我解決不了愛情中的各種問題，我還能完成什麼呢？這就像我在吃東西，然後灑了自己一身，所有人都在叫喊：「看呀，那個蠢貨灑了自己一身。」我覺得尷尬、不知所措、醜態百出、無比羞愧，而且害怕再也不會有人喜歡我了。

還有一個恐懼是「家醜外揚」。通常我們都沒有想到這一點，可是家醜真是外揚了。在談戀愛的時候，我可以和情人大吵一架，而且不讓任何人知道。婚姻有了問題，我們會覺得難為情，但至少外界並不知道。現在我們分居了，孩子的老師就會知道，朋友們也很快就會發現——找我的前任要打另外一支電話。郵局也發現了，因為前任的郵件得轉寄到另外一個地址。然後還得通知公用事業公司，我們必須解決好財務問題後才能付帳單。以前只有我們兩個人知道，現在整個世界都知道這個家醜了。

我感到恐懼，我不得不做出決定，可是**我不知道該如何做決定**。我該找什麼樣的律師？我該找怎樣的治療師諮詢？我沒有足夠的錢支付所有帳單，我要如何決定先付哪些帳單呢？之前都是我的配偶在處理帳單的事，現在我怎樣才能學會記帳？車子該怎麼保養？我完全沒有概念。我之前從來沒有開車去過維修廠，那裡的人肯定會占我便宜。我必須要學會所有的一切，做出明智的決定。這簡直就是一份全職工作。我本來就在情感上不知所措了，根本完全沒有餘力去考慮車子的問題呀。

我擔心錢的問題。現在要負擔兩間房子，我該怎麼做才能賺到足夠多的錢？現在上班時我除了哭，什麼都做不了，我好擔心自己會被開除。我無法集中精神，工作做不好，我的效率這麼低，有誰會想要僱用我？該去哪裡賺錢付帳單和養孩子？我真的不知道呀！

說到孩子，**我害怕當一個單親家長**。我都自顧不暇了，真的已經沒有耐心，沒有勇氣，也不夠堅強，無法單靠自己去滿足孩子的需要。筋疲力盡的時候，也沒有人可以幫我一把，接替我一下。我必須一天二十四小時、一週七天地滿足孩子的需要。我想要躺在床上把頭埋進被子裡。我希望能坐在誰的膝蓋上，希望有人能抱抱我，我不想故作堅強地把孩子抱在腳上。

我害怕失去孩子。我的前夫想要監護權，雖然一直都是我在照顧孩子，孩子們也說想和我在一起，但前夫的經濟狀況更好，他能夠為孩子們買想要的東西。他可以在物質方面對孩子們做出許諾，我沒辦法提供這樣的條件。如此一來，孩子們肯定會改變心意，肯定想要和他一起生活。如果舉行監護權聽證會，我的孩子們會說什麼呢？他們會不會說媽媽現在有多麼心煩意亂，會不會說媽媽很忙，情緒又差，根本沒時間和他們待在一起呢？

我擔心找不到人傾訴，我想要找人傾訴，可是他們會懂我嗎？我大部分的朋友都是已婚人士，沒有經歷過離婚，我告訴他們的話，他們會不會說長道短？我現在離婚了，他們還會繼續和我做朋友嗎？我肯定是這個世界上唯一一個有這種感受的人。連我自己都不了解自己，別人更不可能了解我。

我害怕上法庭。我從來沒有上過法庭。我認為只有罪犯或是觸犯法律的人才會上法庭。我聽說過離婚時在法庭裡上演的「戰爭場面」，我害怕經歷這樣的事情。我知道我的前任會找最好的離婚律師，我肯定會一敗塗地。我不想表現得尖酸刻薄，但為了保護自己，我恐怕不得不如此。我會怎麼樣？我的家庭會怎樣？我的孩子會怎樣？為什麼這些事都要由法院說了算，憑什麼法院有這麼大的權力？我到底做了什麼得受這種罪？

我害怕憤怒。我害怕自己的憤怒，也害怕配偶生氣。小時候，一旦父母生氣吵架，我就恐懼不已。我學會了看到憤怒就繞路避開，我和配偶從不吵架，也不會以任何形式表露憤怒。有時我發現自己很生氣，但那時我真的很害怕，如果我生氣了會怎麼樣？我們肯定沒有復合的機會。很多時候我感到生氣，但又認為自己不該生氣，覺得這樣不安全或不對。我感到十分壓抑，有時我會思考自己的壓抑和憤怒之間是否有什麼聯繫。

我害怕失控。我的內心非常憤怒。我的父母生氣了就會失控，如果我也和他們一樣的話該怎麼辦？我聽說有人離婚時做出了暴力行為，如果我失控了，也會做出暴力的事情嗎？

我害怕獨自一人，害怕獨自生活。如果獨自一人，等我老了誰來照顧我？我看過夫妻之間互相照顧，這樣就不用去養老院或銀髮住宅。如果我病了怎麼辦？也許我會死在空蕩蕩的公寓裡沒人知道。如果我病了，沒有人會照顧我。如果我病得很嚴重動不了，或是沒辦法打電話求助，也都沒人會知道。

我害怕發現自己不討人喜愛。我的前任最了解我，如果連前任都不想和我一起生活，那我肯定是不討人喜愛的。一個人度過餘生，而且覺得自己不討人喜愛，這樣的日子該怎麼過下去？我一直都害怕被人拋棄，現在我真的被拋棄了。我就像個玩具，被玩膩後就扔掉。

我覺得自己精神不正常，覺得自己瘋了，簡直可以進精神病院。我真的是瘋了，一想到進了精神病院就有人照顧我，有人提供三餐，我甚至覺得還蠻不錯的。我從來沒有想過自己會瘋到這種地步，連精神病院對我而言都顯得有誘惑力。可是，我是真的覺得它有誘惑力呀！我想要變成小孩，想要有人照顧我。只要有人能夠照顧我，即使是去精神病院我也願意。

我害怕受到更深的傷害。我從來不知道自己能如此傷心，我愛的那個人——我以為他也愛我的人——深深地傷害了我。我長這麼大，從來沒有被誰這樣傷害過。我想要躲起來，這樣就再也不會受傷。我真的太傷心了，也麻木了，彷彿我的心裡長滿了繭，已經感受不到疼痛。我擔心這層外殼會裂開，擔心若是再受一次傷害，自己就會活不下去。

我害怕改變。我的生活會發生什麼樣的改變？我得從自己家裡搬出去嗎？我得找新工作嗎？我得交新朋友嗎？為了活下去，我一定要改變自己、改變性格嗎？這些未知都讓人不寒而慄。為了度過這場危機，我不知道自己必須做出什麼樣的改變。

想到約會，想到和他人在一起，就讓我恐懼不已。我甚至根本不允許自己去想這些事。

讓恐懼變成朋友

有些人會藉由做危險的事來處理自己的恐懼。他們想要面對自己的恐懼，認為冒險能讓自己感受到恐懼。在離婚期中，他們會去攀岩，會嘗試危險駕駛，或是讓自己置身險境來感受恐懼。這種極端的行為鮮有成效，我們不應該去超越恐懼的極限，更有價值的做法是讓恐懼成為朋友。

面對心中充滿恐懼的人，治療師通常會要他們想一想這件事最糟糕的結果是什麼。你會因為這場危機喪命嗎？你會因此生病嗎？你會被關進監獄嗎？一般來說，最糟糕的情況就是，你會非常傷心地生活一段時間而已。最可能發生的事情是：這場危機會引發你產生轉變，帶領你到更深的層次裡感受人生。

我們每個人的心中都有恐懼，這是正常的。我們可以與恐懼交朋友。正是因為恐懼，我們不會去冒不必要的風險，不會讓自己置身危險之中，也不會讓自己處於無助且容易受傷害的境地。若是沒有了恐懼，我們就會陷入足以威脅生命的處境中，甚至早早就喪命。我們需要恐懼的保護。被火燒傷過一次，你就學會敬而遠之，明白火是會燒傷人，並對其產生恐懼。情感上的傷害也是同樣的道理。現在你受到了傷害，便學會了在情感傷口癒合前不要與他人產生太親密的關係，藉此保護自己。

恐懼也可以成為動力。為了生存，恐懼能夠促使我們學會應對的技能，也能敦促我們產生更好的防禦機制，還能讓我們在情感和體能上變得更加強壯。我們可以利用恐懼所產生的動力，逐步完成這段調整期。例如，我可以告訴自己：「我不想如此痛苦。我想要走出這個階段，征服我的恐懼。」

征服恐懼的最好方式就是讓自己感受它們，「唯一的出路就是一路走出去。」你需要發現自己的恐懼，堅定地征服它們，並透過它們更加了解自己。

舉例來說，你也許害怕教導孩子，害怕處理孩子的事情。克服這個恐懼，你就能成為更好的家長。面對恐懼，解決恐懼，你就能有更多時間和精力致力於個人成長和職業發展，從而擁有更好的交往技能，成為更好的父母。

處理恐懼

感到恐懼時，你必須要注意身體哪一部分對恐懼做出了反應，這樣做是很有用的。大多數人的反應區域都在腹腔神經叢，就是在肚臍上方。但是，你身體的其他部分也可能會有反應，例如心跳加快、腿部肌肉緊張等。了解身體的反應，有助於接受並解決自己的恐懼感受。

有個方法可以幫助你：找一個舒服的地方坐下或躺下，然後深呼吸。使用腹式呼吸法盡可能地多吸氣，讓肺部充滿空氣——深深地將氣吸入腹部，再慢慢地吐出來。讓氧氣充滿血液，特別是頭部循環。

然後放鬆。從頭頂到腳趾，讓每塊肌肉都徹底放鬆。在越來越放鬆的同時，保持深呼吸。閉上眼睛幾分鐘，想像自己處在一個安靜且放鬆的環境裡（在海灘上，在高山草地上……）。

接下來，請開始想像你的恐懼。想一想：我恐懼的東西會威脅生命嗎？這個恐懼源於何處？是現在才開始的，還是以前就有？配偶對我發怒時，我有沒有感覺像是小時候父親發怒時我心中的恐懼？我的恐懼有沒有讓我想起過去某次情感或身體的創傷？感到恐懼時，怎麼做才是恰如其分？現在感受到的恐懼會壓垮我嗎？還是我能利用它來更了解自己？

思考這些問題時，請繼續深呼吸。慢慢地「回到你所在的房間」，準備好後就可以張開眼睛了。經常使用這種深度放鬆的練習來探索自己的恐懼，是更為有效的處理方式。同時，能有助於讓恐懼成為你的朋友，也有益於你更順利地掌握自己的生活。你能做出的選擇越多，恐懼對你的控制就越小。

沒錯，一場短暫的深度放鬆確實無法治癒你的恐懼，你必須堅持下去，經常進行放鬆練習，盡可能地面對自己的恐懼，並且解決這些恐懼。如果你覺得已經承受不住了，或者恐懼已經讓你無法正常生活，就要尋求專業的幫助。尋求你的醫生、信任的朋友、牧師、拉比、伊瑪目的意見，請他們推薦專業的心理師或是家庭治療師。

分手的危機可以為你帶來很大的個人成長和轉變空間。面對並克服恐懼能幫助你將這場危機轉變成具創造性的經歷。

你的孩子比你還要害怕

「我對八歲的女兒說，我要走了，然後我就進房間收拾衣服。等我出來想要和她親吻告別時，她躲在床底下。當時她害怕極了。直到今天，她都說自己不記得這件事，否認自己曾經躲起來。」

——布魯斯

父母離婚時，小孩內心的恐懼是難以想像的！他們覺得自己的整個世界都受到了威脅：我的父母還愛我嗎？我會住在哪裡？我會跟著媽媽還是爸爸？我的朋友會怎麼想？我還會有朋友嗎？我到底會怎樣？

孩子通常會覺得所有人都棄他們而去：「媽媽要走了，爸爸也會走嗎？」、「爸爸搬走了，我不知道能說些什麼。我擔心不知道什麼時候媽媽也會搬走，然後就剩下我一個人了。」

我們需要傳達一種訊息給孩子：父母間的婚姻關係會結束，但他們不會和自己的孩子分開。婚姻結束了，但父母和子女的關係是永遠不會結束的。無論是在言語還是行動上，你都要給孩子這個保證。在這個階段，這一點非常重要。

恐懼非常強大，孩子們和成年人一樣，也能學會認清自己的恐懼並談論它，然後更為坦然地處理自己的恐懼。我們每個人都要意識到：感到恐懼是沒有關係的，大家都有恐懼的時候。

前面提到的放鬆和深呼吸的方法，對於孩子來說也非常有效。越早學會這種方法，孩子們就可以在各種具有焦慮感和恐懼感的生活情境下運用（例如考試、公開演講等）。

你現在過得如何？

下面這份清單適用於幫助你檢測自己是否完成了這段行程。如果你還沒有鼓足勇氣面對自己的恐懼，攀登將會非常艱難。

1. 我已經認清自己的恐懼，並且列出清單。
2. 我已經找了朋友或是願意幫忙的人一起談論我的恐懼清單。
3. 恐懼可以成為我的朋友，我正在學習這一點。
4. 我正在學習把恐懼轉變成動力。
5. 透過正視自己的恐懼，我更加了解自己。
6. 我經常進行深度放鬆練習，這樣能幫助我處理自己的恐懼情緒和日常壓力。

第四章

適應

可是，小時候這樣做明明是可行的！

在成長的過程中，由於對愛和被關心的需求沒有得到滿足，我們逐漸學會了各種適應方式。小時候，有些方式幫助我們得到了自己想要的東西，但來到成人階段，這些方式就成了累贅。例如，在成人關係中，過分負責或是不夠負責都是行不通的。在重建的過程中，能提供很多機會讓你改掉不健康的行為，建立真正能幫助關係成長的行為。

在第一段婚姻中，我扮演的是照顧對方的媽媽角色。在我的下一段戀愛關係中，我想要找一個像爸爸一樣的人來照顧我，呵護我內心的那個小女孩。也許到了我的第三段戀情時，我就能找到平衡點，建立健康的戀愛關係吧。

——珍妮絲

你是不是還在思考自己的婚姻為什麼會結束？

我們還要繼續征服重建的方塊。在這之前，請先用一些時間探索這個問題。自己的婚姻為什麼會結束？幾乎所有經歷離婚的人都想對此有更多的了解，在這一章會幫助你回答這個問題。

當你決定要結束愛情關係時，你並沒有百分之百純粹的感覺。考慮離婚時，你是什麼感受？也許心中有百分之八十贊成離婚，另外百分之二十反對離婚？處在危機情況下，內心充滿矛盾的聲音會讓你感到迷惑，這是極為正常的。

每個人都有很多面。你開車經過冰淇淋店時，內心的一個聲音說：「我們停一下，進去買個冰淇淋蛋捲。」另一個聲音卻批評：「還記得你的新年計畫是想要減掉九公斤嗎？不停地吃冰淇淋，你永遠也達不到這個目標！」但最棒的是，還會再有一個聲音出來調停：「你已經很克制了，一個星期吃一個小小的冰淇淋蛋捲沒有關係的，這應該算是獎勵吧。」

傾聽內心的聲音，能讓你更加了解自己不同的次人格（subpersonalities）。在你傾聽內心的不同聲音時，要辨識代表自己的聲音。對於很多想離婚的人來說，也許內心都經歷過這些不同聲音的「內戰」，而這些內戰最終演變成自己和配偶之間的「戰爭」，進而導致關係的終結。

了解自己的不同樣貌，對你的療傷過程非常有益。你能夠因此更了解自己，進而在未來建立更為牢固的愛情關係。

健康的關係

當人們在健康和不健康關係之間進行選擇時，為什麼有這麼多人選擇不健康的關係呢？健康的關係看起來是什麼樣子？身處在健康關係中是怎樣的感覺？我們該如何才能建立和自己內心、以及他人的健康關係呢？

為了回答這些問題，先來看看組成健康性格的部分。

我們每個人都會有「**感受**」，有人稱之為「內在小孩」。接觸自己的感受，認清自己的感受，這一點很重要。有證據顯示，一個人的感受和療癒能力之間是相關的。你如果不能觸及、談論自己的感受，那麼適應危機所需要的時間就比其他人長得多。

人們都有**創造力**，能想出新的行為或思考方式。創造力是可貴的天賦，不僅給予我們藝術的靈感，還讓我們擁有原創、唯一、個人特點以及自我實現。創造力好的一面能使我們的個性更為突出，而非整齊劃一。

我們都有**幻想**的部分，這讓我們看到花園種子的商品目錄時，就覺得自己種的種子也能長得和目錄上的花朵與植物一模一樣。幻想讓我們喜歡看《阿拉丁》（*Aladdin*）的電影，想著只要擁有一塊魔毯，我們就可以飛起來。幻想平衡了我們的嚴肅和理性，讓生活更加有趣，而不會一直記得只吃麥麩、花椰菜這類對身體有益的食物。

我們有**付出**的部分，但我們經常因此而失衡。我們很容易對他人付出，卻忽略了滋養自己，因為我們接受這樣的觀點：施比受更有福。所以常常因為過度給予而付出代價。健康的做法是既要滋養他人，也要滋養自己。

我們還有**精神**的部分，我們透過信仰與另一種至高無上的力量相通。信仰可能是不理性也不成熟的，通常是我們比較孩子氣的一面。有了這種精神層面上的孩子氣，我們會在更強大的力量面前低頭，同時也會用自由意志在生活中做出愛的選擇。

你還能想出其他健康的部分嗎？仔細想一想，列出一份清單來。

你的成長過程健康嗎？

有幾個重要的問題請你仔細的思考一下。你的家人和童年時期的家庭是否有鼓勵你培養上面描述的健康層面嗎？如果你是男性，你有被鼓勵你是可以哭泣的嗎？如果你是女性，你是否有被鼓勵可以適當表達憤怒嗎？你的好奇心和創造力有得到鼓勵嗎？有沒有人鼓勵你獨立，鼓勵你獨自思考，或者你聽到的都是「我們是你的父母，我們說怎麼做你就怎麼做」？

童年的其他影響因素，例如學校，又是怎麼樣的呢？你的創造力有沒有得到過鼓勵，還是因為與眾不同而不斷遭遇到麻煩？有沒有人鼓勵你可以憤怒、哭泣、談論自己的感受？你有愛心，你追求精神層面，你相信魔法神話故事，這些有人鼓勵過你嗎？

你的宗教教育是怎樣的呢？你所在的教會鼓勵你對信仰提出創造性的質疑嗎？你的憤怒得到鼓勵了嗎？或是被視為罪惡、不虔誠？你關愛自己的行為有得到鼓勵嗎？或者他們教你施比受更有福？

從離婚復原討論班的參與者的反饋看來，有些人在性格的健康面得到了很多鼓勵；有些人的原生家庭給了他們很多空間去施展創造力，去相信魔法的存在，為他們付出，讓他們獲得滋養；有些人的學校除了教授基礎知識外，還允許他們保持個性和特質；有些家庭、學校和教會教導人們如何做到有愛心，但還有更多的家庭、學校和教會強調的則是恐懼和控制，好讓我們具有「應該有」的行為。

因為各式各樣的原因，很多人都沒有學會如何承認並鼓勵自己性格中的健康面。作為成人，我們忘記關心自己的感受，忘記創造力，忘記要在自己身上多花一點時間，忘記要在精神的健康層面做投入。拒絕這些健康面已經內化成我們的一部分：這樣我們才能與人相處，才能有歸屬感，才能得到分數，才能賺錢，才能成為別人想要我們成為的樣子。現在，我們多多少少感覺到沒人愛，沒人照顧，不開心。我們的自尊也許很低，所以在各種關係中尋找讓自己感覺良好的方法，卻沒有審視自己的內心。正因為如此，才會覺得健康的關係讓我們不自在，而我們其實是在對「內心可能存在的健康面」感到不自在。

健康與不健康的適應策略

人類有非常強的適應能力。由於智力的高度發展，我們能表達個性，也能應對自然和社會環境中的千百萬種變化。

如果在人生前期的生活是美好的，那麼我們的適應能力就可以幫助我們成為有創造力、勇於探索、自我表達、有愛心、有責任心的人。

如果在性格形成期，我們的情緒和心理需求被忽視，我們就會另尋方式來適應。為了在這樣的環境中生存下去，我們會發展出其他的性格面——通常是不健康的，它就是「適應行為」。童年的經歷越是壓抑，創傷越多，對適應行為的需求就越高。現在就來看看這種非健康的適應。

卡倫發展出「渴望助人」的性格。如果家裡其他人不開心，吵鬧不休，火氣大，濫用毒品，她就會「幫助」家裡人，這樣她的感覺就會好一些。在關心家人的痛苦和不舒服時，她自己的痛苦和不舒服就會隨之減退。現在她長大成人了，只要看到別人需要幫助，她就會出一份力：開車時看到想搭順風車的陌生人，她就讓他們上車；在商店中若是有人看起來一副難過或惱怒的模樣，她就會去和對方交談；在路上看到流浪貓，她就會帶回家。她可能會選擇和「身處在困難中」的人結婚，因為她尋找的就是「需要幫助的人」，以此來平衡自己「渴望助人」的性格面。

傑拉爾德養成了過度負責的適應行為。身為家裡的長子，他替弟弟妹妹換尿布，照顧他們，還幫忙父母準備餐點。他透過做這些事情來獲取認同、關注和愛。長大後，他繼續照顧家裡其他人，而這正是他從小就厭惡的事情。後來，他找了一個不夠負責的人結婚（如果妻子還不夠不負責任，他就會把她「訓練」成一個更不負責任的人）。

在很多人的成長環境中，周遭的成年人都非常挑剔。喬從小就開始整理家裡的庭院，後來他慢慢明白：草坪要整理得平平整整，不能有草莖冒出頭來；每棵樹都要修剪；道路旁的草坪要用對角線的方式修整，看起來要像職業棒球場。如此這般，他受到的批評就會少一些。至於想要聽到父母表揚他「做得好」，又或是得到他們的鼓勵，喬對此早就不抱希望了。他知道只有從鄰居那裡才能得到讚揚：他父親經常在別人面前炫耀自己的兒子，可是從來不會當面稱讚他。

喬長大了。跟他一起買東西是一件苦差事，因為他很難決定要買什麼。他害怕做出錯誤的決定，因為他父親的某一部分已經內化成他內心的批評家。很多人都能適應「內在批評」面，這一面不斷地提醒我們應該要做到最完美，提醒我們沒有做到「應該」做到的完美。所有的決定，即使是購物的決定都應該盡可能做到最好。就像喬一樣，我們竭力想要做到完美，好讓內在的批判聲音小一點。

這種具有適應行為的完美主義者，他們會尋找什麼樣的配偶呢？也許會找一個取悅他人的人，這種人能不斷滿足對方的內在批評，而內在批評在成人關係中很容易就會變成「他人批評」。和完美主義者一起生活很困難，但更為艱難的是和內在的完美主義生活在一起。有些完美主義者的配偶與他們完全相反，生活行事很邋遢，如此一來，完美主義者就能在配偶身上不斷找到可以批評的地方。

查爾斯的童年家庭環境非常糟糕。家人回家時總是醉醺醺的，情緒古怪、行為荒謬，整天怒氣衝衝、情緒激動。查爾斯的選擇是：做一個通情達理、知性、理性的人，迴避所有的感受。他適應混亂家庭的方式就是：思考和無情，因為一旦進入富於感情的狀態，他就會覺得受傷、被批評，感覺不舒服。他學會迴避一切感覺，尤其是憤怒的感覺。「大人」可以憤怒，但他不可以。

查爾斯埋葬了自己所有的感受，像他這樣的人會尋找什麼樣的伴侶呢？他過著理性的生活，迴避所有感受。他是一個失衡的人，因此要找尋一個平衡，他需要一個非常情感化、善於表達感受的人！（相較於女性，男性更容易成為迴避感受的人。通常女性的感受會比較豐富，因為女性在成長過程中，比較會去學習認識並信任自己的感受。）

查爾斯是迴避感受的人，他與情感化的人結婚後，情感化的人會不停地想要讓他吐露情感，任何情感都可以。但是情感化的人越是努力，像查爾斯這樣的人就越是關注在自己的思考上而非感受。同樣地，迴避感受的人思考得越多，情感化的配偶就越是情緒化。所以這種關係可能就會趨向於極端，也就是說，在雙方的關係中，一方承擔了思考的所有部分，另一方則承擔了情感的所有部分。

人為什麼會結婚？大多數人認為自己是「墜入愛河」。有一種說法認為「墜入」愛河實際上是一種不穩定的狀態，甚至可以說是情感疾病！因為墜入愛河可能和愛情沒有關係，反而是和雙方失衡的部分有關。有些人其實是和自己個性中缺失或缺乏的部分結婚，卻稱之為「墜入愛河」。

為什麼會離婚？

適應策略與婚姻的終結之間有什麼關聯呢？

兩個人之間的關係就像一輛車，坐在駕駛座上的是不健康適應行為的某個方面，如果再遇上僵化的適應行為，周遭的人就更不得不忍受這種駕駛方式。沒有被滿足的需求導致了不健康的適應行為模式，當沒有被滿足的需求越多，適應行為就更是僵化，更具控制性。舉例來說，如果駕駛人是一個過度負責的人，其他人就不得不去應對很多控制性的行為（假設這些人選擇與駕駛人維持關係的話），然後學會成為一個不夠負責任的人。反之，如果坐在駕駛座的人習慣取悅他人而不願自己做決定，其他人就必須告訴他該如何開車，該開往何處。當不健康的適應性格掌控局面時，在一定的期限內，的確事事都可以正常運行。然而，其中一方遲早還是會厭倦這種不平衡的狀態。

南希是個過度負責的人，她厭倦掌控局面。她對配偶傑克產生了很多怨恨：傑克簡直就是自己活生生的一部分，而且是自己不想要或不想承認的那部分。南希看到的是：傑克玩得很開心，擔負的責任很少，甚至根本沒有擔起他的責任。更讓南希憤怒的是，傑克連開支票這種小事都做不好，有時因為帳戶裡的錢不夠，他開出的支票都被退了回來。還有的時候，是他根本沒開支票或沒付帳單，導致電話都被停用。南希決定結束這段關係。

像南希這樣在婚姻中過度負責的一方，他們往往會厭倦這種角色並決定離開。對於傑克，還有像傑克這樣不夠負責的人來說，這場危機是喚醒自己、讓自己變得更為有責任心的機會。如果他們沒有做到這一點，就會再找一個像媽媽或爸爸般的人結婚，然後在下一段婚姻中重複同樣模式。

在婚姻結束前，如果傑克決心擔負起更多責任，他可能會怨恨南希「阻礙」自己成長，進而導致他決定離婚。在這種情況下，不夠負責的人往往會變得叛逆、鬱悶、易激怒和憤怒，想要逃離對方那些令自己窒息的行為。

如果傑克結束了婚姻，而南希沒有利用這次機會審視自己和自己的適應策略，她很有可能會再找「一隻流浪貓」來照顧，這樣她過度負責的一面又能控制局面了。

你是什麼時候第一次發現某件事情動搖了自己的婚姻關係？面對這個問題，很多人提到像是孩子出生，妻子開始工作，丈夫換了新公司，祖父母生病或生命垂危，又或是差點在大洪水中失去性命。如何才能調整並適應關係中發生的變化呢？通常人們的回答是：自己的情感關係太僵化，已經無法調整了。而往往生活中最重大的改變會導致情感關係結束。

在你的生活中，有沒有哪件事情打破了你的情感關係，最終導致你們的關係終結呢？

跨越責任的橋梁

我們用比喻的方式來幫助你思考這種過度／不夠負責的關係。想像一對情侶，他們分別站在橋的兩端（例如說是南希和傑克，或是你和配偶）。這兩人共同維護著這座關係之橋：橋就是他們二人之間的聯繫。過度負責的人（南希）是大橋的清潔工，負責打掃整個橋面（從自己這一端到傑克那一端）。不夠負責的人（傑克）坐在橋的另一頭，手裡拿著釣魚竿。傑克總是在釣魚，完全沒有負責自己這一邊的清潔工作，南希對此產生怨恨。釣魚的傑克也怨恨南希，覺得她從不花時間來享受釣魚的樂趣，更糟糕的是，她一直在打掃，把魚都嚇跑了。

我們會特別著重於討論這種過度／不夠負責的適應行為，布魯斯在離婚復原課堂上親自指導了約兩千人，而這種行為是課堂參與者中最常見的不健康適應策略。這種行為模式似乎是離婚的主要原因，這種關係也可以被稱為是家長／孩子關係、照顧／被照顧者關係、成癮者／促成者關係。它是一種互相依賴的特定形式，在這種關係中的雙方互相依賴以維持平衡。（或者我們更應該稱之為不平衡狀態。）你養成了什麼樣的適應行為呢？假如你的性格是一輛車，你們關係中的適應行為是不是坐在駕駛座上？你想不想選擇更好的駕駛人？你該怎麼樣才能做出改變，掌控自己的生活呢？

適應行為背後的感受

過度負責的人給予別人的東西，往往就是他們想要得到的。由於他們的需求沒有得到滿足，因此養成了不健康的適應行為，這種行為能讓他們感覺好一些、舒服一些；通常來說，這些未被滿足的需求源於令人失望的童年，其他的適應策略也是如此。若想要掌控自己的生活，就要學習如何滿足在性格形成期未被滿足的需求。那麼要如何開始呢？要從了解這些適應行為背後的感受。

茱莉養成了不健康的適應行為的原因是：「我不想有被拒絕和被拋棄的感覺。如果我照顧他，他就不敢離開我，他會不好意思拒絕我。」她之所以照顧別人，是因為這樣能讓自己有少一點被拒絕的感受。

韋恩照顧蘇珊的原因是什麼呢？他在離婚復原討論班上說：「如果不照顧她，我就會內疚。如果我為自己著想，我的內在批評就會開始數落我有多麼自私。我覺得自己為別人做得還不夠，我還需要更有愛心。照顧蘇珊能減輕我的內疚感。」

適應策略背後最常見的感覺就是對批評感到恐懼。比爾說：「童年時，我常常聽到大量的批評聲音，這些批評來自一些重要的長輩，因此我的內心總有一股焦慮感。我覺得有必要讓自己的世界盡可能地完美，如果外在的世界不完美，我就會感到害怕。我養成了這種適應行為，為的是減少心中的恐懼。」

愛德華說：「只有在為別人付出的時候，我才覺得自己有價值。我的自尊很低，藉由為別人付出的適應行為，才會讓我感覺好一點。小時候，我沒有感覺到自己被愛；大人說話時我不會插嘴；我會去取悅他人。如果不這樣做，我就覺得自己沒有價值。」

「我的感覺是憤怒，」亞力克承認後說：「我不知道該如何表達自己的憤怒，或者說，我不允許自己憤怒，所以我變得非常挑剔，這是一種適應行為。我看到父親從不表現出自己的憤怒，但他對別人非常挑剔。我為了掩飾自己不想承認的憤怒，也變成了一個挑剔而且有控制慾的人。」

珍妮佛的成長經歷非常平凡：「我是女性，我看到的就是母親照顧全家人，因此我的不健康適應行為就是模仿母親的模樣——照顧其他人。」

邁克爾也模仿了父親的樣子：「我是男人，我看到的就是父親賺錢養家，因此我的適應行為就是賺錢，要和父親做得一樣好。在我看來，更重要的是多花時間工作，而不是與家人共度時光。」

與內在批評和解

大多數人的內在批評都是一副營養充足、活力無限的樣子，因此內在批評往往會成為性格這輛車的駕駛員。小時候，那些挑剔的人找到了控制我們的方法，同樣地，我們的內在批評也非常擅長尋找方式控制我們。

在離婚復原討論班上，我們請參與者替自己的內在批評取一個名字，他們大多以自己父親或母親的名字命名。大部分人的內在批評都是從父母那裡得到批評後逐漸形成的。貝弗利在討論班上說：「我常常會把內在批評當成是我，或者說我的本質就是那樣。」我們認為，她需要認清內在批評只是她性格中多個面相裡的一面，她必須在「自我本質」和「內在批評」之間修築邊界，這非常重要。

只要能認清內在批評只是內心裡的其中一面，就可以削減它對我們的影響。記住：自我的「內在批評」比「我」弱小，我是比它強大的。面對內在批評，很多人的反應就和小時候面對父母時一樣。如果我們相信父母對我們的批評是對的，我們的自尊就會降低。同樣道理，如果我們相信自己的內在批評，就是在任由它降低我們的自尊。有些人會反抗父母，他們同樣會反抗內在批評。

一定要記住，如果總是順從性格中的某一面，我們就會受到控制。如果總是反抗性格中的某一面，我們也會受到控制。如果我們迴避父母，不再聽他們的話，我們也能迴避內在批評的聲音。

該如何回應內在批評的聲音呢？是不是要像過去應對父母時一樣？你想不想用不同的應對方式呢？怎樣做才能和以前不一樣呢？

我們該傾聽內在批評的聲音，還是要忽略、不相信它？忽略和不相信就是不承認、不肯運用內心的批評，這樣做是不正確的，我們應該傾聽內在批評的聲音。換個角度想一想：有一個人坐在你身旁，但你想要忽視對方的存在，那麼對方就有可能更想要吸引你的注意力，也許還會對你大喊大叫，打你一下或讓你坐立不安等。

內在批評是比坐在你身邊的鬱悶傢伙還要厲害得多，它就住在你的心裡，想要忽略它的存在是難上加難。你可以開始有意識地傾聽內在批評的聲音，甚至可以把聽到的聲音寫下來，這很可能都是用「你」當作句子的開頭：「你真是個蠢蛋。」、「你就不能不犯錯嗎？」承認內在批評的存在，它的用詞就會慢慢地變溫和，內在批評會覺得你有在傾聽，覺得它是重要的，覺得你理解它，於是它就會把「你」變成「我」開頭的句子：「我不喜歡自己處理那件事情的方式。」注意到了嗎？這樣就大大地增強了說話的建設性，接受「內在批評」是自己的一部分，它的價值也就隨之大幅增加。

每次你的內在批評說完之後，你可以簡單地回應：「謝謝你。」

這麼做其實就是你和「內在的父母」和解。一般來說，內在批評非常類似於童年時父母對我們的責備和警告。當你傾聽內心批評的聲音並開始掌控它，它就變成了全新的健康「好父母」。

掌控自己的生活

這本書以及離婚復原十週討論課程的主要目標是：幫助你了解過去關係中的問題；幫助你了解自己的不健康適應行為如何導致生活失衡。我們為你準備了一份練習作業，幫助你開始過著更加平衡的生活。

如果在上一段關係中，你的適應行為是過度負責，那你很有可能是一個善於付出而不善於得到的人。你對他人負責，卻對自己不負責。你需要在付出和得到之間建立平衡，做到兩者兼顧。

這個練習作業就是：首先，請別人為你做些事情。（我們知道一定會有人說：「這點我辦不到。」你應該捨棄自己的不健康適應行為，可是你還沒有準備好，對嗎？）第二步是：當有人請你為他做事時，對他說「不」。你明白這份練習作業的用意了嗎？這是要幫助你在付出和得到之間建立平衡。做這份練習時，有一點非常重要，就是必須要注意在以下六種感受中，你是哪一種：被拒絕、內疚、害怕、生氣、自我價值感低、無法停止模範行為。

如果在上一段關係中，你是不夠負責的一方，你就應該說到做到，負起責任，做出具體的改變。

戴夫和大家分享了他的練習作業。他的前妻是過度負責的一方。離婚後，當十多歲的女兒們過生日時，他依然要去問前妻，女兒們喜歡什麼。作為一個過度負責的人，前妻當然能準確說出女兒想要的東西。前妻推薦什麼，他就買什麼，這樣一來，戴夫就能繼續自己的不夠負責行為，前妻也樂於繼續自己的過度負責行為。過生日時，女兒們得到了自己想要的東西，當然感到高興。然而戴夫還在繼續不夠負責的行為。當戴夫做了練習作業並在班上分享時，他說：「那時，我自己想了想女兒們會喜歡什麼，就做了決定。我沒有詢問任何人就替她們買了禮物。我買的東西並不是她們原本想要的，可是她們看起來還是非常興奮！」

在上一段關係中，如果你的適應行為是完美主義，你的練習作業就是：這個星期起床後，不要整理床鋪。（「不，我可做不到。這樣我一整天都會想著亂七八糟的床，什麼事都做不了。只要不整理床鋪，房間看起來就會亂得一塌糊塗。如果水管突然壞了，維修人員進來看到一團亂的房間，該怎麼辦？」這麼說的你還沒有做好改變的準備，對嗎？）

你在做練習作業時，一定要體會自己的感受，這樣就能了解適應行為背後的感受了。

在上一段關係中，如果你的適應行為是取悅他人，你的練習作業是：做一些讓別人不愉快的事情。例如什麼事呢？有可能是別人請你幫忙時，你說「不」。有沒有什麼事情是你早就厭惡不已、不想做，而你卻一直都在做？原因是你害怕自己不做的話，別人會因此不悅。那就試試看不做吧！不過還有個問題，就是你會聽從我們的建議完成這份作業，然而你有可能是為了取悅我們才去做的。所以，你還是自己給自己出一份練習作業，這樣對你會更有幫助。做練習作業時，請務必要關心自己的內心感受。

在上一段關係中，如果你是一個偏重思考、忽略感覺的人，那麼你的練習作業是：每天以「我覺得」為開頭寫十句話，堅持一個星期。（以「我覺得」開頭的句子其實就是簡單陳述自己的感受，請注意，是陳述你當時的感受，而非你的想法。「我覺得生氣」或「我覺得困惑不解」，而不是「我覺得你這樣做很不公平」，這樣的句子是觀點和想法。）請談論自己的感受，關心自己的感受！

在上一段關係中，如果你的適應行為是拖延邋遢，讓自己隱身在混亂之中，那你的練習作業是：寫一份「今日事項」清單。留意適應行為背後的感受。

在上一段關係中，如果你的適應行為是叛逆，那麼你的練習作業就是：以「我是」為開頭的句子寫一份清單。（以「我是」為開頭的句子是一種自我描述，但不涉及社會角色。例如「我是一個討厭規則的人」，這樣的句子就符合練習作業的要求，但「我是俄亥俄州的居民」，這樣的句子就不行。）這是在幫助你認識自我，而不是讓別人掌控你的生活。如果別人想掌控你的生活，你就會覺得必須反抗。

在上一段關係中，如果你的適應行為是「一切由我自己決定」，那麼你就必須為自己決定要做怎樣的練習作業。

學會撫慰自己

即使你還沒有發現自己有不健康的適應行為，你也必須要做這份練習作業，為自己做些事情，讓自己開心一點。停下車買個冰淇淋蛋捲，吃完了再去接孩子；好好地洗個泡泡浴；讀一本一直以來都很想看的書；培養一種新嗜好；做一次全身按摩；找一個人，讓他整晚照顧你、撫慰你，而你自己什麼都不用做；在卡片上寫下二十項你喜歡自己的地方，貼在每天都看得到的地方，直到自己相信為止。

孩子與適應行為

這段路程對孩子來說尤為重要。閱讀本章後，相信你已經明白，在性格形成的階段——特別是在應對父母的過程中——人們養成了不健康的適應行為：我們的需求沒有被滿足，或是因為恐懼，需要更多的關心和愛。

當父母分居離婚的時候，孩子們更加迫切地需要適應行為。母親若是不在，長女就變成了偽媽媽，你有注意過這種現象嗎？如果兒子和媽媽在一起，他就變成了「新的一家之主」。父母處在離婚的黑洞中，行為不夠負責之際，孩子往往就會變得過度負責！

成年人會有「想要當小孩子」的需求，此時就會鼓勵孩子養成不健康的適應行為。我們處在某個階段中，由於覺得很艱難，所以希望有個「大人」在身邊。會有這樣的心情可以理解，但做法並不合適。我們必須要更謹慎，不要利用孩子來滿足自己的需求。

在孩子成長發展的路上，可以鼓勵他們獨立自主，但不該鼓勵他們照顧自己的父母。我們應該幫助他們成為有創造力、有好奇心的人；幫助他們與自己的內心批評達成和解，幫助他們將內心批評變成友善的嚮導，走向負責任的獨立生活。

你現在過得如何？

登山小路上的人群躁動不安，他們大多數人都想要繼續往上攀登這座重建自我的高山。在這之前，問一問自己是否做到了以下幾點，如果是就繼續前進吧。

1. 我已經意識到自己的適應行為。
2. 透過撫慰和照顧自己，我一定會變得更加靈活，更加平衡。
3. 我要控制自己的不健康適應行為，並為此找尋適合的練習。
4. 我已經知道自己適應行為背後的感受。
5. 我列出自己性格中健康面向的清單，激勵自己努力做到。
6. 我更加明白自己為什麼會分手了。

第五章

孤獨

我從來沒有這麼孤獨過

分手的時候，總是特別感到孤獨，這是正常的。如果傾聽自己的痛苦，癒合就能隨之而來。透過孤獨而成長，就能達到獨處的階段——即使獨自一人也覺得自在。

孤獨是一種疾病，在渾然不覺中慢慢生長。
症狀令人膽顫心驚。
孤獨是遮掩一切的黑暗，
用悲傷包裹著你。
是一場征服全部精神和情感空虛的絕望競賽……
在這個殘酷的世界裡。
我就身患這種疾病，
希望找到良方——
即便是一縷陽光也是令人幸福的事。
孤獨不斷地需索，帶走你的一切，
什麼都不給你，除了無盡的孤獨，
彷彿這世上就只剩你一人。

——伊萊恩

攀登在重建方塊的高山上，環顧四周，我們會看到很多孤獨的人。有些人退縮到自己的「山洞」中，偶爾探出頭來，看上去非常難過、頹廢。有些人堅持要和別人在一起，所以總是握著別人的手或跟在別人身邊轉。還有些人，因為總在忙碌，所以不必面對自己的孤獨。有些人表達出自己的孤獨，但他們就像真空吸塵器，會把周圍的人「吸進去」填補內心的空虛。還有些人就像冰山，只要一有機會，就盡可能地靠近別人取暖。

孤獨是痛苦的。但是，這種痛苦是在告訴我們：還有重要的事情需要學習。

離婚人士擺脫不了孤獨。無數的人飽受孤獨的折磨。對於很多人來說，孤獨在童年時期就存在了，然後一直貫穿到婚姻之中，離婚之後也是如此。（這也是離婚的原因之一，在找尋離婚線索的人可以記錄下這一點。）如果孤獨是困擾你多年的絆腳石，它也就可能是你攀登重建高山途中的關鍵處。

對你來說那個特殊的人離開了，伴隨而來的孤獨感尤為強烈，你過往從未感受過這樣的孤獨。突然間，你得一個人吃飯、一個人睡覺，孩子成長過程中的特別時刻也找不到人分享。在家裡，你原本習慣聽到那個人的聲音，聞到那個人的氣味，感受那個人的觸摸，現在什麼都沒有了，只有一片寂靜。即使家裡滿是孩子，屋裡仍現出一種奇怪的空蕩感覺，彷彿有人在敲鑼你卻聽不到聲音。你覺得在這世上每個人看到、聽到或感受到的都和你不一樣。身邊的朋友向你伸出手，即便你是真心想與他們親近，他們看起來卻還是那麼遙遠。

你內心可能有個聲音在警告你：「往後退、往後退，這樣你就不會再受傷害了！」你想要離群索居，就像是受了傷的狗藏到隱蔽之處，等待傷口痊癒。但同時，你又渴望情感上的溫暖，想要變成一個孩子，希望有人來照顧你。

有些人在婚姻中就已經感到孤獨，對於這些人來說，分手事實上是一種解脫。但是離婚後的孤獨又是另外一回事了。在婚姻中，這些人並沒有與配偶產生真正的親近感，與對方的共同生活很可能是伴隨著痛苦、憤怒、沮喪、冷淡以及孤獨。（這也是離婚的另一個原因，記下來了嗎？）分手後雖然解脫了，但新的孤獨隨即而來。

孤獨的階段

許多重建方塊都有三個階段。孤獨的第一階段是**退縮**；處在這個階段的人，要不是躲避就是開始幻想。有些人垂頭喪氣地躲在空蕩蕩的公寓裡，覺得這樣別人就不知道自己的恐懼。另一種方式則是表現出「我是個可憐人」，希望有人來可憐自己，目的就是不想讓其他人知道自己內心有多痛，但卻要讓前任知道。

在這個階段，「寂靜」時刻提醒著你：你的伴侶離開了，真的離開了。這種寂靜讓人難以承受。你沒有辦法集中精神，也無法閱讀，電視又是那麼無聊，什麼都讓你興奮不起來。你內心蠢蠢欲動，很想要做些什麼，可是到底該做什麼呢？

孤獨並不是什麼佳侶良友，可是對一些人而言，處在這個階段時，退縮也許真的是一種適合的行為，因為此時的他們在情感方面確實是貪得無厭，這種強烈的需求會讓朋友感到窒息，覺得彼此的空間都受到了侵犯。有個古老的民間故事講述有億萬隻貓互相啃食，到最後連一隻貓都不剩。在這個階段，親密朋友之間極有可能會「互相啃食」，最後連朋友都做不成。

人生宛如鐘擺，從一個極端到另一個極端，不停地擺動。為了逃避這種孤獨感，很多人從退縮進入到第二個階段——成為「**忙碌狂**」，即便是工作日的晚上也每天都有活動，到了周末假日，每晚甚至會參加兩個活動。他們找各種的理由持續長時間工作，就是不想回到空蕩蕩的家中（也許他們在離婚前就是工作狂，以工作為藉口迴避孤獨的婚姻，這也是離婚的原因之一）。他們和別人一起出去玩，但事實上他們並不喜歡這些人，這樣做只是為了避免寂寞。單身人士的派對可能會通宵達旦，因為沒有人想回家一個人待著！

他們在逃避自己，就好像自己的內心有一個可怕、孤獨的幽靈。對於那些一直都孤單的人而言，這個幽靈開始變得如此真實！他們忙於逃避，從來不曾停下來看看自己在做什麼，或是看看自己正前往何處。此時，他們根本沒有繼續攀登重建的高山，而是在原地打轉！（聽起來是不是很熟悉？）

這種忙碌的孤獨感會持續多久？感覺會有多強烈？因人而異。有些人可能只是感覺自己想要忙起來；有些人可能已經忙得天昏地暗了。慢慢地，所有人都會感到疲憊，此時他們就會了解：生活不僅僅是為了躲避孤獨的幽靈。然後，他們就會放慢腳步，逐漸進入**獨處**的階段。

孤單一人

經由努力，你到達了獨處的階段——獨自一人也自在的階段，有人稱之為「完全一人」（all-oneness）階段。你可能會選擇一個人在家，坐在壁爐邊看書，而不是出門和不喜歡的人一起玩。你內在的潛力得到發展，你有了新的興趣、活動、想法和態度，一個人獨處也很自在了。

「我要怎麼做才能到達這階段？」從正視孤獨幽靈並意識到它確實只是一個幽靈開始！你曾經逃避它，懼怕它，躲避它，但當你轉向孤獨幽靈並大喊「嚇！」，這個幽靈往往就會失去力量以及對你的控制。你承認了孤獨是人生的一部分，從那一刻起，獨處對你來說就變得舒服多了。

你必須知道：孤獨也能療傷。藉由一段時間的孤獨，能夠讓你反思自省，以及實現自我成長。內在的充實和力量取代了空虛和虛無，即便獨自一人也能感到自在，不必再依賴他人的陪伴。做到這一點，你就已經朝著獨立邁出一大步。

此時，我們鼓勵你放慢腳步，別急於尋找新戀情。你確實需要學會獨處，若是為了逃避孤獨而選擇與另一個人在一起，這樣開始的新戀情非常不健康。在開始新戀情之前，你需要獨處一段時間，甚至是孤獨一段時間，這對療傷有極大的好處。

時間真的是療傷的最好藥物。「一段時間的孤獨」是一段自我發現的旅程，這正是你需要的療方之一。等到合適的時機來臨，你就能選擇是否要走進新戀情，而不是需要以新戀情來克服孤獨。

心理健康的人能在「獨處」和「與他人相處」之間取得平衡狀態。你需要找到適合自己的平衡點。

孤獨的孩子

父母離異後，孩子也會遭受孤獨的折磨。就像他們的父母一樣，孩子的心裡同樣有空蕩蕩的感覺。他們也想和別人在一起來填補那份孤獨，但是他們又害怕與別人親近。

他們的同學可能有各式各樣的反應。有些地方離婚的現象非常普遍，孩子們告訴同學自己的父母正在辦理離婚，其他的小孩會說：「你父母終於要離婚了，是嗎？」而在另一個地方，離婚也許還是一件「錯事」，非常的少見。如果是這樣，孩子可能就是整個年級裡唯一一個父母離異的學生。

父母的日常生活改變了，孩子的日常生活習慣也變了。現在家裡就只剩下一位家長陪伴他們，和他們一起遊戲，哄他們睡覺。如果父母一方搬家，或是雙方都搬家了，新環境也會給他們帶來孤獨感。由於父母中的一方沒有監護權，這位家長的家裡或許就沒有孩子熟悉的玩具或書籍。一般來說，沒有監護權的家長的新家並不是為孩子設計的，甚至是在遠離孩子的朋友的陌生地方。

若想健康的獨處，父母必須通過孤獨這一關，孩子也是如此。孩子需要知道，他們有能力獨自一人待著，不是一定要別人陪伴左右。

許多孩子在父母離婚之前就感到孤獨，家裡的整個氛圍讓他們沒有歸屬感，離婚往往放大了沒有歸屬這種不好的感覺。然而，我們其實能利用這場危機來直接處理這個問題。

在這段特殊的時間裡，父母要幫助孩子們找到歸屬感，讓他們感覺到愛，知道自己是新（重組）家庭重要的一部分。他們面對的情況是父母分開生活，他們要學會與父母中的一方生活——與繼父或繼母生活，與繼父繼母的子女一起生活，他們需要父母的幫助。（我們再次提醒你，不要過早發展有承諾的新戀情！）

無論處在哪一個重建方塊，你都很難留出足夠的情感和精力來滿足孩子的需求，在處理自己的孤獨時也是如此。在飛機上遇到緊急情況時，你要先替自己戴上氧氣罩，同樣的道理，你要先處理好自己的重建方塊，然後你才有辦法更順利地去幫助你的孩子。

你現在過得如何？

現在我們來測試一下你的獨處能力。如果下面大多數問題的答案都是肯定的，那麼你已經有了健康的獨處能力，已經準備好繼續攀登重建高山。但如果有三、四項做得還不夠，就需要在本章的內容上多花一些時間，如此才能從容地獨處。

1. 我不再忙碌不堪，而是將更多的時間留給自己。
2. 以前我不斷地工作，根本沒有屬於自己的時間，現在我不會這樣做了。
3. 以前我雖然不喜歡一些人，但為了逃避孤獨還是和他們一起玩樂，現在我不會再這樣了。
4. 我開始將時間用在對我而言重要的事情上。
5. 我不再只是躲在自己家裡。
6. 之前為了逃避孤獨感，我急於尋找新戀情，現在我不再這樣了。
7. 即使自己一個人做事情，我也感到滿足。
8. 我不再逃避孤獨。
9. 之前孤獨感控制了我的行為，現在我正在改變。
10. 獨自一人時我也覺得很自在。

第六章

友誼

大家都去哪裡了？

會丟救生索給你的朋友非常重要，他們能幫助你縮短適應危機的時間。現階段，朋友比戀人重要。你可以結交男女朋友，但請不要發展成浪漫關係和性關係。在很多已婚人的眼中，離婚具有威脅性，因此你已婚的朋友可能會疏遠你。

我和瑪麗亞身邊有很多親人和朋友，大家很常在週末時一起烤肉，或是到她的姐妹家玩，又或是與兩、三對夫婦一起野餐。自從我們分手後，這些人再也沒有和我通過電話或是到家裡來玩。為什麼當我們恢復單身後，那些已婚的人就不再和我們往來呢？

——約瑟

我們一路攀登，會注意到人們對待友誼的不同方式。在經歷分居的痛苦時，有些人會堅持獨行，他們想要退縮，覺得和別人在一起很不自在。你還會發現有些人一直黏在別人旁邊，似乎連一分鐘的獨處都做不到。他們總是挽臂同行，甚至很早就約好了，如此一來，他們在整段路程中都不用獨自行走。我們也發現，分手後，極少有人繼續與戀愛時來往的朋友保持聯繫。

看起來，在繼續攀登的過程中，我們似乎不得不尋找新朋友，而處在這個階段，結交新朋友似乎是特別困難的一件事。

單身不是很棒嗎？

處在婚姻中時，你是否曾經嫉妒過離婚的朋友呢？是否希望自己也能像他們一樣參與各種有趣的活動？是否發生過你想參加這些活動但你的配偶不想去？好了，你自由了！現在你覺得

「精采絢麗」的單身生活如何呢？對大多數人而言，尤其是第一次分居時，單身生活絕不是豐富多采，事實上是非常孤獨和可怕的。

單身的生活是孤獨的，因為我們通常會失去婚前的朋友，這主要有四個原因：

- 首先，分手後，你突然間可能成為某人婚姻中的愛侶。以前你與配偶出雙入對地受邀參加聚會，對其他人來說你是安全的，現在你單身了，對已婚者成為一種威脅。忽然間，人們發現你是合格的愛情候選人，受邀參加已婚朋友聚會的機會就相對減少了。

布魯斯第一次離婚時，與一位已婚女性共事。在他分居三個月後，某天他經過這位女性的辦公桌，她說：「你現在要離婚了，看起來性感多了！」布魯斯回答她：「我不覺得自己有多大改變，只不過是你看待我的眼光變了。這讓我覺得自己成了目標，不再是一個人。」這位女性的關注讓布魯斯受寵若驚，但自己成了對方婚姻的潛在威脅，這讓他很不自在。

- 我們會失去朋友的第二個原因是：離婚會導致兩極化。朋友們通常會支持前夫或是前妻，很少有雙方都支持的。如此一來，就會失去站在前任那方的朋友。
- 第三個原因可能是最重要的。這是一種恐懼感：你會離婚，那我也有可能會離婚。你離婚了，這對你周圍的已婚朋友來說是可怕的，所以他們從你身邊溜走。你可能覺得被拒絕了，但事實上這是他們的問題，是他們內心的折射，並不是針對你。你朋友的婚姻越是不穩定，他們就會越早離開你。你完全沒有必要覺得被朋友拋棄，你該明白的是：你離婚了，他們因而強烈地感受到自己婚姻的不穩定。他們迴避你的友誼，是因為他們害怕離婚會像傳染病一樣傳播。

- 處在離婚期的你還需要了解第四個原因。已婚人士是社會主流價值的一部分，這個社會是以夫妻為導向，夫妻是人們生活方式的基石。然而，離婚人士是單身次文化的一部分，這部分不太受歡迎，只有成為單身人士，才能真實地感受到單身次文化的存在。從主流價值退到單身次文化，這個調適過程並不輕鬆。

單身次文化有不同的價值標準，這當中的人們生活會隨意一點、自由一點，就像是大學聯誼會一樣。在單身人士的聚會上，「我離婚了」這句話成為與人攀談的開場白，而不是結束語。很多情況下，由於對方也是離婚人士，你們就有了共同點，於是交談就開始了。由於道德標準不同，那些不久前還處在婚姻狀態的人突然進入單身次文化的圈子時，他們會有些不知所措，他們的第一反應可能是驚訝。他們會想：「規則變了，而我還不知道新規則！」

建立友誼

此時你若開始結交新朋友，會有三個階段。第一階段，你覺得傷心、孤獨、壓抑，從而迴避朋友（除非是能給你安全感的人）。第二個階段，雖然你非常害怕被拒絕，但你最終還是冒險開始與人接觸。第三個階段，你和別人相處時覺得自在，你不再害怕被拒絕，開始喜歡和別人在一起，感覺還不錯。

剛離婚的人常會問：「離婚後我該怎麼交朋友？我到哪裡才能找到約會對象？」問題是，許多離婚的人在與他人往來時，是心懷絕望地尋找新戀情，而不是享受與人相處。現階段的目標應該是去認識人，有些新認識的朋友可能會變成特殊的朋友，甚至是情人。但是你要有耐心，慢慢來。一開始你應該擴大自己的社交圈，你到哪裡都能交到新朋友：商店、教會、電腦課、網球課、陶藝課、烹飪課、語言課、個人成長課、社區團體、志工組織、圖書館、辦公室，或是遛狗的路上。（我們知道網路上的社團和興趣群組能幫助人們互相認識、結交新朋友，但只要現實允許，我們還是鼓勵你能做面對面的來往互動。）

你開始思考該怎麼交新朋友，結果你發現，如果接觸到自己真正感興趣的人，你就會發出「信號」，人們一旦接收到這種信號就會想回應你。如果你給人留下的是孤獨、絕望、無助的印象，別人就不想和你在一起了。

我們說的「信號」包括肢體動作、走路的姿勢、說話的語氣、與人對視的目光、衣著風格，以及其他所有展示你心情的細微之處。你一句話都沒有說，但單身次文化中有經驗的人往往能看出你是單身人士。即使你不打算發出信號，你也仍在發信號。你發出的信號是不是在邀請別人來了解你？

當你做好了結交新朋友的準備，並且這件事也讓你感覺自在時，或許可以參考以下幾點。報名參加各種學習班或是團體活動，例如費雪離婚與個人成長討論班，都能讓你找到處理友誼這個重建方塊的方法。在這類的討論班裡，你可能會與人建立起令人想像不到且深刻的友誼。查一查當地的教會、大學、青年會、心理健康中心、婚姻諮商師以及治療師，總會找到適合的討論課程。

如果找不到這樣的討論班，你可以組織自己的群組團體，找五到十個人，其中男性女性都有，他們必須對本書有興趣，願意互相討論。見面地點可以是在彼此的家中。你不但要安排討論時間，還要安排好彼此互動交流的時間，你們可以談論大家都有的煩惱和感受。群組成員最好是互相不認識，這樣就不會進入說長道短的模式。你也許能在這個討論群組中度過最有趣、最難忘的一天。事實上，在美國（以及其他國家）有許許多多的離婚討論群組，他們每週都會見面，這本書正是他們的討論指南。

當嘗試結交新朋友時，現在還有虛擬的選項。在這個即時電子友誼時代，我們要提醒大家。你能在網路上發現數百甚至上千個機會來認識人：聊天室、同好社團、離婚與單身網站等等。網路基本上是廣大無邊的，且網路交友確實很誘人，但這可能讓你忽略了你身邊的交友機會。

現在就開始上網查詢相關訊息，分享觀點，擴展視野。參加網路上的同好社團或是活動群組，參與討論感興趣的話題，但是別讓這成為你交友的主要途徑。正視你的恐懼，在你周圍尋找朋友。長遠來看，在現實生活裡才能找到令人滿意的朋友，友誼也比較能更長久。

在書上或是電影裡，我們都看過因為電子郵件而相遇的羅曼史，毫無疑問，現實生活中肯定也有很多這樣的例子。但是研究顯示，透過網路發展的感情最終要成為成功的現實戀情，在比例上是非常低的。此外，你在網路上投入的精力（和幻想），很有可能會妨礙你在現實生活中的成長。

網路上的約會已經成為一種主要趨勢。事實上，約會網站的總數已超過了一千五百個，如今這已成為人們遇見未來伴侶最普遍的方式。然而，經由網路找到自己原本想避開的那種人的機率有多大？至少和在酒吧或單身聚會裡的一樣大。大型約會網站會有一些背景核查的服務，至於你遇到的人到底如何，這些網站就無法確定，更別說做出擔保了。如果真的有心動，你可以看一看約會網站，但是請務必小心。《消費者文摘》（*Consumers Digest*）在二〇一三年對約會網站進行研究，報導指稱：「我們的專家一致認為，使用約會網站的消費者一定要謹慎。警覺就是最好的防備。」

至於約會嘛……

還不是浪漫的時候！

以下觀點非常重要，我們認為有必要特別強調：

我們建議，如果在情感上還沒有完全走出上一段戀情，請不要展開另一段長期的穩定戀情。

如果你太快步入下一段戀情，就很容易把上一段關係的感情垃圾帶到新戀情中。你很有可能找到一個和前任一模一樣或完全相反的人結婚。這兩種情況無論是哪一種，都會讓你在新關係中遭遇到與以前相同的問題，而且這種情況出現的機率非常大。

什麼是健康的離婚過程？就是「學會單身」。很多人在結婚前根本沒有學會成為一個獨立的個體，他們直接從原生家庭走進了婚後的新家庭。如果沒有學會獨立，你就會很想藏身於一段戀情中。當結束一段戀情時，你會有很大的感情需求，你會非常渴望在另一段戀情中得到安慰。然而，唯有準備好單獨面對生活，你才算是為婚姻做好了準備，這聽起來似乎有些矛盾，卻是不變的真理。

但是你的確需要朋友，需要那種建立於友誼且有可能發展為戀人的朋友關係。兩人之間有了良好的交流和機會，就能建構出開放、信任和誠實的關係——一種有助於雙方個人成長的關係。你如果能做到這一點，或許就能更快走出離婚過程。

有時你會覺得很難判斷目前的關係是否會限制個人成長，最好的判斷就是問自己：「我在學習怎麼過單身生活了嗎？」如果你覺得這段戀情讓你喪失自我，那你可能就需要後退一步了。（很多情況下，這一點說起來容易，做起來卻很難！我們要再次強調：重建自我是最重要的！）

我們會在第十六章詳細談論如何發展與他人的關係。

不能只做朋友嗎？

我們可以與異性建立無性、非愛情的親密純友誼關係！你可能第一次聽到這個觀點，很讓人好奇不是嗎？你也許有過這樣的經歷：你嘗試與人交朋友，但你害怕那種親密無間的關係，所以非常小心。這段友誼變得舉足輕重，突然間你意識到，有這樣的朋友真好，你如此渴望維持這段友誼。

在內心深處，你隱約覺得：這段友誼如果變成兩性之間的浪漫關係，就沒什麼意義，也沒有那麼特別了。同時你發現自己非常珍惜這段友誼，願意盡最大的努力在情感上經營它，希望這份友誼愈加深厚。這樣的友誼讓人感到自由而陶醉，同時能擊破「不能和異性做朋友」的神話。

若說這樣的友誼會破壞婚姻，不過是無稽之談，你現在應該能明白其中虛假的邏輯了。世界上有多少種類的蔬菜，就有多少種朋友，想要把番茄變成櫛瓜，有可能嗎？即使可能好了，那也是相當棘手的吧！結交異性朋友能讓你把學到的東西用來豐富自己的下一段婚姻。擁有不同性別的朋友，是你擁有健康關係的指標之一。

當你發展新友誼時，同時會在單身次文化群體中聽到對婚姻的各種負面評價。有些人站在山頂怒吼咆哮，嚷嚷著自己再也不會結婚。他們收集了婚姻的痛苦和消極面，整理成一份長長的清單。如果有人決定再婚，他們甚至會寄慰問卡片給新人！你必須明白，這些人只是恐懼婚姻，就像有些人害怕離婚一樣。他們經歷了一次糟糕的婚姻，從此就認定自己再也不可能得到幸福的婚姻，所以把婚姻不幸的偏見投射到他人身上。

這世上的確實有很多婚姻生活不幸福的人。究其原因，在很大程度上是本身性格問題。有些人無論在哪裡都不會幸福，他們的不幸福與婚姻狀況毫無關係。畢竟，婚姻中兩個人的幸福就是婚姻的幸福，不多也不少。

擁有會丟救生索給我們的朋友，就能更快走出危機。當我們快要「溺斃」的時候，需要有朋友扔一條救生索給我們。有可以交心的朋友，在危機當中是可以「救命」的。如果你沒有這樣的支持網絡，應該要著手建立一個。

孩子也需要朋友

孩子也有交友方面的問題，他們通常會感到被孤立，感覺自己是「異類」。有些地方的孩子可能會覺得整個學校裡只有自己的父母離異了，他們可能不認識其他父母離異的小孩。為什麼會這樣呢？一部分的原因是，孩子們通常都不願意談論父母離異的事情，畢竟這對他們來說是痛苦的經歷。當然也有這種情況：某個少年來到學校說：「你們猜怎麼了？我爸媽要離婚了！」現在的孩子聽到這句話可能會說：「歡迎加入我們！」

離婚後的父母傾向於和離異者以及單身人士交朋友，孩子也是如此，他們可能會開始尋求和單親家庭的小孩交朋友。有些孩子則會和離婚後的父母一樣自我封閉，不管是什麼樣的友誼，他們都拒之門外。正在經歷父母離異之痛的孩子需要和朋友交心，但對孩子而言，很難找到這樣的朋友，要他們談論心事也很困難。學校開始注意到這些現象，許多校園會為這些孩子提供某種形式的心理諮商，其中有些自我封閉的孩子是因為父母親離異，有些則是由於其他原因。心理諮商對經歷心理創傷的孩子來說無疑是莫大的幫助。（在某種程度上有助於預防一些悲劇性的宣洩行為，最近幾年，這種宣洩行為給不少地方帶來很大的破壞。）

父母可以幫助孩子們找到值得交心的人，也許該讓其他的親屬一同參與。（警告：無論是親屬、朋友還是鄰居，他們如果非常情緒化，很有可能本身就有未處理好的心事，此時就不適合和孩子交心，因為他們或許會更關心自己的需求該如何解決。）孩子們若能與成年人交談，通常都是有益的，但如果可以的話，他們同樣需要和其他離異家庭的孩子交談。

經歷這種過程的孩子有他們的需求，我們必須要對此有所了解，並且給予支持。我們可以鼓勵孩子透過課後活動和社區活動與他人互動。孩子和大人一樣，有了可以交心的朋友，他們就能更快走出調整期。

你現在過得如何？

到這一階段，你也許可以放鬆一下，坐下來休息一會，看一看周圍的人，你有多長時間沒對他們感興趣？他們之中不僅僅有已婚人士，還可能有你的潛在對象或可怕的人。有沒有哪個人看起來很有趣，可以成為你的朋友？在接下來要攀登重建的這段山路上，如果有一個朋友握住你的手，給你一個擁抱，在你腳底打滑時接住你，你會覺得輕鬆一些。為什麼不趁現在付出感情，結交幾個朋友呢？你擔心被拒絕？請別擔心，你要知道，也許那個人也像你一樣渴望友誼！

在你閱讀下一章的內容前，請查看下面這份清單，評估自己的交友進度。不要忘了，任何有價值的東西都不會從天而降，友誼也是如此，你需要不斷地付出努力！

1. 發生分手危機後，我透過新方式交到了朋友。
2. 我至少有一位會丟救生索給我的同性朋友。
3. 我至少有一位會丟救生索給我的異性朋友。
4. 我對目前的社交關係感到滿意。
5. 我的密友了解我、懂我。
6. 大家似乎很喜歡和我在一起。
7. 我的朋友當中既有單身的，也有已婚的。
8. 我和一位很重要的朋友一起談論過這本書的觀點。
9. 我經常和一位親密的朋友談論我的心事。

第七章

內疚／被拋棄

拋棄與被拋棄

拋棄者提出了分手，被拋棄者當然只能被迫接受分手的事實。前者感受到的是內疚，後者感受到的是被拒絕，兩者的調適過程是不一樣的。拋棄者在還沒有真正分手的時候就開始調適過程，而被拋棄者通常是分手後才開始。至於共同決定要分手的人，調適的過程會相對輕鬆些。

我狂笑……

這是我這輩子聽過最好笑的笑話；

「他不愛你。」

尤其是從你口中說出來的時候，

這句話聽起來更為滑稽；

「我不愛你。」

我狂笑著，

整棟房子都跟著顫抖，

然後就坍塌在我身上了。

——梅根

在繼續攀登這個章節的重建方塊前，請讓我們先簡單的說明一下即將要談論的內容。本章是以四個重要的概念相互交織而成，因此很容易讓人混淆。接下來即將要看的是離婚中的兩個主要角色：拋棄者和被拋棄者。我們還會提到離婚創傷中的兩種強烈感受：內疚和被拋棄。

在這段路程中，我們會看到形形色色的人。有些人還處於驚嚇中，躺在地上掙扎地想要找回以前的愛。有些人走來走去，一臉內疚的樣子，避開不看那些躺在地上的人。還有些人和前任手牽手到處走動！（他們究竟在這裡做什麼？）每個人看起來都很難過。

躺在地上的是被拋棄者，他們原本走在人生的路上享受著自己的愛情，突然他們愛的人卻宣布要離開了。有時被拋棄的人能提前感受到一些徵兆，有時則完全被蒙在鼓裡，要他們接受分手的事實是非常艱難的。一臉內疚表情的是拋棄者。他們考慮想結束這段關係已經有一段時間，可能都有一兩年了，只是一直沒有勇氣說出來。他們知道話一旦說出口，就會對被拋棄者造成傷害。他們會避免去看到被拋棄的人，因為看了只會徒增自己的內疚感。攀登重建的高山對他們來說會比較容易些，在還沒有分手的時候，他們就開始思考攀登的問題了。

那些挽著手的是共同決定要分手的人，他們和平分手。你有發現嗎？這樣的人少之又少！很多人都會問，他們之間的關係這麼好，為什麼還要分手？或許他們在一起時非常不幸福，所以分手對彼此都有好處。拋棄者和被拋棄者之間經常互相使計絆倒對方，他們會想：「不能讓我的前任爬得比我快。」然而和平分手的人就不會發生這種情況，他們的登山過程總是很順利。

在開始攀登之前，我們來總結本章的概要：拋棄者是提出分手的人，他們通常會覺得很內疚；被拋棄者是不想分手的人，他們通常會有強烈的被拒絕感。當然，事情絕對不會這麼簡單！我們將會在後面的內容裡詳細解說，現在只是概括地說一下本章內容。

被拋棄是一種很痛苦的感覺

幾乎所有人都有被拒絕的經驗，沒人會喜歡這種不好受的感覺。遭到拒絕後，人們會仔細地審視自我，不斷地檢查自己，想知道到底是什麼樣的缺點導致別人拒絕。這樣的自省能幫助你更了解自己，也許還會改變與人交往的方式。無論如何，關係的終結——特別是戀情結束，往往會帶來被拋棄的感覺，接受這個事實對自己是有好處的。

你感覺被拋棄了，想要克服這種感覺？那麼你就要明白分手或許並不是自己的錯。之前有講過，每個人都會把很多過去的東西帶進愛情中，而這些東西往往決定了這段關係裡各種事情的走向。我是分手了，但這並不表示我不合格、我低人一等，又或是我有什麼問題。關係的確結束了，但結束根本不能代表不合格！

你這次的目標是要能說出：「如果我們的關係有問題，這並不是我有什麼大問題。如果兩個人不能在一起，不只是我失去了一些東西，對方也失去和我一樣多的東西，或甚至更多。」但要達到這種良好的自我感覺並不容易。你需要經過一段時間才能明白：分手的責任在於雙方，既不是你一個人的，也不是你前任單方面的。

你是值得擁有的人，你懂得愛和被愛。你有自己的特別之處，那就是你獨一無二的自我，你要對此堅信不疑。你甚至可以這樣想：居然有人甩了像我這麼好的人，那個人肯定有問題！

適當的內疚是一種幫助

現在來談談內疚。個性中「適當的內疚感」是一種理想狀態，這句話聽起來或許有點奇怪。如果你沒有內疚的感覺會怎麼樣呢？只要不被抓到，任何會傷害自己或別人的事你都敢去做。內疚感有助於我們去選擇自己生活的方式。不幸的是，很多人的內疚感太過強烈，結果就是被束縛、被控制，反而無法創造幸福。所以最理想的平衡狀態就是內疚的程度「剛剛好」，既能保持方向感，又不會嚴重制約我們的選擇。

分手通常會讓我們真切地感受到內疚，尤其是拋棄者會感到非常內疚，他們會說：「傷害了我愛的人，或是我曾經愛過的人，我覺得非常糟糕。真希望可以既滿足自己的願望，又不會這麼內疚。」內疚或是有內疚的傾向，似乎是深植於個性之中，我們很難克服這種感覺，最好的解決辦法大概就是對分手這件事進行理性思考。這個時候必須傾聽你的大腦，而不是你的內心（以及心裡內疚的感覺）！當這段關係對雙方都沒有益處時，分手也許就是一件好事，所以與其坐在那裡內疚，還不如這樣想：「對我們兩個而言，這應該是最好的決定。」

解決內疚的其中一個方法就是接受懲罰。布魯斯想起他還是中學老師時，某次有個七年級的男孩做了錯事，他把這個學生叫到走廊上訓斥了一頓，最後這個學生還因此哭了，布魯斯自己都覺得這樣的做法有點刻薄和傷人。當天放學後，男孩跑到布魯斯的教室，熱絡的表現就好像布魯斯是他多年的朋友一樣。布魯斯的懲罰幫助男孩克服自己的內疚，這讓男孩心懷感激。有人關心他，替他設定了限制；他做錯了事，有人注意到，並且給予懲罰，如此一來，公正的天秤就達到平衡。

當我們覺得內疚時，通常會尋找各種方式來懲罰自己，藉此釋放內疚感。如果你發現自己是勉強打起精神去忍受這段關係中的痛苦，由此來懲罰自己，或許你該採取行動來釋放內疚感。

人之所以會感到內疚，常常是因為自己沒有達到某種行為標準，如果它是一個你自主選擇且可行的標準，那麼由於沒有達到要求讓你感到有些內疚，這通常是屬於健康的。但若是這個標準是別人的、社會的、教會的，總之不是你自己選擇的，你的內疚感就不會有正面作用，此時還是放過自己吧！能夠達到自己的標準已經很困難了，你不可能讓所有的人都感到高興。

「但是，」你悲傷地說，「維繫婚姻就是我的標準之一。我的婚姻失敗了，所以我覺得內疚，我無法達到自己的標準。」我們知道你的意思，也懂得你的感受。我們希望你能慢慢接受自己作為人的侷限，世界上沒有完美無缺的人！或許你應該換個角度來看待自己的內疚，想一想更適合當下情況的處理方式。你可以試試這種想法：「我和我愛的人沒辦法繼續維持這段感情，這段關係沒辦法滿足我們的需求，也無法帶來幸福。顯然，我們都還沒有學會如何愛另一個人，如何與另一個人交流。」

還記得以前在學校時，沒有複習就考試的經歷嗎？你可能會考得很差，心情很糟，但是這門課你並沒有不及格！現在你是成年人了，你分手了，你心情很糟，也許你能從這次的經歷中吸取教訓，下次你就能做得更好。甚至還能幫助你的前任學到一些積極正面的事。面對現在的處境，你的內疚感是正常的，也許等你接受了這一點，你就能做出改變，成為一個更好的人，在未來人生中建立更有意義的關係。

不同的內疚

我們來比較兩種內疚：一種是適當的內疚，還有一種是無根據的內疚，每個人心中似乎都有很多無根據的內疚。恰當的內疚是：你做了錯誤或傷害別人的事情後的感受，那是很不舒服的，因為你違背了自己的某個標準或價值觀。分手時，你傷害了別人或自己，所以感到難受，這是正常的。適當的內疚是你在現階段能解決的。

然而，有些人會長時間感到內疚，通常從童年時期就開始了，他們有很多說不清楚的內疚感。當某件事情發生時，他們就會打開內疚之池的水龍頭，導致這種感覺傾瀉而出，於是便感覺到焦慮、害怕和恐懼。這種內疚讓人有席捲而來的壓迫感，它似乎和任何事物沒有關聯，就是龐大到讓人難以承受。

如果你的內心有這種無根據的內疚感，也許就該接受心理諮商，學會把這種感覺最小化並控制它。或許離婚的危機能成為契機，促使你動手解決早該處理的問題。

若要處理被拋棄和內疚這兩種感覺，很重要的一點就是「接受」。在費雪離婚復原討論班裡，我們會營造一種情感氛圍，這種氛圍著重的是接受自我感覺，以及成員之間的互相支持。由於身邊的人接受你、支持你，所以被拋棄的感覺很快就能消失。如果你能找到溫暖你、支持你、接受你的朋友或團體，就能治癒這顆感受到被拋棄的心。

被拋棄和內疚與自我價值以及自愛之間的關係非常緊密，我們將會循序漸進地講解。如果你的自我價值和自愛得到了改善，人生不可避免的「被拋棄」對你的傷害就會減小。

你是拋棄者還是被拋棄？

在布魯斯的討論班裡，大約有一半的人說他們是被拋棄的人，有三分之一的人說自己是拋棄者，剩下的人認為自己和另一半是共同決定分手的。我們並不清楚這個數據是否適用於所有的離婚人士。當然，從理論上來說，我們覺得被拋棄者和拋棄者的比例應該是一致。然而在有些情況下，一方覺得自己被拋棄了，而另一方（通常這位拋棄者不想要有內疚感）則覺得是雙方共同決定分手的。

處在離婚期時，拋棄者和被拋棄者在很多方面會不一樣。根據「費雪離婚調適量表」進行的研究發現，分居時，被拋棄者在情感上會更為痛苦，尤其是在「放下」和「憤怒」這兩方面的調適更為困難。然而，如果把拋棄者在雙方關係持續期間的痛苦計算進去的話，他們在情感上可能是比被拋棄者還要痛苦。在分手前，拋棄者就開始了「放下」的過程，他們已經把被拋棄者視為朋友而不是情人，但被拋棄者在分手時通常還深愛著對方（和平分手者的感受往往是較接近於拋棄者，但他們悲傷的感受會少一些）。

偶爾會有人對「拋棄者」和「被拋棄者」這樣的詞彙表示強烈的不滿。他們比較無法體會言語中的幽默，這種人通常還沒辦法接受自己離婚的事實，所以當然無法接受拋棄者或是被拋棄者的身分。雖然有人反應激烈，但我們要知道，這樣的詞彙對我們來說是有幫助的，幾乎所有關係在結束時，都會出現拋棄者和被拋棄者，每一個人都需要接受這樣的現實。若是你能接受自己的角色，就能更快登上這座重建自我的高山。也許你不知道自己到底是拋棄者還是被拋棄者，這大概是因為：首先，你可能沒有想過這一點。其次，這兩個角色並非固定不變的。

舉例來說，喬治和瑪格麗特是青梅竹馬，他們高中畢業後不久就結婚了。在戀愛期間和結婚後，喬治會不斷去找別的女人，他這樣做就像是想要結束這段關係的拋棄者。最後，瑪格麗特忍無可忍的提出了離婚。一瞬間，喬治的言行舉止變成了被拋棄者，瑪格麗特和喬治的角色發生了轉變。

或許你會問，是不是向法院提出離婚的人就是拋棄者？也不盡然。提出離婚並不是決定性因素。或許你會問，拋棄者是男性多還是女性多？我們沒有針對一般民眾進行過統計，不過在離婚復原討論班裡，男女拋棄者的比例是相同的！

拋棄的語言

在判斷一個人是拋棄者還是被拋棄者時，語言是重要的線索。透過分析一個人所提的問題，我們通常就能判斷出他是拋棄者還是被拋棄者。當被識別出自己的角色時，提問者看起來都會非常驚訝，他們會說：「你們會讀心術嗎？」其實，我們只是知道這兩者使用的語言不一樣。

拋棄者的語言通常是這樣：「我需要時間和空間來整理我的思緒。我需要走出這段關係，這樣我才能有足夠時間和空間。我在乎你，但我不夠愛你，不能和你一起生活。不要問我為什麼不愛你，我只知道我想分手。傷害了你，我很不好受，但我只能這樣做，和你在一起也會傷害你。我們可以做朋友嗎？」

被拋棄者的語言通常是這樣：「拜託不要離開我！你為什麼不愛我？告訴我，我的問題在哪裡，我會改的。我肯定有什麼問題，可是我不知道問題是什麼。我做錯什麼了，請告訴我。

我還以為我們的感情很好，我不明白你為什麼想要離開。在你離開之前，請多給我一點時間。我想和你做朋友，可是我愛你。請不要離開我。」

拋棄者的回答會是：「已經有很長一段時間我都想試著告訴你，在這段關係裡我過的並不開心，我們需要改變，但你就是聽不進去。我什麼都試過了，我沒有時間再繼續耗下去。你一直緊抓住我，但我只想當朋友。」

到了這個地步，被拋棄者很有可能會覺得非常傷心，甚至哭了起來，他們會開始審視自己，努力想弄清楚到底出了什麼問題：「為什麼我不值得你愛？」、「為什麼我們必須分手？」被拋棄者從震驚中回過神後，通常會有一個否認期。對他們而言，這份痛苦實在是難以承受。

這樣的語句全世界皆然。幾乎所有的拋棄者和被拋棄者都使用過相同的字眼。很顯然地，他們發生問題的時間點是不同的。拋棄者聲稱自己想要解決問題已經「積年累月」，他們在很長的時間裡都在考慮分手。被拋棄者認為自己沒有聽到拋棄者表達過不滿，很可能是因為在拋棄者真正離開前，被拋棄者都長期處在「自欺欺人」的否認狀態。但是當拋棄者宣布他的決定時，被拋棄者才開始了真正的否認，拒絕相信雙方的關係有問題：「我們的關係明明那麼好！」

雙方在優先考慮的事情上有差別。拋棄者想要的是個人成長：「我需要整理思緒。」被拋棄者想要改善關係：「我需要改變，我需要更多的時間，更多的意見。」請仔細聽聽被拋棄者這番痛苦的話，你能聽出這些話背後的憤怒嗎？但是，由於被拋棄者還處在「離婚蜜月期」，所以沒有表達出自己的憤怒。

在這階段，拋棄者因為感覺非常內疚，表現得格外好，什麼都願意給被拋棄者；而被拋棄者覺得被甩了，非常希望拋棄者回到自己身邊，所以他們也不敢表露出自己的憤怒，怕拋棄者因此更加遠離自己，此時被拋棄者的表現也是非常好。慢慢地，憤怒取代了拋棄者的內疚感和被拋棄者的被拒感。這時「離婚蜜月期」便結束了。這種狀況通常在分居後三個月左右出現，當然具體的時間因人而異，不同人之間的差異很大。拋棄者覺得內疚時，什麼都願意放棄；被拋棄者想要對方回到自己身邊時，也是什麼都不會計較，什麼都會答應，此時法庭判決就會十分「順利」。這時候拋棄者的想法是：「我只想走人，我不在乎房子，也不在乎錢。」被拋棄者的想法是：「我什麼都不想要，只想要他（她）回到我身邊。」

如果你願意的話，可以使用一種策略來改變離婚蜜月期。當被拋棄者能很快地表達出憤怒時，雙方的感覺都會比較好，也能加快調適的時間。被拋棄者表達出憤怒後，壓抑的感覺會少一點，畢竟有些壓抑是怒而不發所造成的。但是這條捷徑並非總是能奏效，有時候拋棄者需要內疚一段時間，而被拋棄者需要一段時間來沉浸在被拒絕和沮喪的感覺。處理感受是需要時間的。

下面的方法也許能幫助你更加理解拋棄者和被拋棄者的概念。找一位朋友和你進行角色扮演，一個是拋棄者，另一個是被拋棄者。你們站在房間中央，拋棄者一邊離開房間一邊說著拋棄者會說的話。被拋棄者要跟隨在後，努力使用被拋棄者的言行來阻止拋棄者離開房間。之後你們要互換角色，這樣就能體驗到雙方的感受。

這種方法具有象徵意義。拋棄者眼光注視著房間門想要出去，被拋棄者注視的是對方的背影，想著如何不讓他離開。（曾經有一個被拋棄者跟著對方走出房間，一路跟到車前，後來拋棄者開車走人，被拋棄者抓著車子被掛在車上。）

進行過角色扮演後，作為拋棄者的感覺如何？你覺得內疚嗎？對方抓著你不放，不讓你離開，你的感覺是什麼呢？你是否有一有種不想回頭看對方的感覺？你有沒有一直看著門的方向？你是不是想再走得更快一點，或甚至想用跑的？

作為被拋棄者的感覺如何？你是否希望對方看著你？你有沒有想要用力地抓住對方？你有沒有想哭呢？你有沒有想要乞求對方不要走？對方離開房間的時候，你是否覺得被甩了，是否感覺到孤獨呢？你有沒有覺得憤怒？

好消息和壞消息

雖然這樣做可能會讓討論變得更複雜，不過我們還是想介紹拋棄者和被拋棄者的另一個分類。這個分類裡的用詞比較尖銳，而且是在評判好壞，但卻有助於我們更加理解拋棄者和被拋棄者的概念。我們將兩者進一步分為好的拋棄者和壞的拋棄者，還有好的被拋棄者和壞的被拋棄者。

好的拋棄者：曾經努力想要改善這段關係，想要這段關係持續下去。好的拋棄者願意做出改變，願意為了改變投入情感，如果有需要還會尋求婚姻諮商協助。但是到了最後，拋棄者意識到這段關係對雙方來說都是毀滅性的，與其讓不健康的關係毀掉雙方的生活，還不如結束這段關係。這位拋棄者有結束這段關係的勇氣與能力，大家要知道，提出分手往往需要很大的勇氣和能力。

壞的拋棄者和離家出走的小孩非常類似。他們認為山的另一邊風景更好，若想要得到幸福，只需要離開現在的關係就可以了。一般來說，他們已經在外面有了新伴侶。壞的拋棄者不肯面對自己的感受，不肯面對自己也許需要改變的事實。壞的拋棄者通常說走就走，甚至連道別或解釋都沒有，他們不會解釋自己為什麼要結束這段關係。

好的被拋棄者開誠布公，願意改善關係。如果有需要，他們也願意尋求婚姻諮商。在他們身上很少發生外遇的情況，努力改善雙方的互動。他們也做過不利於感情關係的事情，從這個角度而言，他們不是「無辜的受害者」。基本上，他們只是在錯誤的時間和地點，正好碰上了拋棄者內心的躁動爆發，想要脫離這段關係。

壞的被拋棄者原本就想結束關係，卻沒有甩人的勇氣和能力，於是他們把事情搞得讓人無法忍受，迫使對方不得已成為拋棄者。

很少有人完全與這四種描述相符合。大多數的人都是好壞皆有的拋棄者或被拋棄者。

也許最後我還是會回頭

拋棄者與被拋棄者關係中另一個重要的現象就是「痛苦循環」。分手時，拋棄者並沒有太多的傷心，但是被拋棄者的痛苦卻是非常地強烈，這股強烈的痛苦促使被拋棄者快速的成長與調適。等到被拋棄者的情緒調整得比較好時，拋棄者又頻繁地回來，開始說著復合的事情，這真的會讓被拋棄者措手不及。

戈登驚呼地說：「我用盡全力接受這段關係已經結束的事實，完全放棄了胡安妮塔會再回到我身邊的希望。結果，她就打電話給我了！」這種情況發生的原因有很多，也許是原本興高采烈離開的拋棄者，當他們實際進入單身世界後，卻處處感到擔心害怕，相較之下舊愛既安全又穩定。「外面什麼都沒有，全都是笨蛋，以前的情人比他們好多了。」

還有一種原因可以從被拋棄者的憤怒中得到解釋：「她讓我變成被拋棄者。現在，她想讓我成為拋棄者，讓我和她一起分擔內疚感！」根據我們的觀察，當被拋棄者調適得很成功，而拋棄者在此時回頭，或許最好的解釋是：胡安妮塔（拋棄者）不再感到內疚，也知道自己不用再承受戈登（被拋棄者）緊抓著自己不放的依賴關係，於是她覺得回到這段「關係較為對等」的感情中是輕鬆自在的。

而被拋棄者的典型反應是：不會同意拋棄者回頭！因為被拋棄者發現，他們獨自一人也沒問題，單身有單身的好處，而且他們正在成長，覺得這種感覺非常好。若是你和被拋棄者交談的時間夠長，就會發現他們過去的關係是有狀況的。被拋棄者只有在否定期的最初階段才會堅持認為自己的關係沒問題。「現在，我終於明白這幾年到底是怎麼回事了！而且我不覺得胡安妮塔有多大變化，也沒有看到她的個人成長，所以我為什麼要回到以前的關係中呢？」在這一刻，原本的拋棄者就被甩了！

陷入憂鬱

拋棄者和被拋棄者沒辦法在一起，這一點都不足為奇，因為他們調適的時間完全不同，拋棄者在分手前就開始了調適過程。他們的感受會不一樣，拋棄者感受到較多的是內疚，而被拋棄者則是被拒絕（無論你是拋棄者還是被拋棄者，這兩種感覺你可能都會有）。兩人的態度也不一樣，拋棄者覺得離開這段關係會有壓力（他們想要某種「個人成長」），而被拋棄者則害怕結束關係。比起被拋棄者，拋棄者對很多事情已經放下了，因此這就引發了雙方在溝通和互動上的問題，這些不同的態度和行為都加重了分手調整期的心理創傷。

關於「拋棄者」和「被拋棄者」這兩個詞，最後還有一點需要注意。雖然兩者在調適時間和心態上不一樣，但在其他方面並沒有太大的不同。大多數時候，一段關係會無法維持下去，雙方造成的影響是相同的，即使兩者的態度不同，也絕非是主要因素。一旦被拋棄者談論到這段愛情關係，他所說的問題和拋棄者提到的會是一致的，只不過使用的是被拋棄者的語言。兩人分別處於不同的調適時間才是造成分開的主要原因。

對拋棄者和被拋棄者的探討，或許剛開始會使你有些混淆（你會想再讀一遍），不過這樣的討論能幫助你明白，內疚和被拋棄的感覺是這個階段的一部分。理智上理解了這一點，往往就是邁出真正領悟的第一步，之後你就能做到情感上的理解。處於分手階段時，內疚和被拋棄感是常見且典型的感受，事實上，你以前一定也有過這樣的感受，只是分手通常會放大並突顯這些感覺，有了更為深刻的感受，你就會去學習如何更恰當地處理它們。

不要拋棄孩子

拋棄者和被拋棄者的概念對離婚家庭的孩子來說也很有意義。通常孩子對決定離開的一方會感到非常憤怒、很難和他好好相處。孩子們覺得分手都是拋棄者的錯，所以會把自己的痛苦和鬱悶都發洩在這位家長身上。雖然拋棄者和被拋棄者之間沒有太大區別，而且關係的結束是兩人共同造成的，只是方式不同而已，但是孩子們大概很難看出這一點。

人們幾乎總是把離婚家庭的孩子看作被拋棄者。孩子們與父母分手的決定無關，但他們就像被拋棄者一樣，感受到同樣的鬱悶和憤怒。孩子們通常都知道父母的婚姻已經走到盡頭，有時甚至比父母知道得還早，從這個角度來說，他們又和被拋棄者不一樣。

孩子也有被拋棄和內疚的問題。父母的婚姻結束了，小孩一旦覺得自己應該對此負責，就可能面臨內疚感方面的問題。孩子們可能需要幫助，他們需要明白這不是他們的錯，離婚是成年人的問題。

離婚從表面上看，就是一位家長離開了、拋下了孩子，因此孩子常會有很嚴重的被拋棄感。孩子的被拋棄感通常會持續很長的時間，甚至會一直到成人階段。如果孩子沒有完全接受父母離婚的事實，就會發現這將會給他們成年後的戀情帶來負面影響。

孩子必須要確定的是：他們沒有錯，父母離婚不是他們造成的，他們沒有被拋棄。如果父母分居及離婚後能和孩子保持良好關係，孩子就有能力處理好這些感受。

你現在過得如何？

讓我們停下攀登的腳步，休息一下。也許你想思考一下拋棄者和被拋棄者之間的不同，從兩個角度來理解雙方的感受和態度。也許在閱讀過本章後，你對自己是拋棄者還是被拋棄者會有不同的看法。當情感關係結束時，發生了什麼？現在請你用些時間從雙方的角度思考一下這個問題。我們希望這章的內容能幫助你更清楚地認識關係的終結。請看看底下的清單，花點時間思考本章的內容，準備好後就繼續攀登這座高山吧。

1. 我不再有排山倒海般的內疚感／被拋棄感。
2. 無論我是拋棄者、被拋棄者或是雙方共同平等做出分手的決定，我都能接受自己的角色。
3. 我是拋棄者，還是被拋棄者？我是好的還是壞的？我已經思考過這個問題了。
4. 我明白身為拋棄者不一定必須感到內疚。
5. 我明白被拋棄者不一定要覺得被拒絕、或認為自己不值得被愛。
6. 我明白拋棄者和被拋棄者之間在感受和態度上的不同。
7. 我能理解：雖然拋棄者和被拋棄者的痛苦時間和強烈程度不同，但是拋棄者和被拋棄者在情感上同樣痛苦。

8. 我明白在某些方面我是拋棄者，而在另一些方面我又是被拋棄者，很多離婚者的身分都是如此。

9. 我能理解：在分居的時候，懂得拋棄者和被拋棄者的概念是非常重要的，然而隨著我的成長，這一點就越來越不重要了。

10. 我審視自己的人生模式，觀察被拋棄感或內疚感是否控制了我很多的行為。

11. 我努力地克服生活中被拋棄和內疚所帶給我的影響。

第八章

悲傷

可怕的失落感

悲傷是離婚期的重要部分，你必須處理好悲傷的情緒，才能真正放下已經終結的關係。理智地了解悲傷的各個階段，能夠幫助你在情感上感知悲傷，然後你就可以放心地悲傷了，因為之前的你也許不敢這麼做。

週末就是……

所有孤獨的時刻湧入記憶中，
所有孤獨的想法湧入忘卻中，
越是想要忘記，越是容易回憶。
過去不會消失，未來無法繼續，
但是此刻此時卻是真實存在的。
如果寂靜是如此震耳欲聾，那什麼又是安靜呢？
安靜是週末，週末是地獄。
醒來吧，面對現實——為什麼呢？
週末迫使人去面對現實，上班日再逃避。
週六——是成雙入對的世界，
在這個世界裡，一個人是沒有意義也沒有價值的。
週日——是身體上的休息，
但是心靈的「關機鍵」在哪裡呢？

——漢妮

我們現在進入了攀登重建途中最困難、最消耗情感的階段之一。沿路都有人坐在兩旁正傷心地哭泣著。有些人停止哭泣一段時間，突然又開始哭了起來。其他人雖然想安慰他們，但看起來卻有些尷尬，不清楚該怎麼做。這到底是怎麼回事？

這些人正處在悲傷之中。生活裡，當我們失去了某人或某些重要的東西時，就會感到悲傷。如同很多參加離婚復原討論班的人一樣，你或許還不知道悲傷是離婚期的一部分。面對死亡我們已經有一套模式：葬禮、棺槨，明白此時會感到悲痛是非常重要的情緒。那麼離婚呢？除了訴請離婚時的法庭聆訊之外，沒有其他公認的模式，大家往往不承認或不接受悲傷是離婚的一部分。然而愛情的逝去已經足以成為悲傷的理由了。

多樣貌的悲傷

當我們分手時，總是失去很多，最明顯的就是失去了所愛的人，很多人因此感到悲傷。事實上我們還會失去其他的東西：兩人共同規劃的未來，愛情關係，丈夫、妻子或是情人的角色，以及所有與夫妻相關的身分。從已婚狀態變成單身狀態，生活也會產生很多變化。對某些人而言，失去愛情和失去配偶的影響一樣重大。

你失去了未來。結婚時你們承諾過「直到死亡才能將我們分開」，你們有共同的計畫、目標與事業，有一間你們稱之為家的房子。現在，你的生活裡已經不再有這些未來了。人們很難接受「失去未來」的事實，很多人會因此悲傷很長一段時間。

分手的痛苦常常會逼迫我們回憶過去的痛苦。許多人都沒有用適當的悲傷去處理過去的痛苦經歷，例如所愛的人去世。當再次經歷過去的痛苦時，會強化離婚的悲傷期。對於那些經歷過失去卻沒有處理好悲傷的人來說，離婚的悲傷期尤為痛苦難熬。

同樣地，過去沒有得到滿足的情感需求（也許是童年時期感情方面被剝奪），有可能在離婚的悲傷期顯現出來。丹告訴我們，他在離婚期間常常夢到自己童年時在農場的經歷。後來當我們在離婚復原課堂上討論悲傷時，他才了解到，原來那是他在為自己孤獨的童年往事感到悲傷。

離婚後，很多人不得不從原來的家中搬出來，他們會因為失去了房子而悲傷。此外，若孩子不在自己身邊，單親父母可能會因此感到悲傷。孩子肯定也會因為失去了原本的住所、一個家長、一個完整的家庭而悲傷，這些同樣都是孩子在離婚期所必須經歷的過程。

悲傷的寓言：V形圖

布魯斯很喜歡使用「V形圖」，它有助於理解悲傷。內容是這樣的：

很久以前，有個小動物名叫小不點，過著美好的生活，完全不知頭頂上有黑雲壓頂。有一天，黑雲從天而降，小不點的愛人離開了。失去愛情的小不點感到痛苦不堪，從巨大的滑坡滾了下去。這個滑坡很長，小不點完全看不到盡頭。滑坡也很恐怖，連個能抓住的地方都沒有，小不點繼續一路往下滑，雖然過程很痛苦，但最後落在了一道軟綿綿的彩虹上。小不點環顧四周，看到了一條往上通向光明的階梯，剛開始這個階梯很難爬，但慢慢地就變得越來越輕鬆、越來越

我很痛苦。
為什麼是我？
我很孤獨。
我一點也不可愛。
沒有人來幫幫我嗎？
傷心是我唯一的朋友。
我總是哀聲嘆氣。
我沒有食慾。
我很想她（他）。
我時時刻刻都在想她（他）。
他（她）最好也能受到同樣的傷害。
可惡的混蛋我詛咒你（妳）！

這個看起來很難爬上去！
往上的路好長，但我還是會爬上去的。
也許我該慢下來，喘口氣。
有幾個願意幫忙的朋友真好。
我會成功的。
看，一個嶄新的我。
我很好，你也不錯。
我前進了兩步，但有時又會後退一步。
你看，我有新朋友了。
我又重新喜歡我自己了。
活著真好！
我重生了！

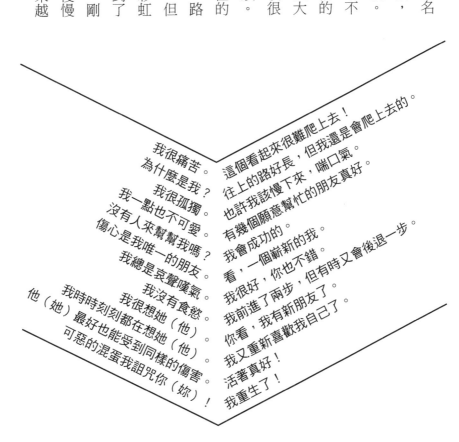

讓人興奮，小不點離光明越來越近，他開始有煥然一新的感覺。

你應該會想知道關於小不點的旅途過程，因為這趟悲傷之旅也是你的必經之路。

小不點的夥伴們看到了一條凶殘且長著獠牙的巨龍守在滑坡上面噴火。這條巨龍很可怕，大家紛紛摀住自己的腦袋，想像自己看到巨龍身上穿的衣服上寫著：「不要從這裡滑下去；你必須控制自己的情緒；不要哭，不要顯露出軟弱；因為你還不夠堅強，你沒辦法再承受更多的痛苦；你可能會瘋掉！」他們選擇繼續待在黑雲密布的地獄裡忍受煎熬。然後，不知何故，他們還是鼓足了勇氣來面對這條巨龍，結果發現巨龍衣服上的字句只是自己的想像。最後，小不點的夥伴們冒險滑下斜坡，也發現了通往溫暖陽光的階梯。

你是否能像小不點一樣，願意冒險滑進痛苦之中嗎？或者你也看到了可怕的巨龍？你在巨龍身上的衣服看到了什麼？

藉由「V形圖」可以檢視離婚的悲傷過程，它列出了很多我們對於悲傷的恐懼。在理智上理解悲傷期，能幫助我們在情緒上理解自己的感受。不過，最終都還是必須允許自己實際去體驗悲傷，而非一昧空談而已。

悲傷的症狀

我們來看看在這段經歷中能學到什麼。首先，要了解離婚期間常見的悲傷症狀，其實你的感受和別人是非常相似的。

許多人因為不斷地叨念著自己的處境（也就是「喋喋不休」的階段」），而趕走了所有的朋友，所以就得再尋找新朋友。感到悲傷的人應該要停止談論無關緊要的事，然後開始表達出真實的悲傷。（如果你自己發現，或是朋友告訴你，你正不斷地重複相同的話，這很有可能表示你需要的是宣洩情感，而非只是談論它。本章後面的內容會提出一些有效的建議。）

悲傷有一種排斥他人的效應。你受到了傷害，內心感到空蕩蕩，所以希望朋友能幫助你填補這股空虛。你想要與朋友交談，想要接近他們，但同時這種空蕩蕩的感覺就像個巨大傷口，很容易再次讓你感到痛苦。當人們太接近你時，由於你不想有更深的情感痛苦，通常會排斥他們。結果就是，你讓別人在情感上靠近你，但當別人太靠近你的時候，你又把他們推開，這讓你的朋友變得無所適從！

悲傷的時候，情感上的疲憊和失眠都是常見的問題。很多悲傷的人每天晚上如果不使用藥物或酒精，他們就無法入睡，他們常常很早就醒來，而且沒有辦法繼續入睡，但又非常疲憊，沒有力氣起床。他們在最需要睡眠的時候很難入眠，一整天都感覺內心很疲累。悲傷是非常耗費體力和心力的，在走出悲傷之前，你很可能會一直感到疲憊。

食慾同時是悲傷期的另一個問題。你可能會覺得喉嚨緊緊的，難以吞嚥。有時因為口乾舌燥，覺得吃東西變得很困難；有可能沒什麼胃口，但又不得不強迫自己進食；你也可能覺得胃裡空空的，像是餓了一樣，但其實你不餓。由於這些種種的原因，大多數人在悲傷期都會變得消瘦許多（但有一部分的人會食慾大增，體重上升）。某次在離婚復原討論課的中間休息時間，有幾位成員在互相比較悲傷期減掉的體重，當中有六個人至少減了十八公斤！當然，並不是所有的人都會消瘦這麼多，但大部分人的體重都會下降。

「費雪離婚調適量表」中最有效果的問題之一就是：是否經常嘆氣。人們通常都沒有意識到自己正在嘆氣，但在別人看來，嘆氣表示這個人非常悲傷。嘆氣這種行為不僅可以釋放身體壓力，而且嘆氣時的深呼吸還會「帶走內心需要釋放的感受」。

快速的情緒變化是離婚悲傷期的典型症狀。即使你已經從悲傷的黑暗陷阱中走了出來、感覺也很好，但突然間，在沒有任何明顯的原因下，你的情緒又失控了，抑制不住地哭了出來。你的情緒會轉變得非常突然，起因可能只是和朋友或熟人之間的談話，他們對你說了些什麼或做了什麼。原本你有穩定的情緒，沒有任何失控的跡象，突然就陷入深深的悲傷之中，朋友們肯定會因為不解而感到難過，不知道自己到底做了什麼讓你如此難受。而對你來說，變得如此失控可能會讓你的自我感覺更加糟糕。一旦有這種情況出現，就說明了你還沒有完全走出悲傷。

你可能還會有一種不真實的感覺——恍恍惚惚的，像是處在一個不真實的世界裡。你察看自己所處的環境，就彷彿是在看電影般，周圍發生的事情似乎離自己很遠，而且與自己沒有關係。你無法從這個夢中醒來，也無法回到真實的世界。

你也許還有一段時間感受不到自己的情感。你無法控制自己的感受，因此你害怕信任它。情感上的份痛苦讓你無法承受，所以你不想有太多的感受，為了保護自己，你阻隔自己的情感。你感覺到的就是情感上的「麻木」。

許多人在悲傷階段會有一些幻想。可能是幻想自己見到了以前的伴侶，或是聽到對方的聲音。在幻想中，你或許覺得自己身體的一部分消失了，就像是你的心被掏空了，這代表的正是失去對方。這樣的幻想是正常的，這是悲傷的一部分，當你明白這點就不會感到害怕。

悲傷期會出現的感覺有可能是孤獨、注意力無法集中、軟弱無助、抑鬱、內疚、對性不感興趣，甚至可能會性無能或性冷感。你的「自我批評」一直持續著，不間斷地質問自己錯在哪裡，如何才能重新來過。

若分手讓你感到明顯的不公平，在悲傷時你還會感到憤怒。對前任的憤怒在某種程度上有可能會達到暴怒的地步。我們將會在下一章中詳細討論這個問題。

自殺念頭在離婚悲傷期是常見的症狀。在離婚復原討論班的成員中，有四分之三的人承認在悲傷期曾有過自殺念頭。研究顯示，處在離婚期的人的自殺率明顯高於一般人的自殺率。

這些感覺可能都會讓你難以承受：失控的情緒變化、不真實的感覺、幻覺、抑鬱、自殺念頭……你或許會很害怕，覺得「我是不是要瘋了」。對於大多數人來說，這種恐懼總是藏在心裡，很難提出來和人討論。然而，藏在心裡會使恐懼更加強烈，甚至會帶來更多「要瘋了」的感覺。「瘋狂」是一種真實的感受，這和具體的情況有所關聯，並非是永久的心理診斷結果。你覺得自己要瘋了，但你的感受可能只是正常的悲傷反應。

該怎麼處理這些悲傷症狀呢？首先你要承認它們的存在。它們代表你需要處理悲傷，所以請接受這一點，不要否認，並允許自己感受痛苦。哭泣、叫喊、痛苦得打滾，這些都是表達悲傷時不具破壞性的行為。下定決心來處理自己的悲傷吧！你可以找一個恰當的時間和地點來表達悲傷。例如，工作時就不是哭泣和悲傷的好時間。你在工作的時候，必須把悲傷放在一旁、「束之高閣」，集中精神做自己的工作。你已經預留其他時間來悲傷，如此一來，在其他時段控制情緒對你來說會容易些，而且，由於悲傷不會突然來臨，所以你也不會措手不及。在特別預留出來的時間裡，務必要表達出自己的悲傷！如果你不去管理自己的悲傷，那麼它就會反過來控制你。如果你不表達出悲傷，身體就會藉由生病來表達悲傷，像是小小的病痛，例如頭痛，但也可能是得到潰瘍性結腸炎、關節炎或哮喘。悲傷的情緒得不到解決，身體就會處在巨大的壓力下，最後你的醫藥費帳單就可能隨之增加。

大家通常都不太願意參加和離婚相關的課程，因為他們不願意再次經歷悲傷的痛苦和哭泣，正是這種不情願，代表了他們還沒有完成處理悲傷的功課。如果悲傷已經處理完畢，內心就會有一種釋然的感覺，此時你就會知道，自己已經完成悲傷的功課，再也不會陷入悲傷的黑暗陷阱中。

悲傷的階段：伊麗莎白．庫布勒—羅斯的研究

在這段攀登的途中，若能清楚了解悲傷的五個階段，會有極大的幫助。感謝伊麗莎白．庫布勒—羅斯（Elisabeth Kubler-Ross）博士在這個領域的貢獻，藉此能透析悲傷期的各個階段，讓我們在情感的路上走得輕鬆些。

階段一：**否認**。面對不真實的感覺，人們的第一反應就是否認：「我才不會遇到這樣的事情。我只要再等一等，一切都會好轉，我愛的人也會回來的。」此時人們常常會對情感休克、麻木，從而否認任何感覺，他們會進入「機器人」的階段，裝作什麼都沒有發生的樣子，壓抑憤怒，然後就抑鬱了起來。他們對待前任的態度會非常好，希望一切只是個噩夢，相信對方實際上並沒有離開！沒有人願意告訴朋友和鄰居自己分手了。事實上，我們甚至不願意讓自己知道！

階段二：**憤怒**。人們漸漸開始接受分手的事實，憤怒的感覺也就隨之而來。在這之前，憤怒的方向是朝著自己的，這助長了壓抑，而現在憤怒的方向轉為朝向他人。當你表達憤怒時，一方面感覺比較舒坦，一方面又擔心自己的憤怒讓對方更不會再回頭了，所以會同時產生內疚和矛盾。許多年婚姻裡所積累的挫敗感開始浮現，朋友也許會感到好奇：你竟然能在這段如此痛苦的婚姻裡忍受這麼久。結果是，你開始鉅細靡遺地向別人訴說前任有多麼糟糕，接著你落入了「左右為難」的情境中——無論怎麼做都是錯的。如果你說前任有多麼好，那你為何會憤怒呢？如果你說對方有多可怕，那麼當初為什麼會愛上如此可怕的人？你一旦承認並表達出悲傷中的憤怒，就代表你已經開始處理自己的悲傷了。

階段三：**討價還價**。當面對分手的事實卻還不情願放下時，人們就可能開始討價還價：「只要你肯回來，我什麼都願意做。我會改變的，什麼都能忍受。請跟我復合吧！」這個階段是離婚的危險期，很多人真的會因為錯誤的理由而重新在一起：為了逃避分手帶來的孤獨和不幸福。他們復合不是為了與前任建立有益的關係，而是因為「兩害相權取其輕」。

階段四：**抑鬱**。悲傷的第四階段是對愛情最終放下了，從某種意義來說，這是黎明前的黑暗。在這個階段中，抑鬱是典型的症狀，但這個階段的抑鬱不同於第一階段，這個階段的抑鬱有一種「廢話連篇」的感覺：「這就是生活的全部了？」你的內心會出現很多關於生活意義的對話：「我為什麼在這個世界上？我生命的目的是什麼？」這是個人成長的一個階段，此時人們會建立起更為堅強的自我認同，會去找到更深刻的生活目標，讓生活更有意義。

有些人在這個階段會想自殺：「這麼長的時間裡，我一直都在努力著，但我又再次陷入了深坑。我不想放下！」有時在分居很長時間後才會步入這個階段，對於再次感覺到抑鬱會讓你非常驚訝，覺得自己已經這麼努力卻沒有太多進步，一定會十分沮喪。如果能先知道會經歷這個階段，要走過來就會變得容易多了，你會明白自己的抑鬱是有緣由的，而且不會持續很長時間，也不同於第一階段，若能這樣理解，你心中就會感到有所安慰了。

階段五：**接受**。在這個階段中會接受分手的事實，你開始擺脫悲傷在情感上帶來的痛苦，開始覺得沒有必要在過去的關係上投入感情，現在的你可以繼續攀登重建自我的高山，實現更為圓滿的個人自由和獨立。

在進入下一段戀情之前，一定要完成這五個階段，這是非常重要的部分。

讓孩子悲傷吧

孩子們也失去了很多，他們同樣需要悲傷，但有時候身為父母的我們，很難做到讓他們盡情地悲傷。沒有監護權的一方不在身邊，孩子們會傷心哭泣，當我們看見時，由於不希望他們如此痛苦，會安慰他們說：「好了，別哭了，沒事的。爸爸（媽媽）會回來的，你很快會再見到他（她）。」孩子不一定需要被安慰，他們更需要的是某種形式的接受，例如：「我知道爸爸（媽媽）的離開讓你非常難過，因為你非常愛他（她），但現在他（她）沒辦法和你住在一起，不能陪在你身邊了。」當面對孩子時，我們很容易加入自己的情緒和內疚感，而沒有讓孩子表達自己的感受和情緒。與成年人相比，只要不去禁止與打擾孩子，他們通常會更容易哭出來，更自然地表達悲傷。

悲傷階段中的憤怒也是如此。孩子和父母中的一位分開了，生活方式改變了，他們可能會因此非常憤怒。當孩子表達憤怒的時候，家長常常會想要消除孩子的憤怒：「唉，等你長大後就會明白了。總有一天，你會知道我們的做法是正常的、自然的、健康的。」允許孩子表達出憤怒非常重要，你可以這樣說：「我看得出來，因為爸爸（媽媽）離開了，所以你覺得非常生氣。」

孩子也會經歷伊麗莎白·庫布勒—羅斯的悲傷五階段。剛開始，他們會否認父母已經分開了，他們相信父母會再復合，接著他們會經歷憤怒、討價還價等階段。孩子也需要完成這五個階段。前面提到的內容，還有本章末的清單，無論對孩子還是家長都是非常有用的。

很明顯地，父母並沒有離開孩子，孩子失去的東西是不一樣的。我們希望孩子和父母之間的關係能一直持續下去，但是在很多情況下，孩子終究不會有太多的機會能見到沒有監護權的家長。

家長要以行動為孩子示範該如何悲傷，這遠遠勝過用語言教導孩子，其他的事情亦是如此。孩子會模仿釋放悲傷的家長，會從這種健康且有必要的釋放中收穫良多。

完成自己的悲傷

悲傷是一個過程，很多人害怕表達悲傷，覺得這樣做是表現出軟弱，或者看起來像是「快要瘋了」。關於悲傷，其實大家也有很多和你相同的感受、症狀，了解這一點你就會寬心很多。你要相信自己可以在情感上成功完成悲傷五階段，克服對悲傷的恐懼，能讓你在表達悲傷時更有安全感。

休息一下！拿出你的手帕，看看是否還能再多流一些眼淚。你已經明白了悲傷的過程，知道這是一種健康的行為、自己是可以感到悲傷的。如此一來，在釋放出應該被釋放的悲傷時（也許其中還有失去的東西），你就會覺得更加自在。在你表達更深層的悲傷時，可以向信任的朋友、家人、神職人員或是諮詢師尋求支持（不干預的支持）。

在我們離婚復原討論班裡，有一項重要的實驗性家庭作業，它也許能幫助你。我們在上文提到了悲傷有多個面向，這份練習作業就是針對其中某個面向寫一封告別信。你可以告別你的家，或是告別這段關係，或是告別失去的東西。寫這封信的目的就是幫助你真正釋放情感上的悲傷，做到真正的放下。寫這封信並不輕鬆，因此我們建議，一開始最好先告別某種比較表面的失去，到最後你就能針對主要的損失寫一封告別信。這封信可以寄出去，也可以不寄出去。寫這樣的信是為了讓自己更好。那個離開的人正是你傷心的原因，在大多數情況下，你不會想讓那個人讀到這封信。

再見

新房子，再見了！這個我花了無數個下午和週末尋尋覓覓、一定要符合所有嚴格要求的新房子，我可能再也找不到另一個像這樣的房子了。它不僅只是一棟房子，它還代表了尋找過程的結束，與目標的達成，代表了新起點的開始。這個目標曾是如此遙遠，我費盡千辛萬苦才得以實現。天呀，我費盡心思地尋覓，找到這個房子的時候，我是多麼地欣慰，而現在我失去了這棟房子，失去了全部。

再見了，我們一起為未來規劃的家。再見了，那個秋天我們一起種下的鬱金香，春天時，我們將不會一起看它綻放。再見了，曾經規劃過的嬰兒房，我們計畫要有個孩子，嬰兒房裡還會有個老式的搖籃。

再見了，曾經的新開端帶給了我們所有的東西。

再見了，作為你的「配偶」，我曾感到自信和滿足，知道你曾對我有過什麼期待。

再見。

我曾經非常想說再見，想讓你走，想讓你快快離開，完全從我的生活中消失，而你這麼做了。

但我抓著不放的又是什麼呢？是承諾。

過往那些美好的承諾，我們說過的「等到我們……就……」的承諾……

拿到學位……

旅行……

工作……

蜜月……

賺錢……

這些都變成了「等到我……就……」的承諾，真是滑稽。

我曾經愛過你，我是那麼地想要結婚，想要一份完整的感覺，而你就是婚姻的另一半，你是我們家裡未來的爸爸；我想要關心、照顧他人，想要成為媽媽；因為你，我感到自己被需要。

我想，我已經說了很多再見，以前我從沒想過我會說出這麼多再見。你已經離開一年半了，不知是怎麼回事，我仍在這裡寸步未動，甚至還沒有走到最終判決的地方，那份判決是否寫著我現在只有半個人，只剩下百分之五十的目標，我曾經的價值也只剩百分之五十了？我不想對自我價值或是尊嚴說再見，我還沒有真的失去這些，我想說再見，想告別的是我對你的需求——我曾經認為，只有當你承認我的這些感受時，這些感受才會成立。

最後的再見是正面的，因為我要告別負面的東西。

再見了，被奴役的感覺。

再見了，那些吹毛求疵的各種不喜歡：洋蔥、蘑菇、橄欖、我的法蘭絨睡袍、喬妮．米歇爾、我的朋友愛麗絲和動物園之旅。

再見了，你缺少的方向感、你缺少的創造力、你缺少的感恩，還有你缺少的敏感。

再見了，你的優柔寡斷，你呆板乾涸的情感，還有你那很不幽默的幽默感。

再見了，羞於變得憤怒和表現憤怒；再見了，因傻氣而感到尷尬；再見了，當我知道答案，而你不知道時，我曾感到的內疚。

再見了，特里斯。

這篇是摘自一位女性在離婚復原討論班中寫下的告別信。藉由這封信，你可以深刻地了解她的想法和感受，也許你能因此有所感觸，寫下自己的告別信。仔細讀一讀這封信，然後動手為自己寫一封吧。

現在，請擦乾眼淚繼續往下閱讀。與之前的章節一樣，你必須要確定自己已經徹底處理好當前的重建方塊，然後才繼續前進。悲傷這個階段非常艱辛、痛苦。請不要埋藏自己的悲傷！不要認為讀完這個章節你就已經處理好了悲傷。在處理自己悲傷的過程中，可以尋求會丟給你救生索的朋友（參見第六章）的幫助。準備好了再繼續攀登，重建自我的高山依舊在那裡等著你。

你現在過得如何？

請看看底下的清單，用幾分鐘時間誠實地回答問題，判斷在繼續攀登之前，你還有多少悲傷情緒沒有處理好。

1. 如果有需要，我會允許自己釋放悲傷。
2. 我沒有繼續隱藏自己的悲傷，而是嘗試表達悲傷。
3. 現在，每天從早到晚，我的情緒和體力都十分充沛。
4. 大多數的時候，我都不再覺得壓抑了。

5. 我能做到集中注意力。
6. 大部分的時候，我都沒有想哭的感覺了。
7. 我已經沒有恍恍惚惚的感覺。
8. 我重新掌控了自己的情感和情緒。
9. 我在睡眠方面沒有問題了，整夜都能安穩睡著。
10. 現在我很少嘆氣。
11. 我的體重穩定住了。
12. 我的胃口變好的。
13. 之前我只是機械式地執行每天的日常起居，現在我不再是如此了。
14. 之前我覺得自己快要瘋了，現在這種感覺已經消失。
15. 我不再無止盡地談論自己的危機。
16. 我沒有自殺的念頭。
17. 我不再覺得喉嚨發緊。
18. 胃裡沒有緊張的感覺，我覺得放鬆自在。
19. 在情感上，我又能與他人接近了。
20. 在情感上，我有種重新活過來的感覺。

21. 我明白「悲傷期」是怎麼一回事。
22. 悲傷期有五個階段，我明確地知道自己所處的階段。
23. 我找出了過去沒有釋放的悲傷，並且開始著手處理。
24. 我認清了讓自己悲傷的對象（人、關係、未來）。
25. 我可以自在地和朋友談論自己悲傷的感受。
26. 我感受到失去了什麼，為此我寫下一封告別信。

第九章

憤怒

可惡的混蛋！

分手的時候，無論你是拋棄者，還是被拋棄者，都會有一種怒火中燒的感覺。這些憤怒的感受是人性裡自然又健康的一部分。選擇如何表達憤怒對你來說關係重大。不要把自己的怒火壓在心中，但也沒必要變得具攻擊性，你可以學習用有建設性的方式來表達你對離婚的憤怒和「日常」的憤怒，也可以學著減少自己的憤怒。

我也不知道自己怎麼了。我在停車場看到他的車，知道他來見女朋友，然後坐女朋友的車離開。我走了過去，把他車子四個輪胎的氣都洩掉。接著，我走到大樓後面等他們回來，等著看他們發現輪胎全都沒氣了。我看著他們忙著解決輪胎問題，我的感覺好極了。在這之前，我一輩子都沒做過這樣的事情。大概我之前並不知道自己有多憤怒。

——瓊

現在的你，正朝著火勢非常危險的地方持續向上攀登。在離婚時，憤怒所帶來的危害是非常大的，如果你無法好好地處理自己的憤怒，就會引發「火災」，而且這股大火還會蔓延到其他的重建方塊，阻礙你前進的步伐。

在本章中，我們會仔細地審視兩種憤怒：一種是極端的憤怒，這種情緒在經歷離婚的人之中很常見，另一種就是日常的憤怒，就是我們在面對讓人惱怒的人事物時的反應。

離婚時的憤怒是非常極端的。分手的時候，你會感到狂怒、懷恨在心、無比怨恨，這些感受都很常見。離婚的憤怒是一種特別的憤怒，大多數人之前都沒有經歷過，除非有分手的經驗，否則已婚人士是很難理解這種憤怒的力量。

日常的憤怒沒有離婚的憤怒那麼激烈，但是從長遠角度來考慮，處理好日常憤怒同樣重要。有人對你做出不公平的事；你被塞車堵在路上；再二十分鐘你家的晚餐派對就要開始，但家裡的水管此時壞掉了；孩子們快把你逼瘋；還有五分鐘就要下班，老闆卻要你做一個專案計畫；鄰居的狗吠了整晚……這樣的事情說都說不完。我們來探索關於憤怒的話題，首先要知道，憤怒是一種情感（情緒），而非行為，雖然我們應對憤怒的方式不一樣，但我們都有過憤怒。有時候你或許沒有意識到自己的憤怒，但身體總是知道的。憤怒事件涵蓋了身體、心理和社會三種元素。你的心跳和呼吸加速、肌肉緊張，心裡關注的是「出了什麼問題（或者是誰出錯了）」，你可能會用涉及他人的語言或行為來表達憤怒情緒。

你也可能像很多人一樣，把憤怒埋藏在心裡沒有表達出來，而這樣造成的結果是：你可能變得更加抑鬱。離婚本來就已經夠讓人壓抑了，若在前期沒有表達出這股憤怒，情緒通常就會變得更加低沉。有不同的學派觀點認為：憤怒和抑鬱是兩種不同的情緒。但這裡要提的重點是，兩邊的論點都同意：憤怒是需要以健康的方式來表達的。

拋棄者通常不會表露出憤怒，因為他們本來就覺得內疚；被拋棄者也不會，因為他們害怕自己一旦表現出憤怒，對方就不會回來了。在某一段時期裡，雙方都會「表現良好」，又都會感到很壓抑。當然，憤怒也可能會以暴力的方式表達出來。在離婚時，有些人若在最憤怒時得到機會，確實會有暴力行為出現。若是你能控制住自己，而且找到合適的方法來表達暴怒和想報復的心情，那麼可以說是非常幸運的。

憤怒如同其他很多重建方塊一樣，憤怒的重建方塊也有三個階段。

第一階段：學會接受「感到憤怒是合理的」。憤怒是人性的一部分，你要學習接受這一點。在我們的社會裡有很多對於憤怒的描述：憤怒代表軟弱、是孩子氣、是具破壞性、是道德敗壞的。

在成長過程中，我們大多學到的是：不可以憤怒。現在我們必須重新學習：表達憤怒是合理的。在理性上認知這一點可能很容易，但是要在情緒上做到這一點就會變得困難多了。當你憤怒時，別人會有很大的情緒反應，這會讓你很難接受自己的憤怒。請務必記住：你的憤怒感覺和你表達憤怒的方式是不同的兩件事！

第二階段：盡量多學習如何正面表達憤怒，承認自己的人性，承認自己可以感到憤怒，讓你的憤怒不會因此為你和身邊的人帶來災難。在本章裡，我們會一起探索表達憤怒的積極正向方式，我們可以用幽默、運動以及很多其他方法來表達。

在此要提出一項警告：處在離婚期時，很多人會以孩子為媒介，藉此表達對前任的憤怒，這是極具破壞性的做法之一。例如，當孩子與父親見面時，科琳娜會要求孩子充當間諜回報情況。當拉斯不肯支付子女撫養費時，安妮特就不允許他探望孩子，至於拉斯則要求先見到孩子才肯支付撫養費。我們一心想要「教訓」對方，卻忘了什麼對孩子才是最好的。藉由孩子進行報復的行為，是一種卑劣的手段。為了你的孩子，請學習使用有建設性的方式來處理憤怒。

第三階段：學會以寬恕和其他方式來將自己的憤怒最小化。處在第一階段和第二階段的人可能會情緒爆發地叫喊：「我絕對不原諒他（她）！」其實不僅僅是寬恕別人，也是學會寬恕自己。

到底是誰的憤怒？

你要對自己的憤怒負責，畢竟這是你的感受，不是別人的。把自己的憤怒怪罪到別人頭上是這個過程的一部分，但隨著一步步地前進，你必須學會對自己的憤怒負責。

「費雪離婚調適量表」中有提道：「我覺得會分手都是前任的錯。」這是一句可以有效判斷對方是否憤怒的準則。尚未處理好憤怒的人會說：「是的。」進行了心理重建並且對憤怒有充分了解的人會知道：失敗、過錯、責任都是雙向的，並非只是一個人的錯，而是在複雜的互動中有一部分無法再運作了。

大部分的人必須花很長一段時間才能做到對自己的憤怒負責。要了解到這點，需要一定的成熟度和能力，而反過來怪罪別人就容易多了！在寬恕的階段，其實就是要學習寬恕自己並學會放下，讓憤怒離開，而當中的關鍵點就是要找出使你憤怒的起因。

憤怒按鈕——是什麼引發了你的憤怒？

在離婚復原課堂上，我們請大家寫下自己不能忍受的事情，列出一份清單，這種練習很有用。生活中會引發憤怒的事情包含不切實際的期待、挫折、各種延誤、別人的干涉、不被尊敬、被拋棄、被拒絕、受到歧視等等。當你真正生氣時，你知道別人到底觸動了你的哪一個按鈕嗎？什麼樣的事情會讓你不高興？在攀登重建的路上，是非常值得停下來思考一下這些問題的。

伊萊恩對於史蒂夫在法庭上與她爭奪孩子監護權一事感到非常憤怒，而原因可能是：她對自己做母親的能力本來就心存疑慮。瑪麗提出離婚，查爾斯覺得非常憤怒，他感受到的可能是過去他母親過世時帶給他的被拋棄感。

稍早有討論過，與拋棄者相比，被拋棄者往往會感受到更多的憤怒。如果看一看憤怒背後的感受，就能很容易理解了。想像一下無法控制局面的挫敗感，大多數的權力都在拋棄者手裡，他們掌握了主動權，被拋棄者只有聽命的份。無法控制局面會帶來挫敗的感覺，而這股挫敗感就能導致憤怒。

被拋棄的感覺是怎麼樣的呢？被拋棄者往往還愛著對方，他們所愛的人突然開口說，我不再愛你了。在這種情況下，對於被拋棄者來說，被拋棄的感覺是非常強烈的，常常會導致憤怒。

那麼對於未來呢？被拋棄者心中可能有規劃好的未來。突然間，他們不得不面對獨自一人的情境（並且是孤獨的處境），不得不制訂新的人生規劃，可能還要擔心錢的問題，可以說是處境艱難，心情鬱悶。被拋棄者覺得害怕，通常他們是真的害怕，而什麼東西可以對抗害怕呢？憤怒看起來就是一個很好的方式！憤怒可以使身體分泌腎上腺素，能直接對抗害怕的感覺，所以被拋棄者往往會更為憤怒，他們在「費雪離婚調適量表」中的得分也反應出這一點。

適當的憤怒與不恰當的憤怒

分手時，什麼樣的情緒才是適當的憤怒？你是否曾想過這個問題呢？你也許會問：「什麼是適當的憤怒？」與當前情況相稱的憤怒就是適當的。有人撞到了哈利的新車，他感到很不開心；簡因為有人出言不遜傷害到她，所以覺得生氣；雪倫連穿針引線這樣簡單的事情都做不好，她可能因此生氣。適當的憤怒是當前處境下真實的感受，這種感受與當前的事件相符合。

不恰當的憤怒是與當前的事情不成比例。貝亞正在開車，這時紅燈亮了，她就生氣發火；巴特聽到別人無意中的一句話，他就舉起拳頭打了一架。這些反應都過頭了。戀情結束時你當然會感到氣憤，這不僅是適當的，也是有益且有效的情緒。你會說：「什麼？生氣是有益的？」是的，因為憤怒能使我們放手，進而在情感上與前任保持距離。無法表達憤怒的人則會延長放手的過程，他們常常會經歷許多的沮喪、迷惘，且久久無法抽離對前任的強烈感情。

為什麼要埋藏自己的憤怒？

在這個階段，許多人會發現過去的障礙堵住了前進的道路，阻礙自己了解憤怒的積極面。當特蕾莎還是個孩子時，她遭到嚴重的虐待，並且積累了很多的童年憤怒。我們試著幫助她表達自己的憤怒，我們問她，如果在治療師的幫助下表達出憤怒，她覺得會如何？特蕾莎沉默了很長一段時間，然後承認說，她擔心治療師會傷害自己。由於害怕遭到報復，很多人都因此不願意表達出憤怒。

安東尼走進辦公室的時候，臉上掛著「彌勒佛般的笑容」。他的兒子完全不肯念書，而且退學了；他的女兒離家出走了。這種彌勒佛般的微笑常常是掩蓋憤怒的面具。安東尼自認身為一位牧師，他必須要維持自己的形象，做到「牧師是不能表現出憤怒的行為」，所以他無法表達自己的氣憤。但是他的憤怒卻以毆打孩子的形式發洩了出來。孩子的反應是適當的憤怒感受，但行為卻是不合適、非建設性的行為。這兩個孩子需要學習表達憤怒的積極方式，但現在他們卻在學習父親安東尼的情緒發洩方式，這會使他們將來也以責打的模式來對待自己的孩子。人們通常都會學習並仿效父母表達憤怒的方式。

有時候，我們是在應對父母的憤怒時學習如何表達憤怒。吉姆看到父親以幼稚的方式發脾氣，便暗下決心，今後絕對不會在自己孩子面前表現得如此幼稚，所以他生氣的時候就會隱忍。上面案例中的安東尼是掛著「彌勒佛般的微笑」，而吉姆則是面無表情，他的臉孔看上去就像花崗岩，從來不會承認自己有憤怒的情緒。如果在童年時期，你的憤怒感受得到了認可，或是有人教導你如何自由地以建設性的方式來表達憤怒，你就不容易積累和強化憤怒。如果有人因你的憤怒而懲罰你，不允許你用有建設性的方式表達憤怒，或者你周圍的人非常易怒，又或是有人把你正常的惱怒推往不正常的地方，你就極有可能會積累「童年的憤怒」（Childhood Rage）。

童年積累下的憤怒會一層層沉澱在你心裡，一點點小事就可能引發不恰當的行為。你只要稍微想一想，就能想到你認識的某個人表達憤怒的方式總是那麼不合理。當這樣的人處在離婚期時，其他人就要格外小心，他們有時會出現暴力的行為，例如開車撞人。

替罪羔羊、犧牲者以及其他憤怒目標

如果家庭成員沒有學會為自己的情緒負責，總是把自己的不幸福怪罪到別人頭上，那麼這個家裡就會有一個人成為替罪羔羊。如果某人一直都是家裡的替罪羔羊（你是嗎？），這個人在表達憤怒方面就會非常困難，同時也會積累大量的童年憤怒。

替罪羔羊很容易離婚，所以幾乎每個離婚復原討論班中都有他們的身影。這些替罪羔羊總覺得自己毫無價值，沒有憤怒的權利。要克服這種感覺，他們需要進行大量的情感學習。作為替罪羔羊，他們的生活常受很大的傷害，當事人可能需要接受專業心理諮商才能擺脫這種角色。

還有，我們不能忘記犧牲者，離婚復原討論班裡也少不了他們的身影，每個討論班都會有一個犧牲者或是犧牲者的受害者。犧牲者的生活意義不在自己身上，而在別人身上。他們完全犧牲自己來「幫助」別人，看起來是在無限地給予，做出巨大的個人犧牲，這種行為背後的情感可能是真也可能是假，但無論喜歡與否，犧牲者都在付出，當中的心理因素很複雜。犧牲者之所以付出，不是因為在意對方，而是因為害怕失去對方，或者付出就是這位犧牲者早年學會的互動方式。如果仔細審視就會發現，犧牲者這樣做是出於自私的原因，這樣的付出會讓對方心生怨恨。犧牲者看似無私的付出方式會迫使對方做出關愛的回應，如次一來，對方就覺得很難表達出自己的不滿。

這種關係背後的緣由是：犧牲者缺乏自我認同。他們想要透過其他人找到自己的認同感。藉由別人來活著，這種犧牲者關係對雙方而言都具有破壞性，都是有害無益的（在第十五章會提到一種練習，這種練習有助於辨別犧牲者的角色）。

如果你就是犧牲者，怎樣做才能擺脫這個角色呢？或是你怎樣才能幫助另一個人擺脫這種角色？犧牲者沒有自我認同，他們需要付出努力來尋找自己的認同。不要再一味地付出，要學會接受別人的付出，要學會培養良好的自我感覺，透過交往、活動、興趣和目標這些途徑來找到認同，逃離犧牲者的角色。

如果你是犧牲者或犧牲者的配偶，請找一位朋友或治療師交談，如此一來你就可以開始處理自己在這方面的內疚感。

發洩離婚的憤怒與表達日常的憤怒

我們要再次強調：分手之際的憤怒是一種特殊的離婚憤怒；其他生活場景下的憤怒是日常憤怒，兩者之間有很大的不同。

記住，離婚憤怒需要以非破壞性的方式來發洩釋放（由你自己去做，或是進行諮商治療），你的目標是克服它。而日常憤怒呢？在與朋友、家人、愛人和孩子的相處中，你需要用有建設性、直接的、肯定的並且誠實的方式加以表達，促進互動和發展更深層次的關係。

我們要介紹幾種表達離婚憤怒的建設性方式，然後再介紹幾種表達憤怒的通用方式，適用於與人相處的任何時候。

面對離婚憤怒，你能做些什麼？

你很想把所有的憤怒都直接發洩在前任頭上。大部分的人會想要打電話給前任，然後盡其所能地傷害和報復對方，直接宣洩自己的憤怒。但大多數的情況下，這樣做是沒用的。你朝離婚憤怒這堆火上扔了幾塊木頭，前任也可能會扔幾塊作為回敬。很快地，火苗就會吞沒你們兩個人。我們的建議是，用其他方式來表達憤怒，而不是發洩在前任頭上。

有些夫婦在婚姻中就會互相表達憤怒，處在離婚期時還是繼續延用同樣的行為。然而，大多數人都沒辦法在婚姻中表達出憤怒，如果你也是如此，怎麼做才能在離婚時以建設性的方式表達憤怒呢？

「幽默」在驅趕憤怒方面非常有效。哈里特是我們離婚復原課程中的開心果，她在班上對大家說：「別人問我，你前夫在哪裡，我真不知道該怎麼回答。我可不想告訴他們，他跟別的女人跑了。」有一天，她來上課時臉上掛著大大的微笑：「我終於決定了，如果下次有人問我這個問題，我就告訴他們，他變成青蛙，呱呱呱地去抱怨了！」她笑了，全班都笑了，每個人都藉由笑聲釋放了憤怒的感受。在生活中，幽默感一直都是很寶貴的，在處理憤怒時更是如此。

表達憤怒最有效的方法之一是打電話給朋友：「我需要談一談我對前任的憤怒。我知道有時我可能會胡說八道，我知道自己可能會非常情緒化，我知道我說的有些事情並不是自己理智時的真實感受。但是現在我覺得非常憤怒，我想要對你傾吐我的憤怒。」會丟給你救生索的朋友能幫你度過這樣的時刻，這是你處理憤怒的最好途徑之一。

很多有離婚憤怒的人會利用幻想來幫助自己表達憤怒，桑迪就非常擅長這麼做，她會如此幻想：「我要到園藝店買一袋肥料。等到半夜，我就要潛入前夫的房子，用肥料在他的草坪上寫下罵人的話。這樣整個夏天，只要他去整理草坪就會看到髒話！」我們必須要切記，這些只是幻想，不能付諸實踐！如果你的自我控制力很薄弱，就不應該用幻想的方法，因為你往往會照著自己的想像去執行，一旦成為事實，在大多數情況下這些都是破壞性的行為。

一般情況下，各種類型的運動都會有幫助。運動比賽、慢跑、打掃房間、清理地毯灰塵，或任何體能運動都會非常有用。憤怒是一種能量，所以表達憤怒的重點是要把能量消耗掉，運動就是一種很好的方式。如果運動時還有配合其他的技巧，就更能將憤怒消耗殆盡。例如，在打高爾夫或是網球的時候，你可以想像球就是對方的腦袋，如果同時低聲抱怨幾句，這樣的運動會更有效果。在慢跑的時候，每跑一步你都可以想像對方的臉正被你踩在腳下，同時再加上低聲抱怨。

如果說出罵人的話對你來說並不困難，那麼這也是發洩離婚憤怒的有效方式。用語言的方式，經由自己的聲帶和口腔發洩出肚子裡的憤怒吧！

試著尖叫來釋放情緒。我們通常不習慣對著周圍的人大聲尖叫，不過你可以找一個地方獨自大聲尖叫。莎琳開車到一個沒有人的地方，停下車後尖叫、哭泣、叫喊，她覺得這樣做非常能釋放憤怒，她的孩子也知道，每當媽媽情緒不安時，他們就會說：「媽媽又要去她尖叫的地方了！」

眼淚也是有助於表達離婚憤怒的一種方式。哭泣是一種積極誠實的情感表達。許多人——尤其是男性，很難哭出來。你要「允許自己哭泣」，這樣才會感覺好一些。哭泣是身體表達難過或憤怒的自然功能。

（要記得，說出罵人的話或是放聲叫喊，這麼做的目的是希望你能釋放出自己的感受，而不是要攻擊讓你憤怒的目標。）另一個有效表達憤怒的方式是：寫一封信給前任，把你想說的話都寫下來。字要寫得很大，甚至可以用蠟筆，狠狠地寫下這封信，但是寫好後不要寄出去，而是把信扔進壁爐裡燒掉。你表達了憤怒，同時象徵性地燃燒了憤怒。

還可以用一種名為「空椅子」（Empty Chair）的有效技巧。想像前任正坐在你對面的一張空椅子上，然後你把想要說的話都說出來。如果你是個善於想像的人，你還可以交換椅子，想像自己是前任，說出對方可能會回敬你的話。然後你再回到自己的椅子上，再次說出自己想說的話。

如你所見，你有很多方法可以發洩離婚憤怒，但並不是所有的方法都對你有效，事實上，你會非常牴觸其中的一些方法，完全沒有辦法使用它們。其實只要發揮自己的想像力和創造力，不要侷限自己，你就能找到各種方法來表達憤怒。

前面提到的是離婚憤怒的表達方式，當你在思考和嘗試這些方法時，請不要忘了，只要能夠做到有建設性地發洩情緒，那麼這個表達方式就會是健康的，但是發洩並不能治癒你的憤怒。重申一次，你的目標是克服憤怒，清除憤怒的情緒，然後做到放手。

另外，有些人無法表達憤怒，因為他們「需要」保留憤怒。對他們而言，憤怒就像伴侶，如果放下憤怒，他們就失去了懲罰對方的工具，所以他們保留憤怒，就像是得到了報酬或獎勵一樣。但是你需要考慮的問題是：你想要成為什麼樣的人？你想成為一個憤怒的人，還是想要放下，讓憤怒離開？

我們要再次強調，這些方法是用來釋放部分離婚的憤怒，以上的任何方式都不適用於表達日常憤怒。接著，我們會開始提到表達日常憤怒的方法。

表達日常憤怒

希望上面的內容能幫助你學會表達離婚憤怒。現在要來討論日常的「普通類型」憤怒。生活中總是有各種的起伏，因此我們都會憤怒。首先要明白，我們的行為和我們的感受是不一樣的，它們分別是我們的不同面。

憤怒（Anger）是一種感受，表達己見和攻擊則是行為。還記得這一章開始的時候提到的瓊嗎？她把前夫的車子輪胎洩氣。瓊非常憤怒，她的行為是具攻擊性的，她可能還會用其他方式來表達憤怒。例如，她可以用更具侵略性甚至是暴力的方式來對待前任，也許會毆打他，或者，她會採取積極的方式來表達自己的憤怒，像是直接走上前去，明明白白地告訴對方自己的感受：「我快要瘋了，真想把你車子輪胎的氣給放了！你對我不公平，沒道理……。」當然，我們不建議你這樣做，但我們要傳達的是：憤怒的感受可以用不同的行為來表達。

現在設想自己處在以下的場景中：

為了演唱會的門票，你已經排隊等了兩個小時。這時排在你前面的人遇到兩個朋友，他們走過來說：「嗨，喬，讓我們排在你前面好嗎？」

支付孩子撫養費的時間已經過了兩週，下星期就要開學了，你真的很需要這筆錢來替孩子買衣服，你打電話給前任，對方說：「喔，我去夏威夷玩，花了很多錢，得等下個月才有錢給你。」

你看報紙時發現，州議會投票通過給議會增加百分之二十的預算，而在教育支出的預算則砍掉了百分之十。

憤怒嗎？當然，肯定會的！除了這樣的場景，還有很多其他的不公平、權力濫用、輕率和虐待的行為都很容易引發憤怒。忘記你小時候學到的東西吧，你要明白，憤怒是自然、正常、健康、符合人性的！所有人都有憤怒的時候。（如果你認為自己從來都不動怒，可能是你忘記了感受和行為是不一樣的。）

現在的問題是：「我該怎麼處理我的憤怒呢？」之前已經討論過釋放離婚憤怒這種強烈感受的方法，例如：幽默、幻想、運動、尖叫、哭泣等。你對前任非常憤怒，這些方法有助於你釋放這種強烈的感受，但是在對付日常憤怒時，這些方法就沒有太大的作用。這些方法本來就是用來釋放鬱積的憤怒，而你現在並沒有這種憤怒，所以需要以其他方法來應對日常憤怒。

以「我」開頭的句子以及其他抗衡的方法

最受我們喜愛的方法就是使用「我」開頭的句子，這個方法是心理學家湯馬斯・高登在父母效能訓練中首次提出。所謂「我」開頭的句子，就是我為我的感受負責，而不是把自己的憤怒責怪到對方頭上。使用這個方式，就能清除礙事的憤怒和其他強烈的情緒，如此一來，親近、親密和愛才有可能進入你們的關係中。這種以「我」為開頭的句子，還能幫助你識別出自己的憤怒，這樣就不會再利用責怪別人來掩飾自己的情緒了。

「我」為開頭的句子能幫助你和你所愛的人（戀人、孩子、朋友和親人）進行交流。我們建議你開始練習使用「我」為開頭的句子，提高自己與他人的互動，有建設性地表達出自己的憤怒。舉個簡單的例子，不要說：「你讓我發瘋！」試著說：「當你……，我快要瘋掉了！」這兩者之間看起來只有微妙的差別，但是請注意，當你說「我快要瘋掉」時，你是在對自己的感受負責。你重新掌控自己的感受，而不是讓別人控制你的感受。（注意：「我」為開頭的句子用來表達積極的感受也是很棒的！）

想要維繫幸福美好的愛情關係，並且清除關係中一路積累的垃圾（愛情關係中積累的垃圾也是離婚的另一個原因，目前已經講了不少離婚的原因，你都還記得嗎？），你能做到的最重要關鍵就是「建設性地表達出憤怒」。沒有表達出來的憤怒會變成火山，總有一天會爆發。透過交談排遣憤怒就好比是一種安全閥，有了它，這段關係就不會爆炸。說出自己的憤怒，通常都能成就親密關係（而且往往能使性生活更和諧）。這絕對是值得的！

積極的表達憤怒

多年來，羅伯對研究憤怒表達非常有興趣，他和麥可．艾蒙斯（Michael Emmons，美國心理學家）合著了《堅定自信的溝通技巧》（*Your Perfect Right*），他們在書中提供了積極、具建設性的憤怒表達方法，這是一本訓練自信的暢銷書。要學會表達憤怒，需要付出努力，這對你們的關係十分有幫助。接下來的步驟來自於《堅定自信的溝通技巧》一書（有所改編，已獲兩位作者授權）。

在你生氣之前：

- 了解自己，了解引發你憤怒的態度、環境、事件和行為。
- 不要有意讓自己生氣。
- 替自己講講道理。
- 學會放鬆。
- 重要時刻才憤怒。

在你生氣的時候：

- 學會使用一些策略來處理自己的憤怒（放鬆、強迫運動消耗體力、從一到十數數字、自言自語讓自己平靜）。
- 花一點時間思考：這件事是否真的值得你耗費時間和精力，以及可能出現的不良後果。
- 做一個決定：你是和對方一起解決憤怒，還是一個人解決。

- 積極地表達自己的憤怒。（表達要是自發的，不要積累怨氣，直接表達出你的憤怒；語言要誠懇達意；你的姿態、面部表情、手勢和語氣都要傳達出你的感受；不要挖苦諷刺、不要謾罵、不要羞辱對方、不要動手打人、不要居高臨下、不要有敵意。）
- 用語言表達出自己的煩惱。（「我非常生氣。」、「我強烈反對。」、「我不能接受。」）
- 要留出時間來解決問題。
- 直接說出自己的感受，對自己的感受負責。
- 說具體的事情，說當前的情況。
- 朝著解決問題的方向努力。

寬恕和遺忘

我們在本章中有提到，並不是所有的憤怒都是合理的（適當的），並不是所有的憤怒都必須表達出來。有時，寬恕是最健康的做法。我們不是要你隨時都「轉到另一邊臉讓人打」，我們不會出爾反爾認為你不該表達憤怒，不該讓生活清爽乾淨。我們要傳達的是，你必須做出選擇，選擇該如何支配生命。你不可能解決世界上所有不對的事情，甚至在你自己的生活中，你都無法做到這一點。正如古老諺語所說：謹慎即大勇。有時確實如此。

行動之前，花點時間想一想：眼前這件事情值不值得自己花精力來表達憤怒，如果是（例如有人不公正地對待你的孩子），就要非常堅定地表達自己的憤怒。如果不是（例如有人在高速公路上超你的車），那就深呼吸一下，繼續自己的生活吧。

濃煙燻到我的眼睛了

即使你覺得怒火中燒，也不要停下攀登重建的腳步。讀了本章內容，你明白自己可以有憤怒的感受，知道該如何積極、有建設性地表達憤怒，到最後，憤怒會燃燒到只剩下灰燼。你心中的怒火可能會慢慢燃燒很長一段時間，不過沒關係，它總會燃燒殆盡，你終究能擺脫憤怒。走這段路時，縱然四周都是燃燒的森林大火也不要著急，一定要小心，不要傷害周圍的人，更不要毀掉自己，這點非常重要。任憑怒火肆虐的話，只會造成嚴重的破壞。

根據布魯斯的研究顯示：處在離婚期的人對前任的憤怒平均會維持三年。你希望自己的憤怒持續多長時間呢？

只有你自己能預防重建方塊著火

憤怒可以蔓延到其他的重建方塊，因此憤怒是最重要的重建方塊之一。一旦你心中的離婚憤怒火焰失控了，除非你能控制火勢，否則之後的攀登路程會變得困難重重。處理好憤怒，等到心中沒有怒火只剩灰燼時，你就會有一種如釋重負的感覺，然後把精力轉移到生活的其他方面，就可以在分手這件事上寬恕自己和對方，你不會再自責，不會覺得自己失敗。放下了所有痛苦的事情，你就找到內心的平靜。你發現自己和前任說話的時候，態度平和理智，不再煩躁。和朋友來往時，無論是面對你的朋友，還是前任的朋友，都不會心煩意亂了。你突然醒過來，發現自己的生活中有陽光，不再是憤怒的暴風雨。你意識到，事情就是這樣，發生了就是發生了，沒有必要責怪任何人。

離婚復原課程裡有個叫扎克的成員，他發現了一個對離婚的人來說非常有用的口號：「沒關係。」以前看起來那麼重要的事情，現在已經無關緊要了，一旦你進入寬恕的階段，就會覺得沒有必要懲罰或是報復對方。

孩子的憤怒

和父母一樣，離婚家庭的孩子也感受到了同樣強烈的離婚憤怒。某天，在游泳池邊，一個離婚家庭的女兒對父親發怒。她父親只是做了一個非常小的錯誤，她就對父親大聲尖叫，憤怒的程度遠遠超過正常反應，因為孩子覺得自己被拋棄，她在怪罪自己的父親。

離婚後的父母通常不允許自己的孩子憤怒，即使父親沒有按時來探訪孩子，探訪時也心不在焉，不怎麼和孩子互動，取得監護權的母親仍會不斷嘗試希望孩子和父親之間建立良好關係。母親想做的是「不讓孩子生氣」，幫助他們接受自己的父親，但父親卻讓孩子失望，孩子會生氣是正常的。

另外，在孩子表達憤怒的時候，我們往往會表現出不喜愛這個憤怒的孩子。孩子憤怒時，我們在情緒上也會緊張，立刻就變得不願意接受孩子：「進去你的房間，想好該怎麼做再出來！」事實上，我們需要打起精神，去傾聽並且接受孩子的憤怒，同時注意不要讓孩子變得有攻擊性、亂發脾氣、扔東西發洩，我們應該允許孩子用本章說過的積極、有建設性的方式來表達憤怒。當父親（或是母親）沒有來探視他們，他們說自己很生氣時，你要接受這一點並回應：「遇到這樣的事情，我覺得你生氣沒錯。」多數人都是在與父母的某些互動過程中形成了表達憤怒的情緒障礙，例如我們表達憤怒，結果受到懲罰，或是不被父母允許，又或是被打發回自己的房間。此時我們感覺自己被拋棄了，感覺自己失去父母的愛。比較好的做法是讓孩子們了解：憤怒是人性的一部分，用正面的方式表達憤怒是可以的。

你現在過得如何？

繼續攀登之前，按照以下清單檢測一下自己。不要忘了，一定要對自己誠實！

1. 我可以平靜且理性地和前任相處、互動了。
2. 當我看到前任，或與他交談時，我感到自在。
3. 之前我想要把憤怒發洩在前任頭上，想要傷害他，現在我沒有這樣的想法了。
4. 之前我希望前任在情感上和我一樣痛苦，現在我不再這樣想了。
5. 之前我對前任怒火衝天，現在我不會了。
6. 之前我覺得我家人、朋友和認識的人都應該站在我這邊，而不是站在對方那邊，現在我覺得這一點都不重要了。
7. 前任傷害了我，現在我覺得沒有必要因此而報復對方。
8. 我不再認為分手是前任造成的。

9. 之前我要讓前任看到我有多痛苦，讓對方也痛苦，現在我不再這樣做了。
10. 我已經克服自己的憤怒，開始接受前任所做的事情。
11. 我開始用積極的方式表達憤怒，這對我或周圍的人都不會造成傷害。
12. 感到憤怒時，我會承認自己的憤怒，不再否認這種感受。
13. 我明白是什麼在阻礙我以積極正面的方式表達憤怒。
14. 我可以有建設性地表達憤怒了，而不是以不恰當的方式宣洩。
15. 我已經到達寬恕的階段，不再憤怒了。

第十章

放下

想要解脫很難

你原本的愛情關係已經結束了，不應該再對它投入感情。如果你的生活並不空虛，如果你過著充實的生活，那麼「放下」對你來說就會比較容易。拋棄者放下的速度會快一點，原因是在還沒有分手時，他就已經啟動了放下的調適程序。若是做不到放下，可能是因為你沒有面對內心某些痛苦的感受。

斯特拉：「哈利在四年前離開我，然後他馬上就再婚了。」
心理諮詢師：「我注意到你還戴著結婚戒指。」
斯特拉：「是的，這枚戒指對我很重要。」
心理諮詢師：「你用來支付心理諮商費的帳戶上還寫著哈利的名字！」
斯特拉：「我想，我就是做不到放下。」

你是否曾經在腦海裡反覆哼唱著一首歌？你知道有多少歌曲都是在講述「放下」？例如：《往日情懷》（*The Way We Were*）、《道別的時刻》（*Time to Say Goodbye*）、《又能怎樣？》（*What Cha Gonna Do*）、《今天他停止愛她》（*I Stopped Loving Her Today*）。大多數人在一生中都有一兩次分手的經歷，即便是在青春期時也是如此，分手的現象非常普遍，不過相關的研究卻不多。我們在很大程度上是靠詩人和音樂人來教我們如何結束愛情關係。

「解脫」到底是什麼？

我們先要明白什麼是放下。試著做一次這個動作：十指交叉，左右手相握，然後在保持緊握雙手的狀態下把手分開，此時就可以感受到「解脫」。你必須要放下對那個人的所有愛恨情仇。

相愛的感覺並不是唯一難割捨的東西，難以割捨的還有憤怒、怨恨和報復的心情。如果一個人喋喋不休地談論前任，無論用詞甜蜜還是憤怒，都說明了他（她）其實沒有放下對前任的愛恨情仇。

在離婚的「蜜月期」，人們常常宣稱要繼續當彼此的朋友。等到拋棄者的內疚感得以排解，被拋棄者的憤怒感出現之後，這種想要做朋友的願望就消失了。但是，還是有很多人拚命想要維持朋友關係，所以他們無法放下，無法將心中的憤怒表達出來、幫助自己放下。所以在離婚前期，最好不要保持朋友關係，等到自己真的解脫了再做朋友。勉強成為朋友，可能會讓放下的過程因此延長，甚至導致日後連朋友都做不成。（當然，這不表示你們必須變得不禮貌或不熱情，你們只是不再親密了。）

另一個要談的是「逃跑症候群」。在這個過程中的某個區段，大多數的離婚人士都會有想要逃跑的強烈衝動，他們想要搬到新的社區，遠離前任住的地方，避免遇到前任或兩人的共同朋友。

科琳嫁給了一位大學教授，後來教授和一個年輕學生發生婚外情，選擇離開她。某次科琳開車行駛在路上，看到前夫坐在車裡，旁邊就是那個年輕的女生，科琳還來不及停車就吐了出來。不用說，看到前任和新歡在一起是件非常痛苦的事。

如果你離開是為了新工作，或是為了回到以前那個有支持你的家人和朋友的生活圈，又或是為了人生繼續前進的目標，那麼搬家是可行的。如果你的離開是為了逃避不願意看到的事，就應該三思而後行：現在的你本來就已經處在壓力之下，搬家只會繼續增加你的壓力。

待在現在的地方，可能會面對前任和前任的朋友，對你來說要處理這種痛苦的感覺確實很艱難，但這樣是有好處的，如果選擇搬家，就是在隱藏並否認「放下」的這個過程。選擇留下的人會艱難地挺過這一關，不久之後，當他們再和前任見面、和前任說話時，就不會有情緒上的不安了。他們選擇面對這一切，更有效地處理「放下」的重建方塊。

在重建自我當中，有三個關鍵的重建方塊是有關連的：否認已經分手，為失去的事物悲傷，放下已經結束的關係。在攀登重建的途中，我們可能會同時處理這三個互相聯繫的方塊。

不要拖延

我們現在有話要對拋棄者說。（若是被拋棄者願意也可以聽聽看，因為內容將會談到你們。）

拋棄者為了避免內疚感，他們通常會想要對被拋棄者「好一點」，但這只會讓放下的過程變得更加漫長。如果你要甩人，就要拿出勇氣和魄力，乾淨俐落地結束這段關係，這樣做遠遠勝過用拖泥帶水的方式處理分手。

理查想要分手，他想要表現得溫和友善，於是特地每週都帶芭芭拉（被拋棄者）到外面吃飯，理查覺得這樣應該會讓她好過些。可是每次理查這樣做，就如同朝著一隻飢餓的貓扔幾塊麵包屑，即使有了這幾塊麵包屑，貓還是很餓，但也不會去別處覓食。只要看起來似乎還有復合的希望，芭芭拉就做不到放下。若你想要對被拋棄者好一點，「直接了當」遠勝過「溫和友善」。其實，理查只是在對自己「好」，他想要減輕自己的內疚感。

還有其他的情況也會延長解脫的過程：漫長的法院庭審會造成拖延；彼此住得很近，定期交換照顧孩子和寵物，也會造成拖延（你們可以住在同一個地區，但不能住在隔壁！）；有共同經營的事業而不得不保持往來，這也是另一個拖延因素。（如果有工作上的聯繫，通常會更難做到解脫，遇到這種情況時，一定要仔細衡量利弊，謹慎做出決定。可以諮詢律師和財務顧問的意見。）

關於放下還有另一個問題，就是與姻親的關係。離婚後，你與前任的家庭成員也分開了，在大多數情況下，離婚時你和姻親的關係就已經破裂或是變得非常淡薄，但離婚也可能產生相反效果，讓姻親與媳婦或女婿更為親密，甚至勝過自己的孩子。

全美國五十個州的法律規定，無論父母哪一方享有監護權，祖父母都擁有孫子的探視權。華盛頓州的法律規定，祖父母有寬鬆的探視權，但是在二〇〇〇年，美國最高法院推翻了這項立法。看起來，立法機構將來會對祖父母的探視權做出更為清晰的界定，也許會設定更多的限制。與此同時，我們建議祖父母們，請把探視視為是一種禮遇而非權利。如果你家裡有這個問題，請查詢所在地方政府的現行法律。

要解脫很困難

無論有沒有外界的複雜因素，大問題依然存在：「怎樣做才能放下？怎樣做才能不再愛那個人？」對於很多人而言，這是一個難題。如果你有其他的資源，要放下就會容易得多。戀人離開了，你的心中會出現一處空缺，此時一份好的工作、良好的支持網絡，有幫助和支持你的朋友，這都能充實你的內心，有助於填補心中的空缺。

你可以做一些具體的事來幫助自己放下。首先，你需要檢查一遍家裡的各個角落，清除掉那些總是會讓你想起前任的東西：照片、結婚禮物、生日禮物，諸如此類的紀念品，避免睹物思人。你或許還需要更改傢俱的擺放方式，盡量讓家裡看起來與離婚前不一樣。你們兩人的那張大床就是一件特別的象徵物，也許你可以換新床單，變換床的位置，甚至是把這張床搬到其他房間，或者賣掉它、送給別人。

或許你應該把所有讓你睹物思人的東西放進箱子裡，再扔進車庫或是地下室。週末時，若是你想要盡情地悲傷，就可以拿出這些東西，設定一段時間讓自己盡情地悲傷。這種悲傷時間可能會使你感到非常壓抑，我們建議你找一個人陪在你身邊、給你支持。你可以恣意地悲傷，這樣做能讓你更快放下。內爆型悲傷會增加悲傷的強度，縮短你完全放下所需要的時間。

很多人還會面臨另一個問題：前任會來電、寫信和探訪，或是接到要找前任的電話、信件和客人。如果前任明顯緊抓著不放手，你可能會覺得心煩意亂，但是如果你任由對方如此糾纏，就代表你沒有真的放下。緊抓不放這種事情是一個巴掌拍不響，如果你拒絕配合對方的糾纏，長遠來看，雙方都能更容易放下。你不得不果斷一點，甚至有必要掛掉對方的電話，或是把信件原封不動寄回給對方，不做回覆。

你要控制自己，停止對前任的幻想。一旦發現自己因為前任而痛哭流涕，就想一想你們之間發生過的痛苦或不愉快的事情，這樣就不會再想著對方，或者你還可以把注意力放在別的事情上，以免自己聚焦在過去的戀情。

放下自己的恐懼

關於「放下」的問題，我們還有一個較為抽象的答案。一個行為模式的核心，往往都有一種特定的感受，例如，對於被拋棄的恐懼、內疚、害怕自己不被愛、自我價值感低或缺乏信心。令人驚訝的是，我們的生活方式往往會讓自己最害怕的事成真。例如我們害怕被拒絕，可是在自覺和不自覺中，我們就把生活設定成「我們會被拒絕」。如果我們想要內疚感，就會創造出讓自己感覺內疚的條件。

特蕾莎和帕特里克前來做婚姻諮詢，帕特里克的行為模式是被拒絕，特蕾莎則是內疚。他們兩人的心理需求真是相互吻合！兩人一起度過了多年的婚姻時光，女方覺得內疚，男方覺得被拒絕。女方製造出內疚的理由，這同時滋養了男方被拒絕的感受。

分手時，我們的反應通常是自己行為背後的感受。如果平常的行為模式是被拒絕，那麼在分手時的感受就是被拒絕；如果是內疚，那麼感覺就是內疚。糟糕的是，這種感覺可能非常強烈，由於我們不夠堅強，所以無法在忍受這種感覺的同時做到放下。

如果你覺得很難放下，就問問自己：「如果放下前任，我的哪種感覺會最強烈？」也許你的放不下是在掩蓋一個事實——自己無法面對另一種痛苦。像是你很害怕放下，因為放下之後就不得不正視自己被拋棄的感受，於是你拒絕放下，藉此迴避被拋棄的感受。要做到放下，你就必須面對這種感受。你如果覺得需要得到支持，可以尋求會丟救生索給你的朋友或諮詢師的幫助。

投資自己

處理好本章重建方塊的目的就是：在情感上投資自己，追求自己的個人成長，不要繼續對已經結束的關係做投入。過去的關係已經是一具情感死屍了，再投入是不可能有回報的。投資自己，才有可能得到最大的回報。

幫助孩子放下

離婚家庭的孩子若想做到放下，就必須放下過去雙親家庭的概念。他們的家突然變成了單親家庭，雙親中一個是有監護權的家長，另一個是沒有監護權的家長。即使是共同監護，孩子還是得被迫面對不同的生活方式。我們建議：孩子可以繼續保持與雙親的良好關係，他們並不需要放下。

如果父母無法放下這段關係，可能會給孩子帶來難題。如果孩子不斷聽到一方家長談論另一方家長做的好事（或壞事），這對他們來說會變得難以處理。如果父母沒有放下這段關係，無論父母之間的感覺是正面的還是負面的，孩子往往都會卡在其中無法自拔，這樣會延長孩子的調適過程。

你現在過得如何？

停下腳步，花點時間，扔掉過去所有的感受，因為這些感受會讓你繼續在逝去的關係上投入感情。原地跳一跳，感受一下內心的力量，扔掉一直背負的包袱，找到輕鬆上陣的感覺。最後，按照下列清單的內容測試自己，看看自己真的放下了嗎？

1. 我現在偶爾才會想起前任。
2. 我很少會再幻想和前任在一起了。
3. 想到前任時，我不再感到心煩意亂。
4. 我已經不再試圖討好前任了。
5. 我和前任不會復合了，我已經接受這一點。
6. 我不再找理由與前任說話。
7. 我很少和朋友談論前任。
8. 我對前任已經沒有浪漫的想法。
9. 我不再希望和前任繼續保持性關係。
10. 我對前任不再一往情深。

11. 我能接受前任有新的戀情。
12. 我喜歡單身勝過與前任在一起。
13. 我對前任不再憤怒。

第十一章

自我價值

其實我還不錯

人有良好的自我感覺是好的。個體的自我感覺越好，就越能順利地應對危機，你應該學會這一點。當你成功地調整並適應了危機，你的自我感覺會隨之變得更好！若是處在自我認同／叛逆危機中，你與戀人的關係就可能會變得非常緊張。

小時候，我父親常常警告我不要自負，不要自戀。後來，我到教會做禮拜時，牧師說人生來就有罪。在學校，受到大家注意的都是體育健將和頭腦聰明的人。再後來，我結了婚，這個世界上終於有人覺得我有價值了。有人在乎我，我的感覺真好。但接著，她開始對我的缺點指指點點。最後，我真的快要相信自己是個一無是處的人，就在這個時候，我決定要離婚。

——卡爾

天呀！在「自我價值」的這段路上，到處擠滿了人，他們看起來似乎都無法再繼續攀登下去了。有人灰心喪氣地坐在岩石上，他們筋疲力盡無法繼續攀登；有些人躺在地上，看起來就像是一塊踏墊，誰都可以從他們身上踩踏過去；有些人一副飽受批評、覺得自己毫無價值的樣子；有些人都快隱身了，似乎正在努力與背景融為一體。

看到了嗎？這些人無論走到哪裡都是頭頂著烏雲！雨只落在他們身上，周圍的人都滴雨未沾。看到那個女生了嗎？她好像把頭頂的烏雲忘在什麼地方了，正在焦慮地東張西望，步伐蹣跚地行走在岩石堆中。她是在尋找遺失的烏雲嗎？沒錯，那塊烏雲再次追上她了，她的頭上又開始下起雨，但這時的她看起來似乎更為滿足。

自我價值感的重要性

在這段行程中，我們主要的任務是更加了解自我價值感，以及學習提升自我價值的方法。自我價值感（Self-Worth），也被稱作「自我概念」（Self Concept）和「自尊」（Self-Esteem），指的是你看待自己的方式，以及作為一個人，你對自己價值的核心信念，這的確非常不容易理解。在成長的過程中，布魯斯覺得只有他自己一個人在遭受「自卑情結」（Inferiority Complex）的折磨，完全沒有意識到這個詞被使用得如此頻繁，原因就是很多其他的人也覺得自卑！（說真的，難道不是人人都感到自卑嗎？）在離婚復原討論班裡，我們詢問有誰想要提高自尊，請舉手。通常出現的情況是所有的人都舉手了！現在你明白這個重建方塊有多重要了嗎？

自我概念是與生俱來的，還是後天習得的呢？你是否曾想過這個問題？心理學家認為自我概念有百分之五十是天生的，另外百分之五十是後天習得的。顯然，我們一出生就帶有某種傾向，然後在早期生活中，我們透過父母、兄弟姐妹、老師、牧師和親戚——也就是身邊對我們有影響的人來感知自己。再往後，尤其是在十幾歲的時候，同年齡的人對我們自我概念的基本層面會有極大的影響力。成年之後，我們的戀人成為驗證和反饋的主要來源，明顯地影響了我們的自我價值感。

很多婚姻會走到盡頭，是因為存在著對其中一方或對雙方的自我概念有害的互動模式。實際上，有些模式的破壞力非常大，婚姻中的雙方甚至無法走到離婚這一步：「我沒資格離婚！」例如，一位心力交瘁的妻子可能認為自己在情感和身體上接受虐待是活該的。她或許覺得無法冒險離開婚姻，因為她確信自己沒辦法一個人生活。由於婚姻不幸，很多人的自尊都遭受到嚴重的侵蝕，最後才在離婚中得到解脫。可是，當真實的分手來臨、婚姻結束時，自我概念也就降到最低點。很多人的自我認同建立在婚姻上，一旦婚姻失敗，自我認同就跟著遭遇到極大危機。

布魯斯曾經讓剛分居不久的人填寫「田納西自我概念量表」（Tennessee Self-Concept Scale），評測他們的自我價值感，他們的得分非常低，很難再找到比他們分數還低的人群了。分手可能會對自我概念造成毀滅性的打擊。事實上，這個時候自我價值感也可能是最低的。自我價值感低的個體在情感上會喪失機動性，無法完成自己的工作，無法扮演好父母的角色或是與他人互動。布魯斯針對這群人的自我概念分數做進一步研究，發現自我概念良好的人比較能夠調整並適應愛情的結束。研究證實了我們的想法：自我概念良好的個體，會比較容易調整自身來適應生活危機。

由此可見，自我價值感對我們的生活方式有很大的影響作用。一般而言，分手對自我概念沒有好處，在經歷過分手這種生活大危機之後，大多數人都需要改善自我感覺。令人欣慰的是，我們是可以增強自我概念的。我們可以再學習、可以再成長、可以再改變，這確實是一個令人振奮且樂觀向上的觀點！我們完全可以擺脫很低的自我感覺。

提升自尊的十一個步驟

布魯斯一直在為離婚和個人成長討論班授課，長達二十五年的時間。為期十週的課程讓許多參與者在自我價值方面有了極大的改善，這是他們最大的收穫之一。布魯斯到底用了什麼技巧呢？人們如何才能實現這種大改變呢？現在就來分享能讓你變得更有自信的方法！這不是魔法，你對待自己的態度也不會在一夜之間就發生改變，但是我們仍希望你能嘗試這些方法。我們相信，當你看到結果時會大為驚喜。

第一步：**你必須下定決心要有所改變**。這似乎是不言而喻的事情，但我們常常忽略了這一點。幾年前，布魯斯有幾位前來找他諮詢的客戶，他們就像前文提到的那位女性一樣，無論走到哪裡頭頂都罩著烏雲；而且，只要他們在諮詢過程中有進步，就會開始侷促不安，然後又開始尋找烏雲，希望頭頂上能繼續下雨。

這讓布魯斯覺得有些鬱悶，他決定在山中獨自漫步。他來到洛磯山脈的大湯普森峽谷徒步旅行，接近小路的盡頭有個小小的指示牌，指示牌指向一棵被大風連根拔起的花旗松。這棵樹已經倒地很久，樹梢已經彎了，但它還是朝著陽光的方向繼續生長。新長出的樹梢衝向天空，直立向上，大約有六公尺高。原本的樹根大部分都暴露在外面，人們不禁疑惑，它竟然還能繼續生長這麼多年！除了樹梢，樹幹的上端也冒出很多直挺向上的分枝，其中一根有九公尺高。

布魯斯說：「我一邊研究這棵樹一邊想，這棵樹被連根拔起，就像是某個人的人生遭遇了離婚之類的危機。這棵樹全力以赴，繼續朝著天空的方向生長。看到這棵樹，我非常感動。我了解到每個人的內心都有一種力量，即使危機擾亂了我們的生活，這種力量仍然能夠幫助我們發揮所有的潛力。這棵樹繼續朝著天空的方向生長，我因此有了一種信念，我相信自我概念是可以改變的。」

我們需要去找尋內在的情感能量並傾聽它的聲音，促使潛能發展。無論這種能量以何種名稱出現：虔誠的靈魂、心理學的自我、內在源頭或是生命的力量……一旦你找到了，就能更容易按照自己心中所渴望的目標做出改變。審視內心，找到這股力量的根源，利用它改變自己，成為你心中想要成為的自己。

如果你下定決心要改善自我概念，你生活中的各個方面都會因此改變——你的工作、你與他人的關係、你教育子女的方式、你對未來戀人的選擇。最重要的是，你的自我感受會改變。只要你繼續改變自我概念，你的個性和生活都會發生很多變化。如果你堅定不移，接下來的步伐肯定會輕鬆許多。

第二步：**改變你看待自己的方式**。你不喜歡自己的哪些方面？大多數人都可以輕輕鬆鬆列出二十項。可是，為什麼不寫下二十項你喜歡自己的方面呢？在離婚復原討論班裡，我們幫大家設計了這項作業，大家都抱怨說：「二十項太多了，兩項可以嗎？」某天晚上，一位課堂成員打電話給我，電話一接通他就說：「去你的！我從課堂回來後就開始寫。我喜歡自己什麼？我花了一個小時才寫出一條，接著又花了一個小時寫出第二條。現在晚上十一點了，我才寫出五條！」在十週的課程中，這對他來說是最重要的一項功課。

這個功課很重要，所以不要著急，慢慢寫。在繼續下一步之前一定要寫完。

第三步：**在別人面前把自己的優點說出來。**對於我們自己的優點，寫下來容易，說出來就難了。我們會聽到內心那些老生常談的尖叫聲：「不要表現出自以為是的樣子！」不要聽從這樣的聲音，拿起你列出來的清單，找一個朋友，讓對方聽一聽你的優點。想要說出自己的優點是沒問題的，但需要的是勇氣。請記住：改變自我概念很不容易！

如果在成長過程中遇到了挑剔的人，我們內心的那個尖叫聲就會格外刺耳。拉斯說他無法完成第三步，從小他父母就經常告訴他：「不要自以為是。」他高中時是一位表現優異的運動員，運動本來可以幫助他建立自信，但是由於父母的「聲音太大了」，他已經學會要「謙遜」。身為一個成年人，他無法大聲說出自己的優點，他還是覺得父母會因此不高興！聽到這裡，你或許會覺得荒謬，但拉斯並不這樣想。最後，他在討論班上大聲讀出自己列下的清單，臉上掛著痛苦的表情。讀完之後大家都為他鼓掌，他說：「天呀，感覺真好！」

第四步：**這一步可不輕鬆，你要審視自己與他人的關係，做出改變，改掉負面的行為模式，養成「新的自我」。**

很多的自我概念都是藉由他人的反饋來得到驗證。好好地審視自己與他人的關係，哪些關係對你的自我概念具有建設性？哪些關係是害處勝過於好處？如果發現有些關係會破壞你的自我概念，要麼結束這些關係，要麼把它變得更有意義、更正面。要改變已經建立的互動模式很困難，然而，保持一段覺得舒服卻會強化低自我概念的關係，就是在給自我成長的路留下巨大障礙。

布魯斯在擔任緩刑監督官時，經常聽到人們說，對某個出問題的青少年而言，「只需要換一個新的同儕環境」，問題就能解決。事實上，事情並非如此簡單。通常，出問題的青少年不僅需要換一個朋友圈，他們還需要改變對自己的感受。這些青少年會選擇接受符合他們自我概念的回饋，同儕的關係會大大地加強他們現有的自我概念。會有這種現象的部分原因是：他們選擇了這個群體，因為這個群體是他們自我概念的折射：「我和這些人待在一起很自在。」

人們往往會追隨固有的模式，會去追求能夠強化現有自我概念的人際關係，因此要改變你們的關係可能會是一件極為困難的事。但是，如果你真心希望自我感覺能好一點，你就需要在積極的關係——即有助於你提高自我感覺的關係上下功夫！

第五步：**剷除腦海裡負面的自我概念**。我們都可以聽到腦海裡的聲音，這些自言自語的來源是從哪裡來的呢？或許是父母、老師、牧師或是其他對我們有影響力的成年人。「你要小心，不要讓成功沖昏了頭。自負自私是一種罪惡。你覺得自己很聰明，是嗎？」這樣的話是具破壞性的，它們阻礙你提升自我概念，雖然本意其實是想要聆聽者有規矩、有控制力，但糟糕的是，這樣的說法對我們既無幫助又無成效。

身為一位成年人，我們可以選擇是否繼續傾聽這種話語。把你腦海裡的「錄音」播放出來，然後再寫下來。想一想，這些話是否恰當？站在成人的角度，分析這些「父母說過」或是「孩子氣」的話，判斷這些話在自己所處的生活階段是否理性、健康。找出那些妨礙良好自我感覺的說詞，然後扔掉它們。也許，你還需要心理諮詢或治療，或是找到會丟救生索給你的朋友，又或是在自我反省中表達自己的不良情緒。寫下或是錄下想說的話，無論如何，你需要把這些過去的情感垃圾清空，不要讓這些情感垃圾控制你，成為生活的負擔。對於之前的不良感受，你要把它們攤開來，曬出來，表露出來，說出來。接著，就必須做到放手——你正在提高自己的自我概念，不要讓這些東西成為你的路障。

第六步：**在紙條上寫出自己的優點**，然後把這些紙條貼在家裡顯眼的地方。聽起來也許會有點傻氣，但對於離婚復原討論班裡的塔米來說真的很有效。例如，把紙條貼在鏡子上或是冰箱上，上面可以寫下這樣的讚美：「你有甜美的微笑。」之前你列出了二十項喜歡自己的事，你可以拿其中的內容來寫在紙條上。

塔米參加的是週末討論班，她看起來心如死灰。她很難集中注意力，但這種練習卻對她有效。第二週，她告訴大家，她為自己寫了大概一百多張紙條，連馬桶上都貼了一張！她變了，脫胎換骨地變了！為自己寫紙條讓她有了巨大變化。這樣的變化很罕見，但是塔米的例子讓我們知道，積極主動的努力能爆發出什麼樣的潛力。

第七步：**敞開心扉，傾聽來自他人的正面評價**。人們通常只會聽見自己想聽的話，如果你的自我價值感低，你就只會聽到別人對你做出的負面評價。當有人表揚你時，你就會否定它、忽視它，或是將它解讀為：「哦，他們只是說說而已，並不是真心的。」有些人遮蔽了正面的評價，因為他們的基本自我概念認為：這些正面的評價與實際情況並不相匹配。那麼你該怎麼做呢？下次，有人表揚你或是讚美你的時候，不要再遮蔽這些正面評價，你要讓它深入你的內心。對你來說這可能會很困難，但是你一定要打破只傾聽負面訊息的模式，這一點非常重要。你聽到正面評價之際，就是你提升自我感覺的時候。

第八步：**在自己的行為上做出具體改變**。找出在你的個性中你想要改變的部分，也許你想要和更多的人打招呼，也許你想要準時上班或上學，也許你不想繼續在小事上拖延，例如每天早上整理床鋪之類。要改變什麼就從這週開始做出決定，並且每天都要做到。要制定容易執行、能夠做到的改變，這樣你才能感受到成功。開始的第一週，不要替自己設定不可能完成的大改變，不要讓自己感受到挫敗。

你可以在日曆上標示，可以當成是每天都給自己一點小獎勵。等到一週結束後，你就能回頭看看：「我辦到了！我做出了改變！在這一方面，我變得不一樣了。」完成這一步之後，下週再走出第二步，做出另一個小改變。開始吧！連續幾週後，你會發現自己有了顯著的改變，自尊也會隨之提高。

第九步：**多一些擁抱！**這是最有趣的步驟之一。我們幾乎到了害怕用身體接觸來表達感情的地步，也許這與我們過分強調「性」，以及對待性的保守態度有關。有些人不肯擁抱是因為害怕被拒絕；有些人覺得擁抱會侵犯他人的個人空間。親切的身體接觸和兩性之間的身體接觸是有區別的，很多人都不知道其中的不同之處，所以他們都避免互相接觸和擁抱。很多群體已經克服了這個障礙，甚至有的群體根本就沒有這種忌諱，所以親密接觸對他們來說更為自在。

朋友的溫暖擁抱富有深意，遠勝過語言的表達。擁抱有助於治癒情感傷口，能夠幫助你快速改善自我概念。擁抱可以給我們自由，讓我們的內心感到溫暖，並改善我們的自我價值感。「有人願意擁抱我，其實我還不錯的！」這或許是我們聽到最暖心的話。你若是能克服對肢體接觸的恐懼，甚至要求別人擁抱你（如果你覺得沒有得到足夠多的擁抱），你就能大大地改善自我評價，而且享受這個過程！

第十步：**努力與他人建立有意義的互動交流**。離婚後，在與親密朋友互動時，人們通常會經歷一些最重要的成長。在交流過程中，你們要坦誠相待，可以和對方說說你從未說出口的事情。這樣做效果會如何？到時候你就知道了！這樣的對話就像是一面鏡子，你能從中看到別人眼中的自己。

第十一步：**你可以選擇進行心理治療，以求增強自我概念。**在專業人士面前，你可以暢所欲言。有了專業人士的引導，你可以更快地改變自我概念。

如果你認真執行上面的練習，也能得到討論班學員身上發生的變化。你失去的不過是對自己的不屑！這一段路程是你成長的重要部分。這個重建方塊會影響你整個人生的許多方面，勝過其他任何重建方塊。

孩子的自我概念最脆弱

父母離婚也會大大地破壞孩子的自我概念。他們的生活突然發生了天翻地覆的變化。孩子覺得被拋棄，覺得孤獨，覺得被疏遠，也許還會覺得內疚，他們會質問自己做錯了什麼，造成父母的離異。

如果孩子正處在成長階段，這階段本身對自我概念就是一種威脅，若再加上父母離婚，他們的調適過程就會更複雜了。最能說明問題的就是以下這個例子。有證據顯示，對於大多數孩子而言，初中是成長和發育最為艱難的時間。我們聽過很多成年人談論自己在初中時有多痛苦、多困難。青春期意味著身體會發生巨大的變化：身高、體重、第二性徵、體毛，還有聲音的改變。突然，他們的自我認同，或者說他們對自己是誰的認知也在改變。他們經歷著各種的新態度和感受，例如開始對異性感興趣。這時，同齡人對他們的影響就變得更為重要了。即使在周圍環境都是最為有利的情況下，這個階段的快速變化對青少年的自我概念來說也是莫大的壓力。他們原本就要經歷自身發生的極端變化，還要應對父母離異帶來的壓力，他們的自我概念當然就更有可能受到影響。

和自己的孩子一起進行本章的練習，對孩子是一種幫助。事實上，這樣的練習有助於增進家庭成員間的交流、提升自我概念，然後幫助孩子一步一步地走過來。

你現在過得如何？

這一段路程走得如何？看看以下的清單。再次強調，這個部分非常重要，一定要給自己充裕的時間。如果你對清單裡的大部分內容都能泰然處之，那麼你大概就已經準備好繼續攀登了。路上小心！

1. 我願意努力提升自我概念。
2. 我想要提升自我概念，即使我知道生活的許多方面都會隨之改變。
3. 我就是我，我喜歡自己。

4. 我覺得自己是個有魅力的人。
5. 我喜歡自己的身體。
6. 我覺得自己有魅力，能吸引異性。
7. 大多數時候，我是有自信的。
8. 我了解自己，懂得自己。
9. 作為女性／作為男性，我覺得蠻好的。
10. 我不再因為親密關係的結束而覺得自己是個失敗者。
11. 我覺得自己能夠建立深刻有意義的人際關係。
12. 我覺得自己是個值得交往的人。
13. 我正依照本章節列出的十一個步驟嘗試提高自我概念。
14. 我覺得自己必須說出口的那些話對他人而言是重要的。
15. 我覺得我對於自己是誰有了一定的認識。
16. 我希望並且相信自己能夠提高自我概念。
17. 我有信心能解決現在面臨的問題。
18. 我有信心能調整並適應當前的危機。
19. 我能夠心平氣和地傾聽別人對我的批評。

第十二章

過渡

徹底與過去告別

早期的經歷對我們的人生有著極大的影響。童年時期養成的態度和感受，以及與家人、朋友和愛人之間的關係，對於你打造新的人際關係一定會產生影響。有些態度和感受對你是有幫助的，而有些則並非如此。有些過往留下的東西會為你的成年生活造成問題，例如，想要反抗過去的約束（像是父母的規矩）卻無法實現，或是希望爭奪掌控的權力。我們應該找出其中有價值的東西，保留它們，滋養它們。至於那些阻礙你成長的東西，就要著手改變。

「當我是個孩子時，我說著孩子的話，用孩子的眼光理解這個世界，我的思維也像個孩子；但我長大後，就把孩子的事丟到身後了。」

——聖保羅（聖經哥林多前書，第十三章十一節）

現在，我們的重建登山之旅已經完成了一大半，在繼續攀登之前，應該先仔細審視一下所攜帶的行囊，很多人可能帶了許多不需要的東西。鮑勃回憶他的第一次背包旅行：他攀登的是加利福尼亞州的內華達山脈，他背著一公升的水到達一萬一千呎高的營地。到了山頂時，他才發現自己竟然多背了一公升的水走過五哩的雪地。

過往生活中沒必要保留的東西，你是不是還吃力地馱在背上呢？它們也許是上一段婚姻留下的，也許是你與父母相處時留下的，也許是在學校與朋友相處時留下的，又或是成長道路上接觸過的其他人留下的。現在，你應該卸下這些不必要的負擔！在本章中，我們將會檢視最常見的包袱有哪些，它們從何而來，我們該如何處理它們。

布魯斯觀察到，離婚的人大多沒有意識到有四項主要包袱的重要性與影響力：原生家庭的問題、童年經歷的影響、混亂的叛逆期以及權力爭奪中的挫折和無助。這些因素通常直接造成重要戀情的結束。

這四種影響力相互重合，很難徹底劃分，但我們可以大致這樣區分：你出生之前，父母家裡發生的事情是原生家庭影響。你出生後一直到搬離父母家之前，發生的事情是童年影響（其中包括學校、教會和社會）。家庭和社會對你懷有期待，但你想要找到與此不同的個人認同，這是叛逆期。權力爭奪就是綜合上述三種領域中所有未解決的問題。

原生家庭影響

原生家庭就是你成長的家庭。你的父母、兄弟姐妹、祖父母、姑姑嬸嬸、叔伯、舅舅等都會大大地影響你的家庭觀念。在這個階段，很多你獲得的理念都有可能是健康的，但有些並非如此。

現在請回想你自己婚姻的開端。新娘人生中「最具影響力的長輩」是誰？新郎人生中「最具影響力的長輩」是誰？這兩位長輩結合在一起會是什麼情境，你大概就能猜到自己日後的婚姻模樣。（例如，布魯斯人生中最重要的長輩是他父親，他前妻人生中最重要的長輩是她祖母。這兩人從來沒有見過面，如果他們真的碰面了，那肯定是一場災難！）不過仍然有希望的是：我們可以擺脫原生家庭的互動模式。但是很多人應該都看到了，離婚的其實是你與配偶身上彼此父母的影子。

布魯斯問過很多不同國家的聽眾以下這個問題：「你們當中有多少人想要擁有和父母一樣

的婚姻？請舉手。」舉手的人沒有超過百分之五。如果我們不想要父母那樣的婚姻，我們想要的是怎樣的婚姻呢？

有些原生家庭的影響力顯而易見，而且容易讓人理解。我們支持的政黨和隸屬的宗教團體通常都與父母相同，也住在同一個地方。我們之中有些人叛逆，獨闢蹊徑，選擇完全不同的道路。即使叛逆，原生家庭依然是叛逆的重要元素。

其它還有很多較不明顯的影響。布魯斯說：「我前妻來自一個女權至上的家庭，而我的家裡則是男性為主。我們兩人受原生家庭的影響之一就是，協議決定誰來當家做主。（她認為我勝利了，我認為她贏了。）」

另一個問題就是金錢的處理方式。布魯斯的經驗是：「我母親家裡的男性在財務方面不太負責，於是她學會了節省和財務的管理。但我母親還是擺脫不了她原生家庭的影響，嫁給了一個和她家人一樣對財務不負責任的男人。」很多人結婚是為了逃離原生家庭的影響，結果卻發現自己讓這些影響繼續留存在生活中。你或許會說：「這聽起來不合理。」、「如果你家裡父親的性格比較強勢，怎麼會是你母親在管理財務呢？」

透過家庭社會學的研究可以找到答案，而這可能也適用於你的家庭。與表面現象相比，實際上「家庭主婦」往往擁有更大的權力，不過她們是以一種微妙、非直接的方式行使這種權力。爸爸表面上好像是當家做主，但實際卻是媽媽在掌控經濟大權。你結婚了，你覺得你丈夫或是妻子會不同於自己的父親或母親，結果你卻變成了自己的父親或母親，這聽起來讓人覺得困惑。你還記得第四章裡討論適應行為模式時做出的解釋嗎？在童年性格形成期，如果有需求沒有得到滿足，大多數人就會發展出適應行為，而這樣的適應行為通常就是成為「父親」或「母親」，亦即給予對方你自己想要得到的東西。

對原生家庭的影響感到懷疑嗎？你可以試一試這樣的練習，對你會有幫助。人類有各種情緒：憤怒、內疚、拋棄、孤獨、恐懼和親密感，你生命中最重要的長輩是如何應對這些情緒的呢？列出一份清單。而你自己又是如何應對的呢？也列出一份清單。比較一下兩份清單，你就能更清楚自己與對自己影響最大的長輩之間到底有何相異之處。如果我們沒有質疑原生家庭的影響，也沒有超越原生家庭的影響，我們處理各種情緒的方式，就會和那位對自己影響最大的長輩差不多。順便一提，列出這份清單後，當我們詢問到底這位「最重要的長輩」是誰，處在離婚過程中的人說出來的往往不是父親和母親。當父母親在實質上或情感上並不存在時，很多人會找一個「替代的父母」來彌補這種空缺。

若是父母沒有給我們足夠好的養育和教導，我們往往會在配偶身上尋找這種缺失。每個人心裡都有一種需求，希望我們的伴侶能彌補父母沒能給予的東西。對有些人來說，這種需求很大，而另一些人在這方面的需求則比較小。如果情感關係中出現了這種渴望對方彌補的現象，這樣的關係往往不會有很好的結果，因為很少有人樂意為配偶換尿布或餵奶，以彌補配偶童年缺失的父愛和母愛。

當然了，原生家庭的問題是非常複雜的，滲透到我們生活的各個方面。我們無法在這本書中做更詳盡的探討。出生順序、成為家裡的替罪羔羊、隱私界限、家庭三角關係（父親、母親和子女構成家庭的基本三角，這個三角決定了家庭的基本結構，同時決定了家庭中其他關係的進一步發展）、規矩和傳統、家裡的秘密、藥物濫用等家庭問題，嚴重影響了我們本身以及我們和配偶之間的關係模式。這裡不再討論原生家庭的問題，而是做一個簡單的結論：我們都需要清醒地看到原生家庭對我們的重大影響，然後學會如何在未來的關係中處理這些影響。

終結原生家庭帶來的負面影響

琳達就是原生家庭問題沒有得到解決的典型例子。琳達與父親並未達到和解，當她意識到丈夫諾亞和自己的父親很像時，她的婚姻開始走向盡頭。我們可以用兩種方式來解釋。第一種可能是：諾亞像琳達的父親，她嫁給諾亞是因為雖然這種關係有壓力，讓人感到痛苦，但這樣的感覺是熟悉的。另一種可能是：琳達的丈夫並不像她父親，可是等到琳達開始治療父女關係時，她把諾亞推了出來，當成是治療的對象，這樣才能完成未盡之事。琳達對丈夫說：「你就像是我父親，總是告訴我要這樣做、那樣做。」這樣的指責也許並非事實，但琳達長久以來累積了許多對父親的憤怒，因此諾亞就成了她眼中頤指氣使的人。

當夫妻的一方或是雙方開始覺醒，意識到自己的婚姻與父母的婚姻非常相似時，問題就會出現了。他們必須勉強接受自己父母的那種婚姻（不再嗤之以鼻），或者是不得不把自己的婚姻變成自己想要的模樣。如果兩種都不能實現，他們就很有可能會認為自己的婚姻失敗。（事實上，婚姻本身並沒有失敗，失敗的是沒有終結原生家庭的負面影響。）

童年影響

在生命的最初幾年，我們接受了很多有關自己、世界和人際關係的信念，我們了解自己的感受，學到了自我價值感；我們學習這個世界是否安全，是否可以相信周圍的人；我們學習感受被愛，如果覺得沒有得到足夠的愛，我們就會學習如何適應；我們可能會害怕被拒絕和遺棄；我們會學習了解自己是「不錯的」或是「不怎麼樣」。

你是否曾經嘗試讚美一位看上去不怎麼樣、自尊低落的人？你們之間的對話通常會是這樣：

「我喜歡你的髮型。」

「哦，我只是洗一洗而已，沒有什麼特別的。」

「你剛剛做的真好。」

「沒有，這是任何人都可以做到的。」

讚美的話讓他們感到不自在，因為他們內心裡的小孩並不認同你說的話。他們從很小的時候就開始相信自己「不怎麼樣」。在性格養成階段，如果有某一部分的成長和發展沒有完成，那麼在成人關係的某個層面上，就會嘗試去進行解決。若他們在人生早期養成低落的自我價值感，可能會想在婚姻中改善並提升這種感受，但是因為他們並不相信配偶的讚美，所以阻止了自己的成長。「你說你喜歡我的頭髮，你這樣說只是想讓我高興而已。」

要改變一個人「內在小孩」的信念，並不是幾句讚美的話就能做到。如果內在小孩有自尊心低落的問題，此時可以特別著重在第十章的內容，也許需要再多花一些時間回到第十章的重建方塊（務必要完成練習作業）。

另一個深遠的童年影響就是情感聯繫，在理想狀況下，這種情感聯繫建立在人生的第一年。若是父母能自在表達親密，不斷地緊緊抱著自己的孩子，凝視他們的眼睛，那麼孩子就能學會親密。如果孩子在早期沒有學會建立情感聯繫，他們通常會和成年後的戀人一起完成這個過程，但他們通常不清楚什麼是親密關係，甚至可能會遠離想要與他們建立親密關係的人。他們想要親密關係，但一旦感受到親密，卻會以某種方式「停止」。

終結童年的負面影響

有很多關於終結童年負面影響的案例。一個孩子氣且不負責任的男人，他可能會怨恨妻子表現出像母親般的行為，於是他出軌了，開始另一段戀情。仔細了解後會發現，這個男人又找了另一個像母親般的女人來滿足孩提時期沒有滿足的願望。外遇關係不能解決他的問題，無法滿足內在小孩所提出的需求，才是他最重要的問題。

如果你想要更深入地了解原生家庭問題和早期童年經歷對成年生活的影響，我們強力推薦你閱讀維琴尼亞．薩提爾的經典著作《家庭如何塑造人》。

叛逆期：通往成年的崎嶇之路

我們需要反抗父母，反抗他們立下的規矩，從而成為獨立自主的人。在我們早期的不良經歷中，最常見的就是需求沒有得到解決。如果你或你的配偶把這種負擔帶進你們的情感關係中，就有可能會危及你們的關係。青少年在成長過程中都會經歷一個叛逆期，在這期間，還未完全成人的少年想要尋找個人認同，這是青少年發展的必要部分，卻往往為家庭關係帶來極大壓力。

我們一路走向獨立的成人階段，中間要經歷哪些關鍵的發展階段呢？布魯斯為這些關鍵階段分別命名為：蛋殼階段、叛逆階段（外在和內在）以及感情階段。

•蛋殼階段

這階段就是我們小時候還會順從父母的話、想要取悅父母的時期。在此時，孩子的道德觀和政治觀與父母都是一樣的，同屬一個教會，孩子的舉止行為大多都是父母期待的那樣。蛋殼期的孩子基本上就是父母的影子，就像是母雞下的蛋，沒有自己的特色。

處在蛋殼期的人整個腦袋都是禁止的詞彙：「大家會怎麼想？我必須小心行事，按照要求做。我要遵守社會的規則和規定。我必須遵循社會對我的要求。」

十幾歲的時候，或者稍長一些，我們開始了叛逆期，破殼而出。整個過程包括：改變行為模式，做「不應該」做的事情，挑戰界線，想要知道到底可以做到什麼程度。這個階段是絕對的實驗階段，我們想要嘗試各種不一樣的行為。蛋殼裡面的小雞開始長大，有了自己的生活，開始謹慎地探索蛋殼外的世界。還處在叛逆期的成年人的語言會是：「我要自己做。我不需要你的幫助。要不是你，我會成為自己想要成為的人。別理我！」叛逆階段有兩個部分：外在叛逆和內在叛逆。

•外在叛逆階段

當我們感受到內心的各種壓力之際，通常就會開始出現認同危機，此時，再繼續背負原生家庭、童年和社會的「各種應該辦得到的要求」，就過於沉重了。我們開始覺得背負各種要求的行為是過度負責，是追求完美，是取悅他人，或是逃避感受。於是我們就像是在肩膀上扛著地球的阿特拉斯（Atlas，希臘神話中的天神，是泰坦巨神族，他被宙斯降罪用雙臂支撐頂住天），厭倦了這一切。叛逆的配偶想要逃走，他（她）也許會表現得像一個叛逆的青少年，尋求不同於父母和社會所賦予的認同。

處於叛逆期的行為是可以預測的（是不是很有趣？想要打破規矩的叛逆是如此可預測，如此符合規律），以下是外在叛逆階段的典型行為：

1. 這些人覺得不幸福，覺得壓抑，覺得窒息，覺得受到了禁錮。他們覺得是自己的配偶造成了自己的不幸福，他們投射出來的語言是：「只要你改變，我就會幸福。」他們把自己的不幸歸咎於別人，尤其是他們的配偶。

2. 有些事情曾讓他們覺得不自在，但現在他們反而開始做這些事情了。他們樂在其中，並且不理解為什麼其他人不像自己一樣，他們覺得這些事情棒透了。他們的配偶說：「這個人變了，不再是我結婚時認識的那個人。」

3.他們覺得自己活到現在都過分負責，現在他們不想這樣做了，他們要當一個不太負責的人。他們找一份責任小的工作，可能的話，他們甚至會乾脆辭職。有個人的配偶進入了叛逆期，她說：「我有四個孩子，我丈夫就是其中之一，他就像是我的大兒子。」

4.他們找到了可以交談的人，他們對自己的配偶說：「我沒有辦法和你交談，但那個人理解我，願意認真的傾聽我說話。」他們找到的人通常會年輕一些，可能會發展成他們的戀人。這看起來像是外遇，但處在叛逆期的人通常否認自己外遇。大家都覺得他們有外遇，然而這種關係往往是柏拉圖式的。

5.處於外在叛逆階段的人的措辭通常是：「我在乎你，但是我不愛你。我原本以為自己懂得愛，但現在我不知道了。我不太清楚自己是否愛過你。」、「我覺得結束這段關係才能找到真正的自己，我需要一些情感空間，我需要找到自己的世界，而且我不想繼續捲入你的世界了，我希望做我自己。」、「你讓我想起我的父母親，我不想和這樣的人在一起，一哩外我就能感受到他們的壓力。」

上述這些行為若出現在某段關係中，那麼這段關係會結束就不足為奇了。當一個人出現以上言行，其配偶通常都會信以為真，並覺得對方的行為是在針對自己，在感情和心理上會變得非常煩惱。其實，此時人們應該放鬆心情，靜觀其變，看看叛逆階段的配偶身上會發生多少成長和變化。我們要了解，身處叛逆期的人正處在某種心理階段，他們的所作所為和自己沒有什麼關係。這些叛逆者正在試圖擺脫過去的人和關係，卻常常在這個過程中失去自己的配偶。

●內在叛逆期階段

在叛逆的過程中，當人們有足夠的勇氣和洞察力來審視自己後，就進入了內在叛逆階段。這個時候，他們意識到戰場是在自己的內心，從本質上來說，這是一場「應該」和「想要」之間的戰爭。他們意識到自己想要從原生家庭和社會的期待中分離出來，這場戰爭是內心之戰，而不是反抗配偶和其他代表父母形象的戰爭。面對處於叛逆期的人，配偶們往往會決定等待，想要等到叛逆者再次「回歸理智」，認為到時候兩人的關係又會恢復正常。這樣的配偶把叛逆者視為「病人」，並不覺得自己有責任解決這個難題。

另一方面，叛逆者的配偶在情感方面感到心力交瘁，煩惱不堪。面對叛逆行為，配偶信以為真，把過錯都怪到對方身上，他們沒有認清情感關係是一個系統，若是這個系統出了問題，他們也有責任。如果他們不認為情感關係是一個系統，不認為自己有責任，他們就沒有勇氣和力量去完成自己需要做的功課。

叛逆不是偶然的。叛逆者的配偶通常都是父母型的人，在某種程度上，也許是無意識地，這位配偶找了一個需要被照顧的人。「我知道什麼對他來說是最好的，但他就是不聽！」這一類人想要掌控局面，所以一旦對方「失控」，他們就很難接受叛逆的對方。叛逆者的配偶不應該等待暴風雨結束，而是應該利用這個機會自省，盡可能地實現個人成長。

●感情階段

最後，叛逆者開始有了自我認同，如此一來，他們就能依據愛來做出人生的選擇，而不再受限於「應該怎麼做」。他們會更愛自己，更愛他人，尤其是更愛自己的父母。

感情階段中的語言開始出現接受和理解的詞彙：「我的父母已經盡力了。他們曾犯過錯，我對他們也有過很多的憤怒和煩躁，但他們已經非常努力了，我能夠理解並且接受。」

這個階段之所以稱為「感情階段」，是因為我們有了獨立的認同，能夠像一個成人一樣地愛別人，不再因為幼稚的期待而愛對方。在蛋殼階段，我們做自己應該做的事；在叛逆階段，我們做不應該做的事；到了感情階段，我們做自己想要做的事。很多時候，感情階段的行為與蛋殼階段很相似，但背後的動機完全不同。處在感情階段的我們不再想要取悅他人，我們取悅的是自己。

總結

下頁表12-1總結了這三個階段的歷程，這份表格列出了每個階段的典型特徵（包括語言、行為和成長階段等方面），也許對大家會有幫助。但是請別忘了，每個人在這三個階段的表現都極具個人特點，雖然有可循的模式，但每個人的表現都有獨特之處。

我們在多年的離婚復原討論課堂上，看過很多這三個階段的實際案例。某天晚上，艾洛絲來上課的時候，她看起來非常生氣，原因就是前夫拉里正在經歷叛逆階段，給她帶來很多的不愉快。拉里在蛋殼階段時是學校校長，但他因為不想承擔那麼多的管理責任，所以就辭去了校長職務，轉為全職的教學工作。他和另一個女人有了戀情，他們「有很多話可以聊」，這能幫助他發現「自己是誰」。當然了，這段新關係讓拉里非常興奮。

有一天，他小兒子去看他，拉里送兒子回家時順便帶了一箱衣服，裡面還有一張便條紙，拉里對艾洛絲說自己的新戀情真是棒極了。可想而知，艾洛絲因此火冒三丈！當時我們那週的討論內容就是叛逆階段，艾洛絲開始了解到拉里究竟是怎麼一回事，拉里在嘗試成長，嘗試要扔掉過去的垃圾。她了解了目前的狀況，她的部分憤怒也隨之消失。

我們在課堂上解釋這個概念時，格蕾琴變得非常激動。她丈夫以前是大學教授，後來在經歷叛逆階段時，跟自己的一個學生私奔了。在了解這套成長發展理論之前，她覺得這件事簡直

表12-1　成年的三個困難階段

	蛋殼階段	叛逆階段	感情階段
語言	「我應該做什麼？」 「你要我做什麼，我就做什麼。」 「照顧我！」 「你是我的一切。」 「我只希望你開心。」	「都怪你。」 「我不需要你幫我。」 「走開！」 「我自己會做。」 「只要感覺對就去做。」	「我已經考慮過其他的可能性。」 「我會對自己的選擇負責。」 「也許沒用，但我想試一試。」 「你和我都能得到快樂。」
行為	順從、聽話。 願意照顧他人（覺得自己應該如此）。 謹慎、不冒險。 重視責任義務，而不是選擇。	自我中心、自私。 不負責任、怪罪別人。古怪、不可預知、粗心大意。 幼稚、喜歡和年輕人玩。 喜歡跑車、亮眼的衣服、性。	自我提升、尊重他人。 有責任感、懂得變通、開誠布公。 願意冒險，能從錯誤中吸取經驗。 根據事實做出選擇。
成長（自己）	開始信任自己。 開始冒險。 開始坦率地交流。 開始承擔責任。 開始嘗試新行為。	嘗試正面的活動：課堂、娛樂、運動、交友、愛好、社區活動。接受心理治療（和配偶一起？） 和配偶、朋友、心理治療師交談，保持道德倫理的平衡。	提高自我意識。 提高自我接受度。 學習坦誠的交流。 結交親密但非曖昧的朋友（純友誼）。 清楚表達自己的憤怒。 在親密關係中保持獨立和相互依賴的平衡。
配偶	鼓勵配偶追求成長。 減少對配偶的依賴，如果有需要，共同接受治療。 做好迎接「叛逆階段」開始的風暴。	保持穩定和耐心，允許配偶成長，耐心地陪配偶交談，鼓勵一起進行心理治療。認清配偶叛逆的對象是蛋殼階段中的行為，不是你。	

是瘋狂至極。現在她明白自己的丈夫查爾斯是想要擺脫過去的各種期待，找到自我認同，從原本被視為瘋狂的舉動中，她看到了一些理智（這點未能挽救她的婚姻，但至少她覺得自己能理解了）。

比爾告訴大家，三年前他的婚姻經歷了一場危機，當時自己的妻子夏洛特正處於叛逆階段。他和妻子接受了婚姻諮商，心理治療師阻止了妻子的叛逆行為，鼓吹她「做應該做的事情」，其實就是要她停留在蛋殼階段。比爾說，他覺得那是個錯誤。後來婚姻持續了三年，最後夏洛特的成長壓力和叛逆的需求突然再次爆發，她變得「完全不負責任」，一走了之，甚至連一件衣服都沒有帶走！整整三週的時間，夏洛特都沒有跟比爾聯繫。回想這些痛苦的往事，比爾說，或許人們應該注意自己的心理治療師究竟處在成長發展的哪個階段！

許多人會問，是不是只要有一方經歷叛逆階段，婚姻就必須結束？有沒有什麼方法能繼續這段婚姻？叛逆者應該怎麼做？如果他（她）能夠關心自己的內心，意識到自己與過去父母之間的內心互動，也許就能直接處理這些應該做到、需要做到和各種期待的問題。討論自己的叛逆，而不是用行動表現出叛逆，這樣對周圍的人和親人的破壞性就會少許多！

參與心理治療、大學課程、社區服務、各種體育運動或是其他的創造性活動，可以在婚姻當中為叛逆找到情感空間。叛逆者需要各種機會嘗試新的行為，嘗試新的交往風格，嘗試與配偶之外的人互動。叛逆者經歷的是內心的矛盾，和配偶其實並沒有太大關係，如果夫妻雙方都能認清這一點，那麼成長發展就是叛逆者自身內心的事，不會為雙方的關係帶來壓力。

處在叛逆期的人必須明白：自己的叛逆過程是內心的需求，不是對方的責任。他們應該努力治癒「內在小孩」，因為他們照顧人的方式和控制的行為都起源於自己沒有得到滿足的需求。

驚濤駭浪的權力爭奪

擠牙膏的正確方式是什麼？怎樣打開捲筒紙才對？很多夫妻都會為了這樣的問題爭吵，這些事情從未獲得解決，即便他們自己認為已經解決了。每個人都覺得自己無力控制有問題的關係，雙方都覺得無望與無助，也厭倦了爭吵。這場戰爭可能充滿火藥味，兩個人互相大聲嘶吼、火冒三丈、口出惡言。它也可能是一場冷戰，彼此沉默不語、離家出走、板臉噘嘴，或是有其他很多看似被動卻是在爭取控制權的行為。

兩個人不再交談，或是不再分享彼此的感受。他們開始用「你」開頭的句子。除了吵架時感受到的虛假親熱感，他們已經不再尋找彼此間的親密。沒有人想認輸，所以兩個人都會想盡辦法取得勝利。

權力的爭奪就像是火爐上的食材。雙方內心沒有解決的問題都投射在婚姻當中，都放進了這鍋正在燉煮的菜餚中。他們覺得別人應該對自己的幸福或是不幸負責，以這樣的信念當作鍋底的火苗。結婚時，他們認為從此可以過著幸福的生活。沒錯，在蜜月期間，他們的確過著幸福的生活。等蜜月結束後，有時他們就不太幸福了，以前對方帶來的是幸福，現在帶來的卻是不幸。當他們覺得另有他人需要對自己的幸福或不幸負責時，就等同於放棄了自己的權力。

平息權力爭奪

如果夫妻雙方能夠承認自己內心尚有未解決的問題，這場權力爭奪就能轉變為成長之痛。權力的爭奪可能與前面提到的蛋殼、叛逆、感情階段中的絆腳石有關，但生活中各個層面或是夫妻各自的性格，都可能有未解決的問題。夫妻關係裡的權力爭奪其實是個人內在權力爭奪的投射，當自身無法面對與解決的問題投射到婚姻關係中時，這鍋燉菜就會一直熬煮下去。在下列的情況中，可以減少權力的爭奪：

- 雙方都能學會談論自己的感受。
- 兩個人都要開始說「我」為開頭的句子，而非「你」。
- 兩人都能承認自己仍有未解決的問題。

● 互相把對方當作婚姻關係裡的導師，想著對方是在幫助自己更加了解自我，而不是在投射傷害和責備。

拋開包袱

生活中的任何轉折點都不會是一帆風順的，在這個重建階段攀爬的路程的確會非常崎嶇艱難。想要清醒過來，明白自己的婚姻為什麼會結束，這往往是很困難的，甚至可能會非常痛苦：人們通常只能看見別人眼中的刺，卻看不見自己眼裡的梁木。

當布魯斯還是青少年緩刑監督官的時候，他會為問題家庭安排為期一週的家庭心理諮詢。他發現，如果雙方在參加心理諮詢時，想的是探索自己能學到什麼、自己能做什麼改變，諮詢往往都會有成效。如果雙方期望的是另外一個人需要改變，這樣的家庭諮詢通常是失敗的。

日後，當你在攀登重建高山的路上，看到某個人在面對父母形象的權威人物時，總是表現得像叛逆的青少年，你心裡就會明白是怎麼一回事。這個叛逆者努力想要實現的是情感上的成長，想要獲得自己的獨立認同，想要擺脫過往的期待和控制。即使你很想以父母的角色去告訴他該如何注意自己的行為，但你最好還是收起這份心，保持原本的成熟穩重，然後對自己說：「目前這樣對他來說可能是最好的。」也許你自己依舊還處在蛋殼階段，本身就需要藉由某種叛逆來提高自我價值，來找到更適合自己的自我認同！

你是否注意到，在攀登重建的路上，自己的確進步了許多！現在的你總算可以面對並整理過去的包袱，這代表你能夠以更為廣闊的視野來看待生活和自己了。回想看看，當你在重建這座高山的山腳下時，你在情感上痛不欲生，對身上的包袱有多麼無能為力。

孩子的轉折點

大多數的孩子和父母一樣，在處理父母對自己的影響時會有些問題：原生家庭、童年經歷、叛逆和權力爭奪。畢竟孩子只能依靠有限的人生閱歷來判斷他人的行為。

在這個過程中，他們受到了極大的影響，感受到內心的痛苦。父母有問題，孩子該怎麼辦呢？成長中的孩子會與其他重要的大人交流，來得到某種形式的治療（別忘了，孩子還在經歷自己的原生家庭問題和童年經歷）。如果孩子有了繼父或繼母，之前與親生父母間的問題往往會繼續出現在孩子與繼父母之間。這種情況能否改變呢？可以的，但前提是：身邊有理解孩子的大人，孩子能夠得到他們的幫助，學會該如何處理以前的情緒（例如，改掉破壞性的適應行為），學會該如何與大人建立新的關係。

輕鬆完成轉折期的練習

- 對你影響最大的長輩是誰？對你配偶影響最大的長輩是誰？如果這二人生活在一起會是怎樣的場景？你想像的場景和你過去的這段關係之間有沒有相似之處？
- 你的愛情結束了，你的原生家庭對此有什麼影響呢？
- 面對憤怒、愛、恐懼、內疚、親密和衝突，你的原生家庭是如何應對的？你又是如何應對呢？
- 你覺得前任是否像自己的某位長輩呢？你之前的婚姻是否與自己父母的婚姻相似呢？你想擁有和自己父母親不一樣的婚姻嗎？怎樣才能創造出自己想要的婚姻？
- 你覺得自己童年時和父母的感情深厚嗎？在與另外一個人密切相處時，你覺得舒服嗎？你在童年時有沒有培養出良好的自我價值感？你和父母的關係都不錯嗎？你與配偶的關係、以及自己與父母的關係，兩者有沒有相類似呢？
- 本章節將叛逆過程分為：蛋殼階段、叛逆階段和感情階段。你的父母處在哪個階段？你的前任呢？你呢？
- 你們的戀情結束了，是否與叛逆的過程有關係？
- 你們分手了，當時你們是否處於權力爭奪的過程中？你結婚時，是否想著從此以後就可以幸福地生活了？你是否覺得他人應該對你的幸福或不幸負責？你和配偶之間有權力爭奪時，是否發現自己內心某些沒有解決的問題在爭奪中也產生了作用？例如：（女性）在對抗丈夫的時候，是否希望自己也能如此對抗父親？（男性）有沒有開始對自己負責，而不是讓妻子像母親一樣地溺愛你？

- 透過本章的學習，你是否發現自己需要改進的地方？改變自己之後，再開始一段健康的戀情吧。

你現在過得如何？

按照底下的清單檢查自己的狀態，然後再繼續重建的旅程，接下來我們會探討開誠布公的溝通有多重要，然後將討論愛情——愛情晦澀難懂，卻時時存在於我們的生活中。

1. 我知道自己還留著上一段戀情所遺留下的包袱。
2. 我不再埋怨他人，而是開始處理自己的包袱。
3. 我開始建立新的人際關係，這樣能幫助自己清除包袱。
4. 我明白：若想扔掉包袱，我必須要改變自己的態度和意識。

5. 成長發展的三個階段是：蛋殼階段、叛逆階段和感情階段，我知道自己處在哪個階段中。
6. 我思考過配偶處在成長和發展的哪一個階段。
7. 我思考過我的父母處在哪個階段。
8. 叛逆的形式有消極破壞性的，也有積極的，我能區分兩者的不同。
9. 配偶的行為和叛逆期有關，我能理解並且接受。
10. 我知道蛋殼階段、叛逆階段和感情階段在一生中可能會出現好幾次。
11. 我嘗試關懷自己，保持強健穩定的內心。
12. 在投入下一段長期穩定的戀情之前，我要盡可能地拋棄過去的包袱。

第十三章

坦誠

原來我一直躲在假面具背後

面具是虛假的臉孔，是你想投射給周圍的人的非真實感受。有些面具應該存在，但有些面具是不應該戴上的。戴上面具，你就能隱藏住自己感受到的，或是害怕感受到的情感痛苦，但戴上面具會消耗大量的心力。戴上面具，你在情感上就和他人疏遠了，就無法建立親密關係。在適當的時候摘除面具，找到的就不是情感的痛苦，而是一份親密感。

離婚之後，因為想要認識更多的人，我參加了一場小型戲劇的演出，擔任其中一個小角色。有天晚上排練的時候，我突然意識到在婚姻中，我一直都在背誦台詞。我不是真實的自己，只是一個悲喜浪漫劇中的角色。

——斯科特

我們一路攀爬到現在，大多數人對自己以及過去的戀情都有了更多的了解。你或許已經很清楚為什麼會走到離婚這一步，現在我們希望你開始思考另一個問題：如何避免在未來出現類似的錯誤。

愛情能天長地久的關鍵之一就是率真。面對配偶，你確實有坦誠相待嗎？你對自己坦誠嗎？或者說，你是否常常躲在「一切都還好」的面具之下呢？

面具和坦誠

大家偶爾都會戴上面具。有時，你不希望別人知道你的感受，此時「面具」就會很方便，像盾牌一樣遮住內心真實的情感。正因為如此，面具投射出一種與內心不同的態度、情感，保護自己不受面具下痛苦的侵擾。那是什麼樣的痛苦呢？可能是害怕被拒絕，害怕別人不喜歡自己，害怕覺得自己不夠好，或只是覺得沒有人真的關心自己。

小孩不會像成人那樣戴著面具，這也是為什麼和孩子相處時會覺得如此愉快。當我們逐漸成熟變得「社會化」後，就會慢慢地開始戴上面具。這並不是刻意要欺騙別人，只是戴上面具後與他人的互動就會更加順利。

但是，有些面具並不能幫助我們與他人建立聯繫，這些面具讓我們在情感上與對方保持了一個安全距離。畢竟，率真時常讓人望而生畏。

你的面具是什麼顏色？

我們是否可以舉些例子說明面具是什麼樣子呢？

有些人，只要你在情感上接近他們，他們就會開始說各種幽默笑話——這是幽默面具。類似的還有「芭比娃娃」面具。每當你開始認真與他們談論重要的事情時，就會立刻看到他們臉上戴起了芭比娃娃般、永遠不變的幸福笑臉。

許多處於離婚階段的人都掛著「我很堅強」的面具。他們想要投射出一種「隨時都能掌控局面」的形象，永遠都不示弱，可是他們的內心卻是充滿著各種迷惘和無助。

幾乎所有離婚的人都是如此，經歷過親密感情的康妮也不例外，在她和克里斯的婚姻中，克里斯讓她覺得很溫暖，但接著她就被烈焰燒傷了，這讓她對感情上的親密有了畏懼之心。現在，她用盡各種方式在感情上與他人保持疏遠，戴著一張眾所皆知的「別惹我」、憤怒十足的面具，有效地將人拒於千里之外。

誰戴上了面具？想遮掩什麼？防的又是誰？

有些面具並沒有太大的用處。戴上了這些面具，我們抗拒的正是自己所渴望的東西：親近、親密、與他人在一起時的安全感。但因為我們受過傷害，所以害怕這種親近和親密。

瑪麗安戴上了面具，她覺得周圍的人都無法理解自己，不懂她真正的感受。可是後來她才知道，別人不僅看穿了她的面具，甚至比她更了解自己。面具就是這麼詭異：我們欺騙的往往是自己，而不是別人。瑪麗安覺得戴上了面具，別人就無法看見自己內心的痛苦，但我們卻因為這副面具而看得比她自己還清楚。

面具會阻止你了解自己，而不是讓別人無法了解你。其實你是在對你自己否認痛苦，這種行為就像鴕鳥一樣，以為把頭埋進沙堆裡別人就看不見牠，其實只有牠自己看不見自己。

面具會成為負擔

有時候，我們在佩戴面具的同時會投入大量的情感。

你無時無刻都戴著面具，從來沒有做真正的自己，總是表現出自認為「應該」有的樣子，這是一個很沉重的擔子。佩戴面具需要消耗很多的心力，甚至會使你難以承受，結果就是你會再花更多精力去戴著面具，而不是去了解自己，實踐個人成長或是做其它更有益的事。

試著想像：躲在一個又大又厚的面具後面會是多麼的孤獨。我們偶爾會活在自己的世界裡，外人無法真正地去了解某人面具背後的內心想法。當你越感到孤獨，就越會創造更厚實的面具。面具的厚度和你感到孤獨的程度之間，是有直接關聯的。

總是戴著厚實面具的人，一旦在心理諮詢或與朋友談心後取下面具，就會有如釋重負的感覺，也能有更多精神與體力去做其它的事情。

當傑夫還是一個小孩時，他就開始戴上面具了。他很早就知道，想要得到愛或是安慰，就必須表現出「討人喜歡」的行為。他學會了照顧別人，但其實是他自己想要受到照顧。他在學校的成績都是A，但他並非真心在意成績的好壞。他學會把感受都埋在心裡，他不會坦率待人，不與他人交流自己的感覺。他在成長過程中的理念是：愛與他無關，只要戴上「好孩子」面具，他就能得到愛。他認定坦誠並不重要。

促使面具形成的大部分原因就是：我們沒有感受到無條件的愛，我們不覺得做自己就能得到愛。

一起吃午餐吧：我的面具會打電話給你的面具

想像一下這樣的畫面：你戴著面具，有人想吻你——現在你懂了吧！

當你戴著面具的時候，別人是很難接近你的。藉由這樣的畫面，我們就可以明白面具在你與另一人之間的溝通中會有什麼作用。思考一下，因為我們戴著面具，所以收到的都是一些拐彎抹角的訊息！若是能坦誠該有多好。當然，面具是有應該戴和不應該戴的分別。

工作時與他人接觸所戴的就是「應該戴」的面具。你戴上「樂意為你效勞」的面具，會投射出效率和能力，這種面具使你與他人在工作的互動更為順暢。但是下班回家後，和朋友或是和配偶在一起時，這樣的面具就不應該再繼續了。它會拉開你和配偶之間在情感上的距離，阻礙直接交流，扼殺坦誠，讓你們兩個人都無法做自己。如果你想要獨處，當然可以戴上面具，可是對於親密關係而言，它卻是有害的！

選擇

你選擇的面具或許是你應該戴的，但如果是面具選擇了你，那就很不適當。面具為什麼會選擇你？因為你無法自在地表達出內心感受，從這個角度來看，就是面具控制了你。很多時候，你佩戴的面具控制了你，而你卻渾然不覺。

準備好摘下面具了嗎？

我們如何決定是否摘下面具？處在離婚期的某個時段，你會覺得該是摘下面具、嘗試坦誠的時候了。現在時候到了嗎？

如果摘下面具，會發生什麼事呢？找幾個可靠的朋友，試試看摘下面具，摘下自己的面具後，是否真會如自己想像般遭受拒絕？看看朋友能接納幾次，自己會因此受到幾次的傷害？還是能變得和別人更親近？看看自己摘下面具後是不是反而感到更自由？

當你找到一個可信賴的朋友，想要摘下自己的面具時該如何做？你可以這樣說：「你知道嗎？有時我在你面前的表現並不真實。你一接近我，我就會開始開各種玩笑。我利用『玩笑』的面具來保護自己不受傷害。我害怕受到傷害，或者說，我覺得自己會受傷害，所以我就會開各種玩笑。不應該開玩笑的時候，我也開玩笑。可是這樣做會讓我無法更了解你，也阻礙你了解我。我想要讓你知道，其實我戴著面具。我和你說的同時，我的面具就去除了一部分，我想要在你面前摘掉全部的面具。」（在本章的後半段會有「摘掉面具」的練習。）

你摘掉面具後，有些朋友可能會傷害你，他們無法面對你面具下所隱藏的感受。你會如何選擇呢？如果繼續戴著面具，你就無法了解對方，你會選擇這樣嗎？要是選擇摘掉面具，坦誠相待，就有可能會受傷或被拒絕，你會這樣做嗎？如果你們的關係處在可能發展為戀人的階段，那麼你就應該問問自己想要什麼樣的戀情，是坦誠、親密、彼此信賴的戀情，還是你們二人繼續戴著面具相處的戀情？你絕對有權在兩者中進行選擇。

如果你是因為內心的痛苦而戴著面具，那麼摘下面具的其中一部分就是在處理內心的痛苦。身為心理諮詢師，我們通常會讓前來諮詢的人接觸自己面具下的痛苦，然後表達出來。莎倫離婚時想要堅強，總是處於自我控制的狀態。她的心理醫生鼓勵她談論內心的痛苦和迷惘，她抱持遲疑做了。後來她明白，人處在一個迷惘的階段時，會感到迷茫是正常的，摘下面具、處理自己的迷惘對自己是很有幫助的。她在心理治療期間，透過幾次的談話，她才完全承認了內心的痛苦，然後開始進行有建設性的應對策略，最終得以摘除面具。

很多在分手時受到傷害的人都會戴起面具，其中一些面具是為了隱藏分手的痛苦，而離婚後攀登重建自我的這座高山，有部分內容就是要學會摘下這些面具。

面具背後的自我

我們心中都有個小小的「自我」，是住在內心裡的真實自己。我們圍繞著這個自我發展出不同的性格——就是外界看到的我們。我們的自我藉由個性與外界、周圍的人互動交流，在理想狀態下，這會是一種雙向的交流。

如果我們穿上厚重的外殼，或是築起一道牆，又或是戴上面具「保護」自我，互動的路徑就會被面具阻擋，此時我們就失去了從自我到他人、再從他人到自我的雙向交流，而訊息交流的途徑也變成了從面具到他人、再從他人到面具。（當然，其他人也可能是戴著面具！）

這種情況下，你的自我沒有真正參與互動交流。如果一直戴著面具，你的內在自我就會飽受飢餓，永遠見不到陽光，永遠得不到滋潤，無法成長。你內在的自我會變的越來越小，或者說自我的影響力會變得薄弱，到最後甚至連你自己都找不到自我認同的存在。同時，你的外殼卻是變得更加堅硬了。

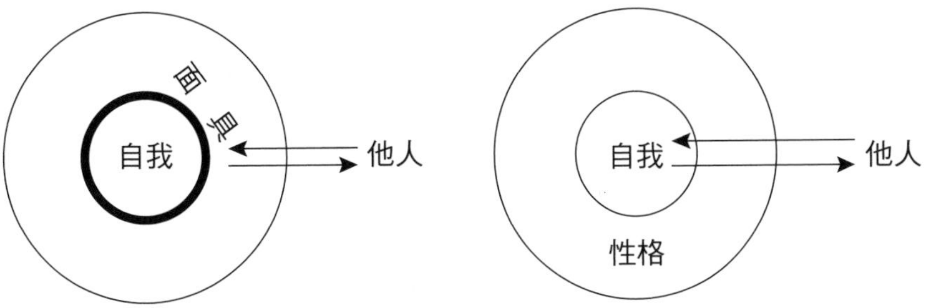

這個模式還有另一種形式：你或許只蒙蔽了一部分的性格，而非全部。我們從圖中可以看到，你性格裡的某一部分戴上了厚厚的面具，阻礙了這部分的交流，但其他部分還是能與他人有所互動。

布魯斯在當緩刑監督官時，他發現有些青少年很容易相處，有些防禦性很強。後來他研究出一個模式：容易相處的人通常與父親有良好關係，所以比較能和類似於父親角色的監督員進行良好溝通，而那些與父親在一起時感到不自在的年輕人，他們在與布魯斯溝通時同樣會感到彆扭，這樣的年輕人在內在的自我和權威的成年男性之間戴上了厚重的保護面具，阻礙了雙方之間的交流。他們在面對女性緩刑監督官時或許會輕鬆些，尤其是當他們有良好的母子關係時更是如此。

你是誰？

你了解自己嗎？你清楚你的自我認同嗎？很多人是因為缺乏自我認同而選擇戴上面具。他們不知道自己是誰，或者說他們不知道自己真正的感受，所以沒有辦法做到坦誠。他們戴上面具，然後面具越變

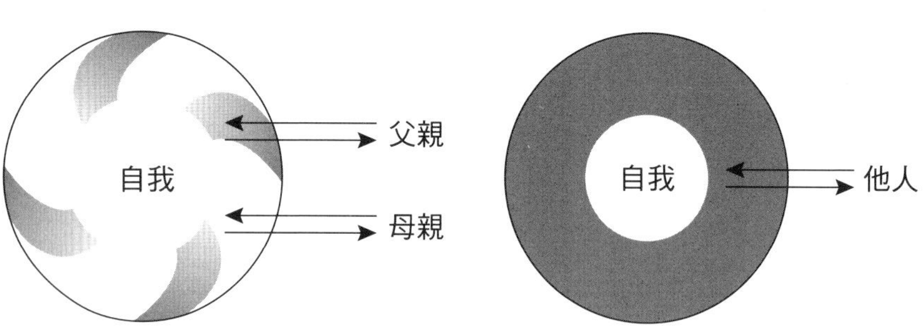

越厚重，內在的自我也就越來越難以辨認。很快地，這些人便完全與自我認同失去了聯繫。其實他們原本是有足夠的支持和勇氣去追求自我成長的。

如果你想要摘下面具，就必須盡力做到坦誠率真。每當你與他人分享一件從沒說出口的事情時，你就已經摘下一張面具。當你尋求他人的回饋時，往往能從中看到之前不了解的自己，如此一來，又摘下了阻礙你了解自己的部分面具。

若想擺脫不應該存在且對你沒有幫助的面具，就必須盡可能地在別人面前坦露自己。你需要與他人建立起聯繫，這之中要包含坦誠、有意義的交流互動（別只是滔滔不絕地談論自己）。這類的互動模式有助於你摘除面具，讓內在的自我得到成長，在誠實和坦誠的基礎上建立你與內在自我、以及你與你所愛的人之間的關係。

很多人的內在小孩都處於極度的恐懼中，非常害怕走出來。如果你有感受到這種恐懼，尋求專業的心理諮商會對你有所幫助，這非常安全且能幫你內在恐懼的小男孩或小女孩走出來，進而使你能對自己坦誠。

走向坦誠的練習

- 坐下來，把你使用的面具全部寫下來。分辨哪些是應該戴上、哪些是不應該存在的面具，找出不合適你的面具。

- 檢視自己的內在，努力感受自己的情感。看看能否找到自己面具底下的恐懼或痛苦，又或是兩者都有。為什麼自己非要迴避與他人的親密關係？這些面具很有可能是在掩飾某種恐懼，看看自己的恐懼是否合理？或是你的恐懼其實是之前與他人的負面互動方式所造成的？
- 找一位或數個自己覺得放心、信任的朋友，把這項練習的內容告訴他們，讓他們知道你想要摘下現在正戴著的面具。向他們解釋，摘掉面具後，它就不能像以前那樣控制你。告訴他們你心裡感受到的恐懼，這些恐懼阻礙了你與他人之間坦誠、誠實和親密的關係。請別人也誠實對待你，你和朋友之間坦誠、有意義的互動，能幫助你擺脫一直戴著的面具，幫助你找回因戴著面具而消耗掉的情感精神。

孩子的面具

面對自己的孩子時，你有多坦誠、多誠實呢？當你們的關係發生了會直接影響到孩子的重大事件時，你是否有告訴孩子呢？當你們分手時，你是如何將這個消息告訴孩子的？你對待孩子的方式是否前後一致、始終不變？面對孩子時，你是否言行一致？孩子能夠信任你嗎？

有一次，在針對孩子的離婚復原討論班裡，我們詢問一位十三歲的小女孩，問她覺得自己像哪種動物，她回答說：「很簡單。和爸爸在一起時，我是一個樣子。和媽媽在一起時，我又是另一個樣子。我努力的討好他們兩個人，讓他們不會難過。所以我是一條變色龍。」

當我們感到痛苦不已時，很難真正地用心傾聽孩子的心聲。孩子的任何言論都能輕易地讓我們感到傷心和難過，所以他們的言語和行為就會變得小心翼翼。通常孩子會認為自己有責任要照顧我們，和我們感同身受，他們很害怕讓我們更加難過。

即使是在我們難以承受的情況下，我們都應該鼓勵孩子說出實話，說出他們的想法和感受，若是你在聽完後做不到不評判或保持心情平靜，那就替他們找一位較為客觀的人來與他們交談。

孩子們的世界已經被打碎了，他們不知道接下來會如何。如果他們能和父母坦誠率真地交流互動，或至少能與一個可以理解他們的大人談心，孩子便能感受到自己也參與了解決問題，而不會一直責怪自己。

你現在過得如何？

在繼續攀登之前，先做個自我測試吧。

1. 我能開始辨識自己所戴的面具。
2. 我想要更坦率的面對我所在意的人。
3. 雖然很害怕，但我願意去面對面具下隱藏的恐懼。
4. 我勇敢地將自己一直隱藏的恐懼告訴一位可以信任的朋友。
5. 我請一位可以信任的朋友為我提供一些誠實的建議。
6. 我開始了解到愛情中坦誠的重要性。
7. 我可以更為自然地做到坦誠。
8. 在必要的時候，我可以選擇戴上應該佩戴的面具。
9. 我不再受面具的控制了。

第十四章

愛

真的有人在乎我嗎？

很多人都必須學習以一種更為成熟的方式去愛人，愛別人的能力與愛自己的能力是緊密相關的。學會愛自己並不是自私和自負。事實上，這是極為符合心理健康的行為。你可以透過一些具體的步驟來學習如何更愛自己。

愛就像一束玫瑰：你不記得如何買到這束花，你只記得她收到玫瑰時眼裡的愛意。愛就像是背對壁爐坐著，看不見跳動的火焰，卻能感受到溫暖。愛是世間最棒的禮物，但是，你必須把愛給自己。

——艾德

我們沿著山路攀登，看到了詩人在岩石上為愛情所留下的評論。我們對愛情的了解大多都來自於詩歌。有人曾在學校做過討論愛情本質的家庭作業嗎？現在你願意花一點時間來做這份「家庭作業」嗎？請在底下空白處寫下你對愛情的定義。（我們探討的是兩個人之間的愛情，而非父母對孩子的愛、精神戀愛或是人類的愛。）

愛情是：____________________

在離婚復原調適的討論班裡，很多人都做過這樣的練習。對離婚者而言，這是一項非常困難的任務，甚至對任何人來說都不太容易。典型的離婚者會這樣說：「我原本以為自己知道什麼是愛情，但現在我覺得自己應該是不知道。」很多人認為自己沒辦法為愛情下定義。愛情就像是鑽石，你可以從許多不同的角度來觀看它，它沒有所謂的正確或錯誤的定義，你對愛情的定義就是你所感受到的愛情。

在我們的社會中，很多人都把愛情模式化，把愛情解釋成替他人做些什麼或是對別人做了什麼。很少有人知道，愛情應該是以你的內在為中心，愛別人的基礎是先愛自己。《聖經》教導我們：「愛人如己」，但若是你不愛自己呢？

這樣的愛情似乎有些自私自利：「愛情就是某人滿足了你的精神需求，為你帶來溫暖的感覺。」這不算是愛情，而是需求的定義。在這樣的定義下，我們不是完整健全的個體，我們因為有情感的不足，所以必須藉由「愛上另一個人」來彌補這些缺陷，我們希望在對方身上找到自己欠缺的東西。換言之，我們是「半個人」，藉由找到另一半而變得完整，但事實上，一個完整的人的愛情會更為成熟，也更有可能長久。

帶著愛情墜入愛河

你或許聽過「有魚鉤的溫暖魚餌」，什麼是溫暖的魚餌呢？就是對別人示好，例如「我愛你」這類的話。這時候的我們大多仍在苦苦掙扎想要實現自我。如果你自己的生命水桶是空的，當你對別人說「我愛你」時，其實你很有可能是在說：「請來愛我。」對方聽到這種溫暖話語會一口吞下去，於是就上鉤了。一個見底的水桶說出「我愛你」，代表它的感情通常具有操控性，而豐滿水桶的愛情則會讓對方做自己，讓對方感到更為自由。

關於愛情的另一個問題是：人們把墜入愛河誤以為是結婚的正當理由。然而，到底什麼是「墜入愛河」？這似乎更多時候是為了擺脫孤獨，不是真的對另一個人有溫暖的感覺。為了擺脫孤單而愛，這不是真正的愛情。孤獨阻礙了我們與他人的親密，而在我們擺脫孤獨後，隨之而來的溫暖感並不是愛情。

有時我們愛的並不是對方，而是理想化的對方。一旦意識到理想和現實之間的差異，幻像就會破滅，愛情也隨之褪去，關係便結束了。愛上理想化的對方後，如果夫妻雙方能夠實現成長，度過這一階段，就有機會發展出成熟的愛情。有些人能在愛情中實踐這種成長，他們之間的愛會變得更為成熟。而對有些人而言，只有在這段不成熟的愛情結束後，他們才能成長。

很多人的愛情觀都不夠成熟。他們覺得愛一個人就是替對方或為對方付出；愛就是照顧一個人；愛就是得到；愛就是控制；愛就是「永遠不必說抱歉」；愛就是永遠堅強；愛就是保持溫柔。

雪莉曾經認為愛就是要永遠保持溫柔，所以當她的戀情出現問題後，仍努力想保持溫柔來改善這段不健康的關係。有人在課堂上問她，既然妳都已經好好地對他了，為什麼還是行不通。雪莉回答：「我想是因為我還對他不夠好。」

無條件的愛：毫無保留

很多人（或者說大多數的人）在成長過程中都沒有得到足夠的無條件的愛。所謂無條件的愛，就是父母或是他人不是因為我們表現好才愛我們，而是愛我們原本的樣子。由於他人並非無條件的愛我們，慢慢地我們就發展出不成熟的愛人方式。要克服這種過往經驗是很困難的，但我們終究還是能夠了解到：成熟的愛就是愛自己原來的樣子。同樣地，愛別人就是愛他（她）本來的樣子。無論你如何表達自己的愛，若你能感受到這種無條件的愛，那麼你就已經學會了成熟的愛。有了成熟的愛，在所愛的人面前，你就可以徹底地做自己。

對很多人來說，要放棄不成熟的愛是非常困難的。他們一直都是藉由這種不成熟的方式來獲得安慰，受到注意，感受到美好的感情。但到了最後，他們意識到自己被迫不斷地更加努力，才能贏得自己渴望的愛。這就好像是：不得不退而求其次，才能得到一些善意的對待，而不是藉由學會愛自己來得到真正的認可。

我們需要得到無條件的愛，可是這種需求卻常常沒辦法得到滿足。在孩子眼裡，父母的愛被視為是無條件的，畢竟大多數父母都能給孩子基本的食衣住行需求和實質的關愛。由於孩子的認知有限，這一切看起來似乎是無條件的愛，孩子認為這種愛是無限的，是萬能的。

然而隨著年齡、成熟度和認知的增長，我們意識到人們隨時可以因為某種原因而停止對他人的愛，死亡也可以終止這份愛。對成年人而言，在情感上他們很難接受有「無條件的愛」存在。

也許可以從另一個角度來思考這個問題：我們可以學會無條件地愛自己。這聽起來有點像「拎著鞋帶把自己提起來」（意即只憑一己之力重新振作），這其實是要你接受自己本來的樣子：你是獨一無二的，沒有人和你一樣。接受自己，你就會覺得自己是個不錯的人，開始感受到對自己的愛。

如果童年時期的你並沒有得到愛，你就很難做到愛自己。對於許多人來說，藉由信仰——相信一個至高無上的力量能為自己帶來這種無條件的愛，會是很有幫助的。

現代社會中普遍存在心理疾病的問題，這讓我們因此從另一個角度去審視愛。我們發現：解決心理問題其實就是在彌補無條件的愛的缺失。如果從心理診斷的角度抽絲剝繭、直達核心，就能發現許多情感上的問題，都源於個體缺乏愛別人和被愛的經歷。

我們時常把自己學到的愛的概念教給自己的孩子。如果你「愛的方式」是不成熟的，那麼你的孩子往往也會學到不成熟的愛的方式，如果你希望自己的孩子學會以成熟的方式去愛，想要他們感受到無條件的愛，你就必須先學會愛自己！這樣你才有能力去愛孩子，讓他們感受到無條件的愛。

之所以特別強調無條件的愛，是因為無條件的愛是人類成長過程中非常重要的特質。若你能明白自己是有價值的，你就是你，無論如何都能被愛，這將會是你給自己與孩子最珍貴的禮物。（請注意，我們並非提倡不負責任或是反社會行為，而是承認我們都有不盡完美的部分，我們鼓勵你學會全然地接受自己，「毫無保留」地接受自己。）

像你愛自己一樣

回頭看看在本章開始時你寫下的「愛」的定義。在離婚復原課堂上，很多人對愛的定義都包含了「以愛他人為主」，他們認為愛是「以他人為中心」，而不是他們自己。大多寫的是：愛就是照顧，付出，並且讓對方感到幸福。幾乎沒有人的定義裡是包含了「愛自己」的這種成熟概念。

我們來看看大家對「愛」的定義。如果你的愛情中心是放在配偶身上，而你們的關係又結束了，那麼你就會突然失去重心；稍早也談論過這個問題，如此一來，離婚就更令人感到痛苦了。假如你是個「完整」的人，知道如何愛自己，那麼情況會如何呢？遭遇離婚的你依然會感到痛苦和受傷，但這種感受不具毀滅性，你仍然是一個完整的人。

對於那些「愛情的中心不在自己內心、又沒有學會愛自己」的人來說，離婚帶來的傷害會更大。他們會覺得自己不值得被愛，或是無法愛別人。很多人會花大量時間和精力向自己證明自己值得被愛。為了療傷，他們很有可能立刻開始尋找下一段戀情。他們可能在性方面變得非常開放，與遇到的任何人發展出各種形式的關係。這類型的人大多無法分辨性和愛的不同，他們認為只要走出去、與人發生性關係後，自己缺乏並且需要的愛就會跟隨而來。有時對他們來說，更貼切的說法是，「我和你有性關係」，而不是「我愛你」！

在第二章和第六章都討論過，在分手後這段艱難的日子裡，較為明智的做法是不要急著找尋新戀情。你可以多結交朋友，直到你在愛自己這方面有了明顯的進步後，再開始下一段戀愛關係。這個問題會在第十六章進一步討論。許多人從來沒有真正學會愛別人和被愛，他們有時候愛別人卻不讓自己被愛，這看起來似乎會輕鬆容易一些，所謂的「想要愛另一個人」，或許只是隱藏「自己渴望得到愛」的一種手段。

你的愛有多溫暖？

布魯斯說了一個他在離婚時所經歷的事件：

當時我參加了冥想課程。我們閉上眼睛坐著，冥想有一股能量穿過身體的不同層次，最後到達頭頂。我跟隨自己的冥想，感受到有一股溫暖的力量慢慢地在體內湧起。在老師指導冥想的過程中，當這股暖流來到胸部的位置時，指導老師說：「此時，你們當中有很多人會感受到這股能量從胸口流失。如果你有這種感覺，就想像自己的胸口有個蓋子正擋住這股暖流，使它無法流漏出去。」老師的描述和我的感覺完全吻合，令我十分驚訝！

等到指導結束後，我問老師：「我閉著眼睛坐著，一句話也沒說，你是如何知道我們的感受？」她回答：「很多人都有能量從胸口流失的感覺。」她認為這些人相信愛是對別人或是為別人做些什麼，他們的愛是以他人為中心的，而非自己的內心，因此能量就從胸口流向別人了。他們把愛放置在他人身上，沒有充盈自己的生命之桶，於是造成自己在情感上的枯竭。

對此，我想了很久，然後定下目標，要用更適當的方式來愛自己。我想讓自己的愛變成溫暖的火光，在我的內心燃燒，溫暖我自己，同時溫暖我所接觸的人。我的朋友不需要證明他們值得被愛就能感受到溫暖，他們只需要接近我內心的那團火焰，就能感覺到溫暖！

有承諾的戀情是親密的，那個特別的人只要靠近我，就能從我內心的火焰中感受到特別的溫暖。

那麼你呢？你的內心是否也燃燒著火焰？或者你內心的火焰已經熄滅了？我們內心的火焰既可以溫暖自己，也可以為周圍的人帶來溫暖，所以我們應該悉心照料自己內心的火焰。

表達愛的方式

我們的生活詮釋了我們對愛的定義，如果我們認為愛就是賺錢，那我們就會把時間花在賺錢上。我們用行動表達出我們對愛的定義。你用什麼樣的行動表達出你對愛的定義呢？你在生活中看重的是什麼？你的行為表達出你對愛的定義，你對它滿意嗎？或者你想改變？請仔細地想一想。

關於我們愛別人的方式，有一個有趣的悖論。每個人表達愛的方式都是獨一無二的，而每個人都認為自己的方式才是愛在這世界上唯一的表達方式！我們很難明白一個道理：除了自己的表達方式，世上其實還有其他的愛的表達方式。

戀愛時，你必須明白自己表達愛的方式，同時必須明白對方表達愛的方式，這一點很重要。也許來看一看不同的表達方式，才能更了解自己和他人。加拿大多倫多大學的社會學家約翰・艾倫・李（John Alan Lee）對愛的方式做了深入研究，總結出愛的九種類型，我們對此深感佩服。以下將他的九種方式做簡化，列出六種方式提供你參考：

浪漫式愛情：它很溫暖、很有感覺、很能撥動情緒。這是一種「觸電般」的愛，看到你所愛的人，你會有各種激動的感覺（事實上你的身體也有生理變化，例如心跳加快和體溫上升）。這往往是一種理想化的愛情，你會去追尋並找到讓你有這種感覺的「唯一的人」。許多流行歌曲唱的內容就是這一種愛。浪漫的戀人往往愛得很深，除了浪漫的愛情，還有性關係。不讓浪漫的戀人得到性，就像是不讓嬰兒得到食物。性是這種愛的重要組成部分，這種愛的感受和情緒都非常豐富，與其他形式的愛相比，浪漫式的愛比較不穩定。

友誼式愛情：這種愛並沒有豐富的感受和情緒。這種關係一開始就是相互喜歡，接著就「自然而然」地發展成為更豐富的關係，就是所謂的愛情。這種愛較為冷靜，沒有浪漫式愛情的激情。對友誼式的戀人來說，性不是非常重要的，通常在關係開始之後很久才會有性。這種愛情是最持久的類型之一，即使是離婚後，雙方都還能當好朋友。這種愛的基礎是互相尊重和友情，並不是強烈的激情。

遊戲式愛情：這種愛情方式視戀情為遊戲，需要雙方遵循一定的規則。浪漫式的愛人渴望的是親密，遊戲式的愛人對此卻不感興趣。事實上，他們可能同時維持著幾段戀情，為的是避免親密感。遊戲式愛情就像老歌唱的那樣：「我不在我愛的人身邊，現在誰在我身邊我就愛誰。」遊戲式的戀人通常會制定自己的遊戲規則，他們的性關係是隨心所欲的。

需求式愛情：這種愛情往往充滿了控制和依賴，這種愛的方式非常情緒化，對愛的需求讓這種關係顯得非常不穩定。這種戀情裡的兩人都很難維持彼此的關係，他們有很強的嫉妒心、控制慾和不安感。很多經歷過離婚創傷的人會選擇這樣的愛，這反映出他們是因為離婚的痛苦而產生出這種需求。離婚後的第一段戀情就是典型的需求式愛情：為了幸福，我要再找下一個。這是一種不成熟的依賴和控制式的愛情。

現實的愛情：這種愛情從現實角度出發，以理性、理智的方式來看待戀人，並判斷這段愛情是否合適。這種戀人會在宗教信仰、政治觀點、金錢觀、養育孩子等方面考量雙方的相似度，會從社會經濟地位、品性和基因方面檢視對方家庭的不足。現實的戀人會在「合理」的情況下才去愛。

利他主義的愛情：利他主義的戀人多多少少會以他人為中心，非常願意滿足對方的需求。利他主義的愛人如果走向極端，為了滿足對方無止境的需求，他們就有可能成為犧牲者。世上的確有真正的利他主義愛人：他們的人生之桶裝得滿滿的，內心強大，能夠非常無私地愛另外一個人。許多利他主義的戀人都有堅定的宗教信仰——他們在「至高無上的存在」找到支撐，自己的水桶一直都是豐滿的。

有一對夫妻前來諮詢，他們的婚姻關係中有很大問題，丈夫是友誼式的戀人，而妻子是浪漫式的戀人。妻子覺得丈夫冷靜的愛情並非是愛，丈夫覺得妻子浪漫的愛不夠穩定長久。丈夫表達愛情的方式是照顧妻子，滿足妻子的需求，在婚姻中和她一直走下去，丈夫認為這就證明了自己的愛。而妻子的要求則是：丈夫必須說「我愛你」，要變換各種花樣來表達浪漫的情思，讓她能感覺到愛和浪漫。丈夫的友誼式愛情和妻子的浪漫式愛情相互搭配得不好，他們對愛的基本理念不相容，所以他們在理解和互動上都是有困難。

我們顯然都是各種方式的混合體，我們在不同的時期會有不同的方式。當你戀愛時，清楚了解自己的愛情是哪一種混合體是非常重要的。

學會愛自己

離婚復原課程裡的學員沿著重建的山路往上攀登，他們經常會問：「我們該如何做才能學會愛自己？」根據我們的經驗，答案並不簡單。但是這裡有一個具體的練習能幫助你學會愛自己。

回想一下你人生中開始出現改變的時候，也許是婚姻最開始出現難題的時候，也許是第一次與心愛的人分手的時候，也許是你開始讀這本書的時候。接著把這些一一列出來：你做出了什麼樣的改變？你經歷了什麼樣的個人成長？你對自己和他人有了什麼樣的了解？在這種掌控人生的過程裡，你是否因此增加了自信？這種自信會讓你感覺良好。你可能會驚訝自己竟然能列出這麼多事情。

已故的著名心理治療師維琴尼亞．薩提爾設計了另外一種方法，這種方法能幫助人們學習更愛自己。首先，寫下五個描述自己的形容詞，接著在每個詞的後面畫上加號或減號，加號代表這是個積極正面的形容詞，減號則代表負面。然後，針對標注減號的形容詞，看看當中是否含有正面詞彙能形容自己性格中的某個特性或某一方面。

討論班裡有個女性學員寫下「惡毒」這個字眼。我們問她為什麼會這樣寫，她說自己的丈夫常常說她惡毒。然後她開始講述丈夫所謂的惡毒是什麼，結果她意識到，丈夫口中的惡毒其實是她在表達自己堅持的立場。一旦理解到：其實只是將同樣的內容貼上不同的標籤、不同的定義，她就能接受自己的這個特性，也就能有良好的自我感覺。

其實所謂的愛自己就是：無論我們是怎麼樣的人，我們都要學會接受自己。正如著名的心理學家卡爾．羅傑斯（Carl Rogers）提出：只要你學會接受自己原來的面貌，就能有所成長和改變，並且成為你想要成為的人。如果你不接受自己的某一部分，你就很難做到改變！這聽起來似乎有些弔詭，不是嗎？

我們都必須明白：在某些方面「看起來不好也沒關係」。我們都曾經歷過創傷，這些創傷在身上的某個地方留下了傷口，我們也都有感受不到愛的時候，這樣的經歷讓我們成為不夠完整的人，但這就是人生的一部分，就是生活的一部分。我們並不完美，因為我們是人。唯有當我們能夠接受自己不好的部分，才會開始有更好的自我感覺。這就是愛自己的開始。

你是否曾想過我們是怎麼學會愛另一個人的呢？我們是為了什麼原因就突然地或慢慢地對另一個人有了愛的感覺？也許是因為對方體貼的行為，也許是因為對方做了什麼滿足你的需求，也許是對方讓你感覺良好。如果你也為自己做一點體貼的事，那會是如何呢？明天請你花點時間，去做讓自己感覺很好的事情，這就是在學習更完全地愛自己。別忘了，你才是最懂得如何讓自己快樂的人。

或許，學會愛自己最重要的一點就是：允許自己愛自己。若你能完全明白愛自己是一件好事，不是自私，不是自以為是，你就能繼續往前走，就能有愛自己的感覺了。

你的成長是別人無法給你的，因此沒有人可以從你身上奪走它。藉由了解自己和他人，讓你的人生掌控在自己手中，也就是說，你不再受任何人的擺佈。你的成長會為你帶來良好的感覺，你要讓身體沉浸在這種感覺之中，讓自己感受這份成就所帶來的暖意。讓自己感受愛，對自己的愛。愛自己是對的，愛自己就是人生的意義！

讓孩子知道他們被愛著

當我們正在煩惱什麼是愛，孩子或許也因為其中一位家長的離開而感受不到被愛的感覺，許多孩子甚至擔心還會再失去另一位家長。這個時後的孩子很需要父母的愛，而父母雖然很想要給他們更多的愛，但因為自己仍處於經歷離婚創傷的期間，所以往往無法滿足孩子的需求。在這個關鍵時刻，父母必須要意識到這個問題，要特別細心地去處理，尤其是要多和孩子坦誠地溝通，告訴他們現在發生的情況，一定要向他們保證父母都是非常愛他們的。

最近有一位母親分享了一個可愛的故事，讓我們覺得為生活付出的一切都是值得的。有一天早上，她三歲的兒子從樓上走下來，坐在沙發上一副沉思的樣子，突然間他抬起頭來說：「你知道嗎？好像每個人都很愛我。這不是很好嗎？」這就是生活中的特別時刻。處在離婚的過程中，我們都會有一段覺得自己不討人喜愛的時候，雖然如此，身為父母最重要的目標是，不要讓孩子產生這種感覺。

你現在過得如何？

在進入下一章前，先檢視一下你愛自己的程度有多少。

1. 我覺得自己是值得愛的。
2. 我不害怕被愛。
3. 我不畏懼愛別人。
4. 我知道我對愛的信念是什麼。
5. 我的生活方式與我對愛的理解相符合。
6. 我能滿足自己的需求，對此我覺得很自在，不認為是自私的。

7. 我能夠接受別人對我的愛。
8. 我表達愛的方式能讓他人感受到被愛的感覺。
9. 我能夠愛自己。
10. 從分手危機開始到現在，我有了很大的個人成長。
11. 我正在努力改善我在愛當中的不成熟、需求和依賴，我要讓自己愛的方式更為成熟。

第十五章

信任

情感的傷口開始癒合

如果你說：「我無法相信男人（女人）！」其實你真正想表達的是你不能相信自己，而不是異性。離婚之後的戀情往往都是基於療傷目的才開始，所以這樣的戀情幾乎都會轉眼即逝。在新的關係中，你可能在重新雕塑並修改自己與父母相處的方式。在內心建立起基本的信任後，你才能感受到令人愉悅的親密關係。

一切都很正常，我也感到很舒服。然後他說出：「我愛你。」我慌了，我請他起身穿上外套，回去他自己的家。

——安

在這段信任之路，你會注意到人們與異性之間多少都會保持一段距離。他們就像是渴望得到食物的野生動物一樣靠近你，可是當你朝他們走過去時，他們卻又躲了起來。他們總是在談論感情，似乎很想有一場約會，可是一旦有人採取行動靠近他們，他們就會一邊逃跑一邊大喊：「離我遠一點！」他們身上的衣服寫著：「你不能信任男人（女人）。」他們有著很嚴重的情感創傷。

情感創傷就是分手之後內心的痛苦，但這種痛苦也有可能來自於更早之前的生活。布魯斯在當緩刑監督官的時候，發現很多青少年都有情感創傷。這些孩子認為：愛就是受傷害。每當他們到了一個溫暖且充滿愛的寄養家庭時，他們就會逃走。痛苦的情感創傷會讓他們在感情上與他人保持距離，這種現象會一直持續到傷口痊癒。有些人的傷口需要幾個月的時間癒合，有些人則需要花上幾年的時間，然後才能在感情上與他人建立親密關係。

這樣的感情、那樣的感情

感情對於離婚的人來說很重要。每當在離婚復原討論班上詢問大家想要討論什麼主題時，每一班都會把「感情」列為最重要的題目。（你有注意過在單身聚會裡，「感情」這個詞的使用頻率非常高嗎？有位女士曾經提議這個詞應該受到審查：只要一出現，就用「嗶」來消音。她實在是聽膩了！在這本書以及我們的討論班裡，無可避免地也會大量使用這個詞，因為真的是找不到其它相近的同義詞呀！）

人們通常會認為，想要證明自己已經調整好的唯一辦法，就是再談一場戀愛。事實上，有些研究離婚的專家也認為，再婚是離婚後調適成功的指標。然而根據一項「費雪離婚調適量表」裡進行的研究顯示，這樣的假設是欠缺說服力的。很多再婚的人並沒有從上一次的離婚中調適過來。

在這種「再次戀愛就能證明自己調適成功」的觀念引導下，很多人都會立即開始尋找新的「唯一的人」。離婚後快速發展出來的健康感情，其主要目的是要治療感情的創傷，這種戀情是暫時性的，並非長期穩定、有承諾的（我們將在第十六章更為詳細談論這個主題）。

你也許曾經聽過：「你必須吻過很多隻青蛙才能找到自己的王子。」但比較健康的說法應該是：「你必須先吻過很多隻青蛙，自己才能變成王子／公主。」如果你能在思維上做到這樣的轉換，就不會在離婚後出現的感情中產生過多不切實際的期待、壓力，甚至是對未來的發展有過度的關切。最重要的問題並不是：「我能和這個人生活一輩子嗎？」重點是：「在我們彼此相處的時間裡，能夠一起從中獲益嗎？」

自由自在地經歷這段感情，幫助治療情感的創傷（或許對方的傷口也同時得到了治癒）。放輕鬆，每天靜心地欣賞日落；停下來，聞一聞玫瑰的芬芳，讓自己的傷口癒合。你必須知道，這些早期出現的戀情幾乎都是短暫的，它們本來就只會在你感情有困難時才出現。當你感到迷惘時，就讓這些早期出現的戀情幫助你整理混亂的思緒，等到你的內心重新塑造出一塊堅定的基石後，你將會有很多時間來發展另一段長遠持久的戀情。

離婚的調整過程大致可分為兩個主要步驟。第一步：學會單身，準備好獨自面對生活，清理過往的碎石。第二步：再次學會愛，重建到足以讓自己堅強起來，能去承擔有承諾的長期戀情並負起責任。若能確實完成第一步，那麼第二步就會輕鬆許多。

感情的形態：身體姿態的練習

這個練習是為了讓你審視自己處在哪一種感情的形態，它稱為「身體姿態」，源於家庭治療專家維琴尼亞．薩提爾的研究。要進行這項練習前，你需要找一位朋友來幫助你。下面的圖畫展示了人們在不同形態的戀情中所表現出的身體姿態。我們來看一看這些身體姿態所蘊含的感受。

一、A型結構的依賴關係

在這種依賴關係中，兩個人會互相倚靠。能夠依賴別人，個體有時會感覺很好，但多少還是會有受限制的感覺。如果有一方想要挪換位置、想要有所變化，或是想要成長，對方就會感到侷促不安。和你的朋友一起模仿圖中兩個人的身體姿態，然後試著說出模仿後的感受。

二、窒息式

青少年在戀愛的時候，常常會呈現這種姿態。以語言來表達就是：「如果沒有你，我就活不下去。我要一輩子和你在一起。我會用盡全力讓你幸福。能夠靠你這麼近，我真的好滿足。」很多戀人間的關係一開始就是這樣，然後會逐漸放鬆，讓彼此有更多成長的空間。對於新戀情的蜜月階段，這種窒息式的相處方式也許是十分重要且非常甜蜜，但一段時間後，最後雙方都會感到無法呼吸。

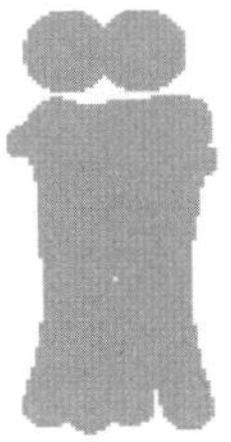

三、寶座式

這種「崇拜式」的戀情表所達的是：我愛你，但不是愛你本來的樣子，而是我心目中你的樣子。我的心中有一個理想化的你，我想要你成為那樣。坐在寶座上是非常危險的，對方對你會有很多期待。從圖片中可以看出，他們之間的溝通存在明顯的問題。由於愛上了心中理想化的那個人，這位崇拜者仰望和互動的對象也是理想化的那個人，而不是現實中的人。這樣的戀情從一開始就有情感上的距離感，所以兩人很難再有更靠近的親密感。

四、主奴關係

主人想的是：我是一家之主，我是老大。家裡我說了算。主人的想法就是如此，所以會期待得到家人這樣的禮遇。別以為男性就一定是一家之主，很多家庭是由女性作主，掌控家中的各種決定。

在大多數的情況下，兩人之中會有一個人的個性比較強硬一點，這並不一定是壞事，但如果雙方的關係一成不變，且總是由其中一個人來

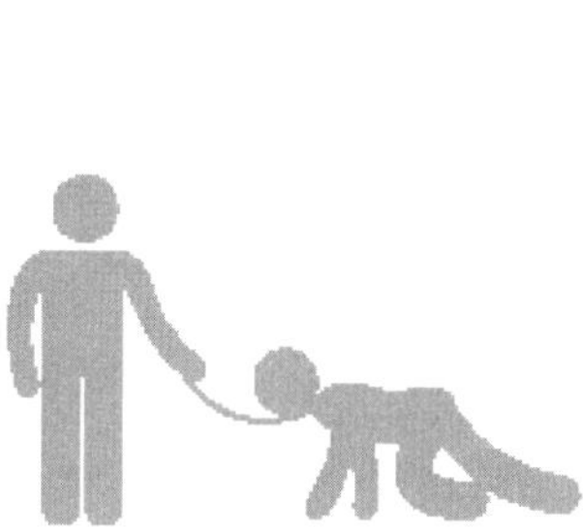

負責所有的決策，那麼雙方的感情就會開始疏遠，兩方的地位也就不平等了。兩人保持「主人和奴隸」的身分時，通常會消耗掉許多的情感和精力，導致權力的爭奪，進而擾亂雙方的溝通交流和親密感。

五、寄宿式：背對背的戀情

兩人手肘相交，達成了共同生活的協議。這是一種沒有交流和溝通的感情。典型的表現就是：回家，坐著，一邊吃東西一邊看電視，然後剩下的時間就是各做各的事情，兩人之間沒有任何情感的表達。試一試這個姿勢，你就會注意到，如果其中一人往前移動或是做出改變（例如：成長、成熟），另一方就會被迫隨之變動。這是一種限制性很強的感情，許多人在分手前，都會認為自己處於這樣的感情中。

六、烈士型

為了另一方，其中一方完全地犧牲了自己，永遠為別人做事，從來沒有為自己留一點時間，「主動要求」被踩在地上。請別被愚弄了！這種看似很低階的姿態，其實是非常具有控制性的。你注意到了嗎？躺在

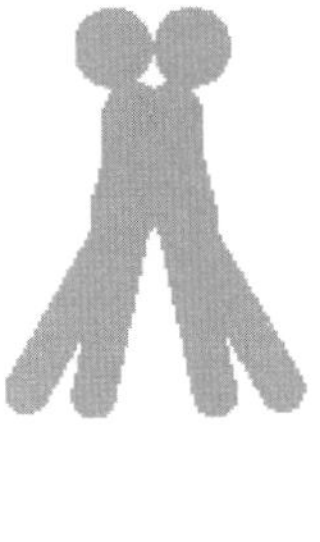

地上的人一旦改變他的位置，把腳放在「烈士」身上的人就會失去平衡。烈士是如何取得控制權的呢？你猜對了，就是內疚感。若有一個人為你做任何的事，無微不至的照顧你，你怎麼有辦法對他生氣發怒呢？

烈士是控制他人的高手，和他們一起生活是很艱難的，你會因為非常內疚而無法表達出自己的需求和憤怒的感受。也許你的父母之中有一方就是烈士的角色，想一想自己和這位家長相處的方式，你就能明白烈士型的感情了。

七、健康的感情

這是兩個完整、幸福的人。他們站得直挺，不需要相互倚靠或是相互糾纏，他們可以過自己的生活。他們的生活精彩豐富，可以與對方一同分享。他們是自由的個體，希望一起分享彼此的生活，所以選擇在一起。他們可以靠得很近，可以暫時選擇令人窒息的戀愛方式。在養育孩子方面，可以一起攜手前進。他們也可以分開，擁有各自的事業、生活和朋友。他們選擇在一起是因為他們彼此相愛，而不是因為有無法滿足的情感需求。健康的感情可以讓雙方成長、給予彼此「做自己」的空間。

我們非常鼓勵你能找個朋友嘗試這些不同的姿勢，感受每種戀情。

然後試著說出或寫下自己的感受。你過去的那段戀情屬於哪一種呢？在離婚復原課堂上，很多人都認為自己過去的戀情經歷了所有的不健康模式！

現在你已經嘗試過這些身體姿態，對於為什麼會離婚的問題是否有了比較深刻的理解呢？這些不健康的感情模式似乎就是「不完整的半個人」在尋找另外一半。隨著你的自我越趨完整（我們能有真正完整的一天嗎？），你找到健康的感情的可能性就越來越大。

把感覺變成行動

我們往往會在戀情中表現出自己內心的感受。如果你感到憤怒，你就會在戀情中表現出憤怒。如果你覺得孤獨，為了留住對方不讓他離開自己、避免再感到孤獨，你就會表現出佔有慾。如果你感到非常痛苦，你的戀情很有可能也會充滿痛苦。如果你在情感上有傷口，你就會在感情裡與他人疏遠，避免別人碰到你的傷口。

通常我們自己缺少什麼樣的特質，就會去尋找擁有這些特質的人來做為戀人。如果你性格內向，希望與他人相處得更自在，可能就會跟性格外向的人結婚。如果你缺少自信，就會跟自信滿滿的人結婚。如果你有愧疚的需求，就會和讓你感到愧疚的人發展出戀情。

當然，事情總是兩面的。如果你覺得幸福、有自信、值得被愛，那麼在你的婚姻中，你的行為就能為戀人帶來這樣的感受。看一看你們的戀愛關係是什麼模樣，就能更深入了解自己。在你的感情中，你表達出哪些感受呢？有沒有規律可循呢？（你是不是總會把流浪貓帶回家）你的戀情是折射出內心美好的情緒，還是反映出你對他人的需求呢？

同樣的事不斷在重演？

感情類型中的另一個重要因素就是我們與父母的關係，這點我們稍早有提過。每一個人都是從自己的父母身上學習如何應對愛、憤怒、拒絕和親密關係，如果你的父母經常爭吵打架，那麼很有可能你也會有這方面的問題；如果你的父母是冷漠、不容易親近的，你在面對溫暖的感情時，就有可能會手足無措。很多婚姻不盡如人意的原因就是：夫妻雙方互動的模式其實就是各自父母的樣子。

傑夫說：「婚姻就像一鍋燉菜。你第一次做失敗了，就會一直錯下去，直到發現正確的作法為止。我第一次婚姻失敗，因為當時我經營婚姻的模式就是小時候學到的那種負面方式。離婚後，因為我的內心沒有做出改變，所以在第二次的婚姻中，仍持續同樣的模式！」

如果你能利用每一次的戀情來了解自己，了解你是如何表達內在感受，你就能更接近自己想成為的那個人。戀情可以讓我們成長，雖然婚姻失敗了，但我們卻有所成長，這也是一種積極看待婚姻的態度。

離婚後，我們經常會退回到舊有的互動模式中，但這未必是全然負面的。健康的感情就像是在遊樂園裡爬溜滑梯，爬到一半，手一鬆開就滑下去了，不過下次你會爬到更高的地方。每一段感情結束後，你都有可能從溜滑梯上面往下滑一段，等到你又開始往上爬時，你就會知道怎麼做才能爬得更高，什麼才是更健康的行為。許多人在離婚後的感情中，都會重新雕塑自己從父母那裡學到的互動模式，讓它變得更正面積極。

希望這些關於「身體姿態」的練習與各種感情形態的討論，有助於你清除瓦礫堆，騰出空間以利重新雕塑自我。信任其實是內在的問題，明白過去是怎麼一回事，你才能更清楚地理解自己當下所處的位置。成長的第一步就是了解自己、了解我們互動的模式，以及了解我們與他人相處的方式。

清除瓦礫的工作暫且告一段落，現在我們要開始重新雕塑自我！

我可以在哪裡認識人？

這是離婚的人最常問的問題之一，答案非常簡單且幾近荒謬：「你在哪裡，那個人就在哪裡！」人們會為了認識更多的朋友而去酒吧，參加單身聚會，參加陶藝課（很多離婚者都會參加這種課程）。我們並不反對單身的人去這些地方，但請務必小心！很多孤單的人無法與人相處，他們只有在某種氛圍的影響下才有辦法與人相處，酒吧就是這樣的地方，流連在酒吧裡的人往往都是遊戲型的感情玩家，他們在酒吧裡練習遊戲的互動技巧，而遊戲的最終目的通常就是性。單身者的聚會經常都帶有迫切和孤單的感覺，而且參與者大多都女性。

「哪裡可以認識人？」提這個問題的人通常都在尋找有承諾的長久戀情。也許他們還有些絕望，這種絕望經由他們的肢體語言、說出的話以及眼神透露出來，而且往往會嚇走其他人。他們需要別人，但別人害怕陷入這種需求。這種類型的人可以稱為「吸塵器」！

你一定經常聽到有人說：「外面都沒什麼好對象！」這樣的話確實也是有道理。許多離婚者都處在傷痛之中，在這個艱難的時期，當然不容易遇到富有魅力的約會對象。但是你是否想過，如果有一隻雄鷹降落在你身邊，你會怎麼做？你大概會沒命似地逃跑吧。如果你的感情傷口仍然非常疼痛，那麼就算有一個有吸引力、可接受的結婚對象站在你面前，你也會嚇得落荒而逃。或許你在尋找的是相對安全但比較沒有吸引力的人？或許你還深陷痛苦中，自己根本也還不具吸引力？如你所知，物以類聚。如果說「外面都沒什麼好對象」，也許是因為你還沒有調整好自己，還沒有將自己重建完成。

如果你戴著有色眼鏡，一昧的只想尋找潛在的結婚對象，那麼你就有可能會錯過許多其他的人。只有當你開始對周遭的人產生興趣，你才會真的開始結交新朋友。在這些朋友之中或許有人能變成戀人，但若是一味的只想找尋戀人，結果很可能會把朋友和情人都嚇跑。

我們必須再強調一次：你現在的目標是認識身邊的人，結交新朋友。至於他們是不是「合格的單身人選」，這一點並不重要，你只需要觀察他們是不是你想認識的人。不論性別，你只需要盡力積極且正面地與他們往來。無論在何處，你都可以認識可能成為朋友的人，例如在商店買東西時，試著發出積極的訊息，表現出對他人的興趣，就能吸引大家來接近你。參加派對時，別想著找尋性伴侶或是想著結束後要帶誰回家，也許你能因此認識不少有趣的人。如果你找到了內在的幸福，並且傳遞出這種幸福感，人們就會喜歡和你在一起。

男女的離婚人數比例有很大的差異，單身女性遠多於男性，但這是一個不公平的比例。女性的平均壽命原本就高於男性，所以任何年齡的人口比例都是女性多於男性。再者，很多再婚的男性往往都是娶較為年輕、沒有結過婚的女性。（女性在適應單身生活方面確實遠遠優於男性，或許這能夠稍稍地安慰女性。）

在離婚復原課程中，學員金傑提出了一個在課堂裡常討論的問題：「每次我去參加單身聚會，最後都會變成了『去你家，還是到我家』的遊戲。」很多單身的人在與異性相處時，常常只能從性的角度去看待對方，但這不代表你就該如此侷限自己，你應該不斷地去探索自己的性格，拓展自己的視野，你的興趣越寬廣，你就越能碰到更多有趣的人。請記住：你永遠都有拒絕的權利！

重建信任

我們在離婚復原討論班上找到了一些概念，它們或許能幫助你克服信任的問題。

試試看：下次出門約會時，做到真正的誠實。如果你覺得情感的傷口仍在隱隱作痛，就坦誠地告訴對方，你想要和他／她一起相處，可是你擔心自己的表現會讓他／她覺得掃興。如果你其實是非常害怕的，就不要帶冷靜成熟的面具，把自己的擔憂告訴別人，你可能會驚訝地發現別人也和你一樣！不要忘了，我們都是凡人。你既可以做自己，也不必裝出一副冷酷的模樣，讓自己更加輕鬆自在。

你有沒有想過試著去信任朋友而不是戀人？如果你找到一個可以當朋友的異性，那麼對你來說，和他／她當朋友會比當戀人更安全。一旦在友誼中加入愛情的成分，就等於是加入了不穩定的因素，這樣做對你來說更為冒險，你就更不容易學會信任了。

當內心裡缺少信任時，這種感覺會投射到他人身上。許多父母都覺得自己的十多歲孩子不可信任。瓦萊麗的父母就很擔心她會懷孕，雖然她已經是高中三年級的學生了，但他們還是不允許瓦萊麗約會。為什麼呢？因為瓦萊麗的母親十幾歲時就懷孕了，她把對自己的不信任投射到女兒身上。

我們在做婚姻諮商時也常常碰到類似情況。泰絲說，丈夫安德烈總是監視著她，深怕她外遇。後來她發現安德烈有婚外情，丈夫把對自己的不信任投射到妻子身上！不信任就像是一種自我實現的預言，很多其他的感受也是如此。瓦萊麗說，她覺得自己應該懷孕，因為父母似乎認定這件事一定會發生。泰絲覺得自己完全可以出軌，反正自己的丈夫就是這樣懷疑的！

情感上嚴重的傷害會導致對信任的恐懼。雖然溫暖十分誘人，但與他人親近卻有再次被燒傷的危險，這種不信任的感覺會控制離婚後的戀情。這些戀愛關係的目的應該是再次學會信任，治癒情感上的創傷。這也是很多這類型的關係都很短暫的原因。如果強求長期久遠的關係，結果可能適得其反——你只會受到更大的情感傷害，調整期也會因此延長。

從戀愛關係中、以及從父母身上，我們學會了互動。作為成年人，我們可以選擇改善那些已經學會的互動方式。至於如何改善呢？第一步就是了解自己的互動模式。也許你需要再多結交幾個朋友，多發展幾段戀愛關係，這樣才能養成更為健康的方式。

若想學會信任，就不得不冒險，而冒險就會有風險——可能會被拒絕或是遭受誤解，但是如果想再次擁有親密關係，你就不得不冒險。這絕對是值得的。

信任與孩子

對於不了解父母離婚狀況的孩子來說，信賴的問題尤為嚴重。現在他們必須適應有一方家長離開家裡，而且沒有太多機會能與他做直接的溝通。假如父親突然離開這個家，卻沒有向孩子解釋自己為何離開，也沒有和孩子說過父母之間到底有什麼問題，孩子就可能會覺得自己被拋棄了，很難再信任這位離開的家長。

孩子其實比想像中的堅強得多，如果父母願意花時間與孩子直接溝通，他們是可以承受事實的。父母若是像鴕鳥一樣把頭藏起來，覺得自己無法把真實的現狀告訴孩子，往往與孩子的關係就會產生信任危機，甚至失去孩子珍貴的愛和支持！其實絕大多數的情況下，即使父母不說孩子也會知道（除了特別小的孩子可能不知道）。你和孩子之間坦白溝通得越多，孩子就越會相信你告訴他們的事情。

你現在過得如何？

下面的內容就是測試你現在的情況，看看你是否準備好繼續攀登。我們已經接近重建自我的山頂了，注意，不要衝得太快，在你繼續攀登之前，一定要確保自己通過了信任這個重建方塊。

1. 我可以信任異性。

2.男人和女人在對待愛、恨、親密和恐懼的情感上，雖然有不一的反應，但其實是大同小異的。

3.我能信任自己和自己的感情。

4.我信任自己的感情，所以我會按照自己的感情來行動。

5.我不害怕去靠近可能成為戀人的對象。

6.我意識到自己用什麼方式去疏遠別人。

7.我藉由與他人的交流互動來療癒自己情感上的創傷。

8.我在同性和異性之間都建立起治癒式、互相信任的朋友關係。

9.我能誠實的表達出自己的情感，而不是發出混亂不明的訊息。

10.我明白，不是每個人都值得信任。

11.我能夠在適當的時候做到信任他人。

12.我想要治癒情感上的創傷，感受親密。

13.在情感上，我努力做到活在當下。

14.我了解剛離婚後的前幾段戀情可能都是短暫的。

15.與人交往的過程中，我能表露出自己的真實感情和想法，即便這樣做有風險。

16.我真誠地與周圍的朋友交往，而不是急迫地尋找另一段戀情。

第十六章

成長型關係

有助於心理重建

在婚姻結束後，你當然可以發展另一段重要的關係。你需要他人的支持、陪伴和回饋來幫助自己重建。這類型的關係往往都是短暫的，因此你需要學會如何「健康地終結關係」。建立這樣的關係是成長過程中的一部分，同時你也必須知道如何讓這些關係幫助你得到最大極限的成長和復原。

我是否擁有過能幫助自己成長的關係？當然，而且不止一個，一共有四個。每一個都比上一個更為健康，每段關係都讓我有所收穫。

——蘇珊

我與一位擁有敏銳判斷力的女性交往。每當我在整理自己的思緒時，總是能從她身上獲得回饋。她會告訴我，哪些是真實的我，哪些又是廢話。我很高興能遇到可以一起成長的完美伴侶。

——大衛

許多人決定結伴一起攀登重建的這座山，在艱困路上互相扶持。他們會先有一段相處得非常愉快的時光，然後通常就會在路途中分道揚鑣，獨自繼續攀登。

有個人陪伴你走過一段路是很好的事情，但很快的你們都會意識到，終究還是必須獨自完成攀登重建的路程。剛分手時，其中一方或是雙方都會有一段難過的時間。雖然有些重建方塊是他們之前就已經通過的，但現在又必須再經歷一次，例如悲傷和憤怒。兩個人在一起時，進步似乎非常神速，然而一旦這段新關係結束了，他們的進步也就明顯慢了下來。

什麼是成長型關係？

成長型關係也有其他專家稱之為「過渡關係」、「反彈關係」、「實驗關係」、「治癒關係」。精神病學專家馬丁・布林德（Martin Blinder）在他的著作《選擇愛人》（*Choosing Lovers*），細緻地描寫了各種類型的關係，他認為每種類型都是獨特的，滿足了不同對象的特別需求。在本章後半段，我們將會討論幾種比較常見的類型。成長型關係能幫助人們在一段時間內更順利地向上攀登，這對雙方都是非常健康的，然而順其自然是不夠的，我們應該更加了解這種關係並明白它的運作方式，讓它在幫助成長的效果上能更長久，也許還能減輕關係結束時的痛苦程度。

成長型關係的典型特點有：

- 這種關係通常出現在婚姻或一段感情剛結束時，不過其他任何時候也是有可能的。
- 通常是與潛在的戀愛對象發展出這種關係，但也可能是朋友、家人、治療師，甚至是配偶。
- 這種關係通常是短暫的，但有可能發展為更長久的關係。
- 這種關係通常具有治癒性，但也可能有破壞性。

- 這種關係通常發生在個人成長期或是人生的轉折期。
- 你想要與自己或他人建立新的關係。
- 這種關係可能會有一個「健康的終結方式」，而非曾經歷過的那種痛苦的破壞式結局。
- 良好的溝通是這種關係的特點。通常雙方會花很多時間談論重要的話題，例如個人成長和人生意義。
- 這種關係是建立在誠實和坦誠的基礎上，雙方以從未有過的方式互相分享自己。見面時，不會為了展現出自己最好的一面而刻意精心打扮（這在一般的追求方式裡很常見），會表露出最純粹的情感，並為此感到興奮。
- 這種關係的目標是成長，不是停滯不前。這種具治癒性的關係和重現舊戲碼是不一樣的。一個需要像母親般照料的男性通常會娶一個過度負責的女人，當他結束這段關係後，又會再娶另一個同樣過度負責的人（甚至名連字都會相同或相似！）。至於那位有照顧他人需求的女性呢？或許又會再嫁給一個像「流浪貓」一樣的男人，她就可以繼續扮演以前的角色。成長型關係則正好相反，它的目標是發展出另一種不一樣的新關係，它是個人成長的實驗室，而不是保存過去的模式。

我們討論的是婚外情嗎？

有時候，某些已有婚姻和穩定戀情的人會與第三者交往，並稱之為成長型關係，這樣的關係可以視為外遇的形態。我們遇過一些個案，他們的確能將這種第三者的關係變成有療癒作用，並利用它來豐富和堅固自己的婚姻。但這種情況的前提通常是：這個人與第三者之間存在的是友誼而非愛情。如果捲入了三角戀中，往往就會造成長遠的影響，捲入的人很難從外遇的痛苦中復原。

小時候父母總是諄諄告誡我們：「你說的是婚姻之外且可能涉及性的關係，難道你是在鼓勵婚外情或混亂的複雜關係嗎？」其實不然，這種關係未必會涉及到愛情或是性，無論你是因為宗教還是道德價值觀而不贊成有婚姻之外的性關係，你依然可以擁有不涉及性的純友誼，這一樣能大大地幫助你學習和療傷。

即便成長型關係可以幫助你了解自己應該學習的事情，但它仍必須符合你的價值觀。

哪些人比較容易建立成長型關係？

有些人會比較容易建立成長型的關係：

- 離婚後，比起被拋棄者，拋棄者能更快進入新的關係。
- 離婚後，男性往往能更快建立新關係。
- 與男性相比，女性更有可能與朋友發展出成長型關係。
- 與內向的人相比，外向的人較有機會能利用成長型關係來療傷。根據邁爾斯—布里格斯性格分類法（Myers-Briggs Type Indicator）* 的調查，我們發現性格外向的人和別人在一起時能更有效地療傷，而內向的人則傾向於獨自療傷。
- 情感上處於開放狀態、容易受他人影響的人，比較可能發展出具治癒性的成長型關係；而不願意談論感情、在情感上封閉的人則比較困難。
- 處於叛逆階段的人通常會有成長型的關係。（關於叛逆階段在第十二章有較詳盡的討論）
- 年輕的人比較容易發展出成長型關係。
- 參與離婚復原討論課的人，幾乎都會自然地和其他學員發展出成長型關係，這就是課堂學習的「附加效果」。在這種課程中發展出的友誼很有可能持續一段很長時間，甚至成為終生的朋友。這種友誼也許比你過往的許多關係都還健康、更有益於成長。但別忘了，除了在課堂上，課外同樣可以遇到這樣的朋友。

很多人並不想開始這樣的關係，他們擔心事情的發展會超出自己的控制。他們想要安全、非長久的關係。面對潛在的可能對象，你應該清楚地表達出自己的願望、需求和目的，誠實是非常重要的一點。你可以掌控未來發展的進度，別任由兩人的關係發展成超出你所想的範圍。

離婚復原課堂上有百分之十五到二十的人並不是在離婚後就立刻報名，他們是在離婚後的成長型關係結束後才來參與課程。離婚後，一開始的關係都不會太長久，但這種關係結束時帶來的痛苦程度，甚至超過了離婚或重要的戀愛關係。

到了二十一世紀，我們有無數種的轉型方式，成長型關係是其中一種。越是了解這種關係的種類，你就越有可能從中獲得更多療癒。為了達到這個目的，現在就來了解最為常見的兩種成長型關係：激情型和治療型。

激情型的情感關係

人們的重要戀愛關係結束後，最為常見的成長型關係大概就是激情型的，其強調的重點在

---

* 邁爾斯—布里格斯性格分類法（Myers-Briggs Type Indicator, MBTI），基本理論是根據瑞士心理學家榮格在一九二一年出版的書籍《心理類型》。最先的開發者是美國心理學家凱瑟琳．庫克．布里格斯（Katherine Cook Briggs）和女兒伊莎貝爾．布里格斯．邁爾斯（Isabel Briggs Myers）。雖然受到學術派的心理學家批評，但在經過五十多年的發展後，MBTI現已成為世界著名的性格測試之一。——譯者注

於浪漫的愛情。人們終於，或者說似乎在這種戀情中找到了上一段婚姻裡缺少的所有東西：激情、誠實、良好的溝通、共鳴和理解。既然如此，兩個人當然想要永遠地生活下去，彼此緊緊相擁，一起談論共同的未來。

但是想要在這個階段長相廝守，對雙方而言也許並非有益。讓我們先來思考一下這種激情型情感關係中潛在的陷阱和好處：

陷阱：你把興奮和激情都寄託在對方身上，你是不是將這段新關係看得太重要了？你處在波濤洶湧的轉折中，感覺棒極了，你想要永遠都能這樣。你的新戀人讓你如此興奮，你覺得若是沒有對方就活不下去了。此刻你需要提醒自己：你還處在恢復期。你要對開始這段戀情的自己負責。你想成為心中的自己，但你才剛剛開始，給自己一點時間，使你成為心中的自己，不要著急。和對方在一起時你的確很開心，但不要讓對方來掌控你的喜怒哀樂，放棄了自己的權利。

好處：你的個人成長是這段戀情存在的重要原因。在這段戀情中，你要學會的是療傷，改變，獲得自由，做自己。好好利用這個機會認真學習，你已經創造出能夠實現自我成長的環境。

陷阱：把你的新戀人推上寶座。如果你犯了這個錯誤，那麼這段戀情的潛在治癒效果就會大打折扣。還記得前一章提到的「身體姿態」練習嗎？試著再做一次寶座式戀情的姿勢，感受一下這種關係。讓你的戀人站在寶座上（椅子、矮凳或小桌子），而你站在地板上，然後互相交談，互相擁抱，真切地感受一下這種關係。站在寶座上的那一方通常會感到孤獨、危險和不舒服。

陷阱：過度關心未來。這段戀情為你帶來如此美好的感覺，你開始構想未來，開始想像和對方結婚後永遠一起生活的樣子。活在未來，療傷的效果就會降低，唯有「活在當下」才能達到最大的治癒效果，證明你是一個自我實現（Self-Actualized）型的人。你應該要享受這段關係中每一個時刻的景緻，把每一天當作是最後一天。你們應該彼此分享當下的感受，不要夢想未來，也不要執著於這段關係能維持多長的時間。

好處：擁有這種戀情的人通常都有良好的溝通方式。你會將很多關於自己的事情告訴對方，暴露出的弱點可能比過去任何一段關係都還要多。你打開了你的寶藏，也許你會更容易受到傷害，但你與對方的關係卻會更加親密。你必須知道，這段戀情教會你的就是學會親密，學會毫無保留。你在這段戀情中學到的溝通技巧和毫無保留的感覺，在未來的其他關係中也將派上用場。

陷阱：你覺得自己再也找不到這麼好的人。你把這段關係緊緊抓在手裡，一部分的原因是你覺得對方是你「此生的唯一」。（這或許是你在社會中學到的一種期望？！）錯過這個人的話，以後就不會再遇到這麼有趣、讓人興奮的人。但其實你感覺興奮的原因並不是對方，而是你自己的成長。你活在當下，表露出自己的內心，有了新的感受。你感到興奮的主要原因是你走出了原來的殼，找到了自己，在情感上「回歸自我」。

你或許再也不會有這種走出舊有的殼的興奮感，但在未來的戀情中，你能感受到情感上親近的快樂，愛別人和被愛的幸福，這些遠比走出舊有的殼感覺更良好、更有意義。

好處：你知道了健康是一種多麼美好的感覺。親密的感情會讓你暴露弱點，讓你有受傷害的可能，但你持續在成長，逐漸成為自己，你就能夠承受這樣的後果，你對自我認同也會更有信心。此時你必須明白最重要的一點：這種感覺並不侷限於這一段關係，在和其他人建立的關係中，你會有同樣的感受。所以不要再以為你只能和對方建立這種關係。只要你願意，你就能更懂得接納自己，能建立更多的健康關係。

好處：成人之間的戀情也可以是成長的實驗室。還記得第四章和第十二章的內容嗎？我們講到了原生家庭和童年影響。作為成人，你可以重新加工、再次學習童年時學過的東西。這種成長型戀情是你成長的良好「實驗室」。這段新戀情很有可能不同於你與原生家庭成員、或前任戀人之間的關係，這也是為什麼這段戀情會如此美好的一部分原因。

陷阱：投入的情感不平衡。你很容易就把百分之八十甚至更多的時間和精力投入到這段戀情中，因而忽略了自己的情感，這樣會限制你的療傷效果和成長，加快了戀情的結束，讓分手更加痛苦。如果你想要成長型戀情的治癒達到最大效果，你就必須約束自己，要在自己身上和這段戀情上做同等的投入，這樣你才不會在這段令人興奮的新戀情中迷失自我認同。

記錄自己的時間。看看你花了多少時間來提升自己，例如培養喜好、上課、獨處或是和朋友在一起，還有花了多少時間和對方談情說愛。

盡量去學習和治癒，不要將珍貴的蝴蝶捏在手裡，要讓牠自由地飛翔。你緊緊抓住對方不鬆手，抓住這段戀情不放，你就無法繼續攀登，不能完成自己的重建過程。

友誼和治療型關係

成長型關係並不等於是戀情。事實上，非戀愛性質的成長型關係也有很多好處。與好朋友或某個可以信任的家庭成員建立成長型關係，也能擁有同樣的治癒效果。你可以談論自己的感情，可以毫無保留地袒露自己的內心，這樣的友誼當然沒有戀愛關係中的顫慄、興奮和激情。可是這樣的關係比較安全，結束時也不會有分手後的情感痛苦，但療傷的效果卻是相同的。戀愛是改變過去交往模式的實驗室，友誼和治療型關係也是一樣。

心理重建課程的參與者很容易就能接受以友誼為基礎的成長型關係。參與者彼此開誠布公，誠實相待，分享生活中各個重要的部分，彼此之間有一種親密和親近的感覺；他們覺得這樣的關係很特別，比以往所建立的關係更為健康，更有助於療傷。學習如何建立這種友誼性質的成長型關係，是離婚復原課程中最有價值的內容之一。

治療也可以是一種成長型關係，這取決於治療師和治療方式。界限明確、收費、專業的諮詢治療同樣可以安全地促進個人成長，幫助你建立治療關係，並成為你一生中最有價值的經歷之一。

成長型關係可以持久嗎？

是不是每一段成長型關係都注定要終結呢？無論從每一段關係的性質、或是一段關係開始時的情感狀態來說，這段關係的根基都是獨一無二的。成長型關係的基礎就是為了成長和治癒，這是它存在的目的。而長期的承諾型關係呢？它的基礎是為了長久。這兩者之間的差別是什麼？

在建立成長型關係的期間，你是處在一個不穩定的過程，你不斷地成長和變化，你在治療過去所留下的情感傷害，今天的你和昨天的你是不一樣的，到了明天你又是另外一個樣子。在這個快速變化的過程中，你的基礎應該是靈活多變、不斷適應的，如此才能為你的變化留出空間。這樣的基礎本來就不適合建立長久關係。

開始一段成長型關係時，你當然不可能寫下一份合約，甚至連口頭協議也沒有。可是不管如何，這份「合約」是存在的，它寫著：「我需要藉由這段感情來幫助我了解什麼是真正的自己。」長期關係的基礎是更加穩定和持久的（但並非一成不變），需要雙方的承諾、目標和穩定性。

如果想把成長型關係變為長期關係，就必須徹底的做出翻轉，重建基礎。那麼該怎麼做呢？方法其實有很多種。有些人先以健康的方式結束他們的成長型關係，讓其中一方或是雙方像隻擁有活力的小馬，在牧場上盡情奔馳，努力投資自己，而不只是投入在彼此的關係中，然後他們又會重新再一起，建立一種更為持久的關係。

我們也可以透過良好的溝通來改變成長型關係。若希望這段關係能變成有承諾的戀情，雙方都必須清楚其中的代價和好處。在長期的戀情中，雙方必須對自己的感情和角色有所付出和負責。這種交流必須是坦誠以對的，如果雙方在清楚徹底的交談後，決定要把成長型關係變為有承諾的長期戀情，結果就可能會成功。

另外還有一個問題需要考慮。如果你真的處在改變當中，你或許已經不是這段關係開始之初的那個人了。在剛進入這段成長型關係時，你可能想找一個完全不同於你的父母、前任配偶和以前朋友的人。現在你的這種需求已經得到滿足，或許你又會想要找一個更像你父母、前任配偶和以前朋友的人了。所以一旦需求滿足後，你就會想要結束這段關係。出於各種不同的原因，很多處在成長型關係中的人最終都不再需要這段關係。

不要急於把成長型關係變成有承諾的戀情，雙方都必須先充分認清自己所處的位置，再進入更為穩定的將來。

為什麼我需要擁有成長型關係？

有時人們會問，為什麼他們必須要有這麼多的成長型關係？這是個很好的問題，原因是：

- 也許你處在成長型關係時，過度關心未來，沒有專注於當下，所以這些關係只達到了一部分的治癒效果。
- 你滿腦子想的都是對方多麼棒，結果對自己的調適和治癒過程不夠投入。
- 你不知道該如何健康地結束一段關係，所以分手的時候你感到非常痛苦。（由於感到痛苦，你需要再建立另一段關係來治癒分手後帶來的痛苦。）
- 也許你的原生家庭和童年影響讓你留下很多創傷，你的確需要這麼多段的關係來治癒。
- 你一步一步地走過了前面所有章節描述的內容，但你沒有真正明白其中的含義，如果你能真正意識到其中的含義，那麼治癒效果就會增加許多。
- 有很多段戀情的原因之一就是：這些戀情中有潛在的激情。這種強烈的激情大大地減弱了戀情的教化作用。你輕易地就陷入了肉體的激情中，忽略真正值得學習的事物。

- 或許你和對方在情感上缺少真正的連繫。如果你沒有活在當下，沒有完全專注於這段關係，如果你還在逃避親密，那你們就不可能達到真正的親近與連繫，也無法在這段關係中得到治癒。同時，由於在成長型關係中你們不夠親密，會導致你們不願意結束這種關係。

每一段關係都會幫助成長。對每段關係和關係中的對象都心存感激，這對你會有幫助。本章最後的練習就是建議你寫下在每段關係中學到的東西和治癒的傷害。

請善待自己。如果每進入一段感情或是結束一段感情時，你內在的批評者都必須痛批自己，那麼你就是又一次地否定了療傷這件事。每當你為自己建立一段成長型關係，你都應該好好表揚自己，如此才能得到最大的治療效果。

把自己重要的戀情變為成長型關係

這種治癒型關係有很多讓人興奮之處，其中之一就是可以把婚姻或最重要的戀情變為成長型關係。實現的方法一樣是：活在當下，良好的溝通，不要期待未來，負起自己的責任（對個人而言，你要對自己的感情和態度負責；對雙方而言，你要對開拓這種新關係負責）。

如何在自己的婚姻中拓展新關係呢？你可以參考本書裡關於叛逆和治癒型分居的部分，要做到這一點並不容易，但大多數人都可以在撬開重要戀情的表層關係後重建新的基礎。布魯斯和尼娜．哈特（Nina Hart）合著了《愛的選擇》，這本書主要是在幫助人們在有承諾的戀情中創造出成長型關係。

學習良好的溝通技巧

成長型關係需要良好的溝通，如何快速提升自己的溝通技巧？就是學會用「我」為開頭的句子。（在第九章談論表達憤怒的時候，有介紹過以「我」為開頭句子的概念。）

「你」開頭的句子就像是朝對方射出有毒的飛鏢，對方若不是進入防禦狀態，就是開始考慮如何反擊。「我」開頭的內容表達的是：我對自己的感受和態度負責。使用「我」開頭的句子或許不容易，因為你不一定總是了解自己心裡在想什麼。那麼該如何開始使用這種方法呢？你可以試試，無論是與自己還是與他人溝通，句子的開頭都使用「我」。可以嘗試使用以下這四種溝通方法：「我認為……」、「我感覺……」、「我想要……」、「我會……」。

想法和感受不能混為一談，想法和感受要用不同的方式表達，這樣才有助於溝通。如果你不告訴別人你想要什麼，很有可能就得不到你想要的東西。完成溝通時，你需要承諾你將採取什麼樣的行為。採取負責任的行為來得到自己想要的東西，才是真正地用行動證明自己說過的話。男性通常很難觸及並談論自己的感受，用「我覺得」這樣的句型能幫助他們克服這個困難。而女性呢？她們往往能夠告訴你周圍其他人想要或是需要什麼，卻無法告訴你她們自己想要或需要什麼。

健康的結束方式

成長型關係的另一個重要部分就是健康的終結。這類關係大多都會結束，如果學會以健康的方式終結關係，對雙方的成長都是有益的。這種關係固有的問題是：你開始對這種關係的未來有了期待，你希望這種關係能維持更久，但這樣的話，這段關係就不健康了。

短期的關係是有「自然壽命」的，如果非要將短期關係變得更長久，那麼你就是在用一種不恰當的方式拉長它，你一直拉，拉到這段關係斷裂，它就會像橡皮筋一樣反彈到你身上，然而它原本不會這麼痛的。

如果能在橡皮筋拉得過緊之前就鬆手，讓它回到友誼的關係上，那麼以健康的方式終結這段關係的可能性就會大得多。如果你屬於活在當下的人，你就會注意到這個「當下」已經沒有太大意義了，你建立這段關係的需求已經改變，你該著手結束這段關係了。你必須承認，生活發生了變化，需求也發生了變化，並告訴對方你在這段關係中學到的東西。健康的結束會伴隨著痛苦，但如果強行延長這段關係，它帶來的痛苦就會遠遠勝過於此。

在這段關係剛開始時，雙方要開誠布公地溝通各自的需求和願望，從而播下健康結束的種子。皮特是軍隊的牧師，他說：「當時我對她說，我就是一隻落水的小貓咪，需要有人照顧，需要一隻貓媽媽把我舔乾。我也告訴她，等到自己全身都乾了以後，我不知道自己會不會繼續和她在一起。從一開始我們就誠實以對，最後關係結束時，痛苦降到了最低點。」

健康結束有什麼特點呢？如下所示。我們希望大家的成長型關係能有這些特點：

- 坦誠交流。
- 活在當下。一天一天地過日子，不要共同籌劃不確定的未來。
- 為自己的感受負責任，坦誠表達自己的感受。不要玩「我很好，什麼事都沒有」的遊戲。
- 一開始就清楚知道這是一段短暫的關係。在這種關係轉變成長期的關係前，不應該出現「承諾」。
- 談論自己的需求，傾聽對方的需求。當你們必須分手時，你一定會看到一些線索，一旦線索出現就要告知對方。

- 成長型關係以分手作為收場的可能性相當大，你要有所準備。你們應該討論到時候該如何處理。（例如，是否需要變更居住方式？交通的問題？孩子是否涉入其中？你們還會繼續當朋友嗎？你們的共同朋友呢？）

這個健康結束的概念適用於所有的關係。每一段關係都有其自然的發展週期，有些是維繫一年的短期關係，有些是持續多年的長期關係。很難去判斷哪一段關係的壽命是如何的。承認自己的感受，為彼此生活中發生的事情負責，能有助於關係的自然發展。該放手時還緊抓不放的執著態度，會為自己的生活帶來許多痛苦。如果你認為別人應該對你的幸福負責，那麼你會很難做到放下原本就已經走到盡頭的關係。

你需要成長型關係嗎？

確實還有其它很多的方法可以幫助治癒。然而當你醒來的時候，發現有個人可以握著你的手，當你對自己有了新的認識，身邊有個人可以傾訴，感覺當然會更加美好。這些都有助於自己的治癒。

成長型關係就像是一個空間——你可以在此實現從本書中學到的各種技能，若能明白這一點，你就能更了解成長型關係的好處。我們希望你在閱讀的過程中獲得的新領悟以及書中的各種練習，都能讓你在各種關係中得到真正的治癒，而不是在各種關係中重複「歷史故事」。

孩子和成長型關係

你的孩子或許也會發展出成長型關係。他們可能突然和其他父母也離異的孩子變成好朋友，他們會覺得自己和這樣的朋友交談比較舒服，和擁有「完整家庭」的老朋友談話時感覺就沒那麼舒服。

你可能會驚訝自己竟然對這些父母離異的孩子有所偏見，甚至可能不想自己的孩子與他們玩在一起。很驚奇吧！你會發現原來自己對離婚有偏見。不要忘了，你的孩子也在經歷離婚期，和處境相似的人當朋友對他們會有幫助。你明白誰都有可能離婚，堅持對分手的人抱持批判態度，這對你並沒有幫助。

如果你自己發展出一段成長型關係，你的孩子在這段關係中處在什麼位置呢？這取決於這段關係的類型。如果是治療型關係，或許可以和你的孩子一起分享，這對他們是有幫助的。當孩子知道你會與朋友談心時，他們就能比較自在的與別人交談。如果你的成長型關係的對象是朋友或家庭成員，你可以選擇讓孩子一起加入，這樣能讓孩子也感受到：有特別的人可以談心是一件美好的事。

如果你的關係看起來像是激情外遇型的成長戀情，此時你就要格外小心。孩子一直看著身為父母的你們不停地在爭吵，你也許希望之後能讓他們看到更為平靜且充滿愛的關係。然而，這段新戀情帶來的興奮感很有可能會矇蔽你的思緒，你可能會讓孩子過度參與這段關係。例如，孩子在家裡的時候，你邀請新伴侶到家中過夜，這對孩子來說是一個很難適應的狀況。

前面提過，這種成長型／過渡型關係轉變為長期關係的機率並不高。分手的時候，孩子也必須面對你再次結束關係所帶來的問題。你希望孩子參與你的成長型關係到什麼程度？考慮這個問題時，你一定要記住這種關係是短期的，而且往往都是要結束的。

成長型關係是你調適過程的一部分，在建立這種關係的時候，你要對此負責。當你明白這一點，就能幫助孩子更容易地理解這種關係。你若能更為清醒地做出愛的選擇，掌控自己的生活，你的孩子就會跟著你這樣做。

成長型關係的練習

針對下列問題，在你的日記中寫下答案。

1. 你讀完本章的反應是什麼？本章討論的內容與你的經歷一致嗎？

2. 如果你有過一段或是幾段成長型關係，請對它們進行描述。這些關係有療傷的作用嗎？它們在哪方面對你造成了傷害？在每段關係中你學到了什麼？對方是朋友、戀人、治療師還是家庭成員？如何讓下一段成長型關係變得更有治癒效果、更加健康？

3. 如果你還沒有經歷過成長型關係，你想要一段這樣的關係嗎？你害怕暴露自己的弱點嗎？你無法與人交流嗎？你害怕再次受到傷害嗎？

4. 如果你處在一段有承諾的重要戀情中，同時又處在治癒型的分居中，你認為有可能與對方發展出成長型關係嗎？對你來說這是新理念嗎？

布魯斯看過許多夫婦從死灰一般的關係中重建了嶄新的戀愛關係。如果這是你的目標，你可以和對方一起認真地閱讀這本書，一起行動，這就是一個良好的開端。只要時間允許，盡可能的做完所有練習。這個過程需要承諾，需要自律，還需要信心，你們雙方要互相鼓勵支持。雖然沒有人能保證結果如何。

你現在過得如何？

在進入下一章之前，做一下自我評量，你才知道自己是否可以繼續前進。

1. 在過去的關係中，我讓對方為我的快樂和幸福負責。我錯了，但我準備好原諒自己了。
2. 我把過去的每一段成長型戀情中學到的事情都記錄下來。
3. 我能自己選擇以後想發展的成長型關係。
4. 我建立了成長型關係，這是重建過程的一部分，我會對每一段關係負責。
5. 在成長型戀情中，我要自己掌控幸福。我正在成為我想成為的人。
6. 在這本書中（或是在參與的重建課堂上），我學到了處理關係的新技能，我要把這些東西付諸實踐，我會在未來的關係中使用這些技巧。
7. 我在目前的關係中誠實以對，並運用良好的溝通方式。
8. 我在嘗試新的健康行為，打破原來的模式，盡可能讓我的關係更有助於成長和治癒。

第十七章

性

我有興趣，但是我很害怕

剛分居時，你非常害怕性生活，這很正常。在調適過程中，你可以根據你的道德標準來表達自己的性需求。許多單身者都遵循傳統的道德準則：不要發生婚外性關係。而有些人則喜歡「單身次文化」，強調真誠、負責任和風格。該是你發掘自己標準的時候了。（無論你如何選擇，別忘了一定要保持安全的性行為。）

中年離婚：

……不敢去倒垃圾，擔心錯過色情電話。

……站在黑壓壓的停車場中大喊：「來搶我呀，來搶我呀！」

……遇到歹徒要你把全部的錢都交出來時，你對他說你沒錢，但下次再遇到的話你會開一張支票給他。

……在門上放了一個指示牌寫著：「入侵者依法究辦。」

……往床底下看，希望能發現有人躲在那裡。

——洛伊絲

大家都非常期待這段攀登重建的路程，也許你剛拿到這本書就立刻翻到了這一章，也許從第一章的重建方塊開始，你就在期待參與這章的討論。不管怎樣，我們都建議別著急，深呼吸，正確看待性這個問題。（至少先讀完第一章！）

在開始之前……

在開始討論之前，我們首先要承認：人們對於性有很多不同的態度和理念。我們也明白，讀者不論是「不要婚外性關係」或是「只要感覺好，就可以」，各種態度都有。在我們的社會中，性和道德是兩個緊密相連的話題，無論你是嚴格的道德支持者，還是選擇非常規生活方式的人，我們都尊重你們抱持的態度。

很多離婚者都是參加由教會或宗教團體舉辦的離婚復原討論班，許多宗教團體的觀點是：性關係只屬於有承諾的婚姻關係。抱持這種觀點的讀者可能會覺得本章內容違背他們的信仰。對此我們表示遺憾，但這個話題對處在離婚恢復期的人來說是非常重要的，我們認為若是跳過不討論，是不負責任的。

我們認為在性道德方面，各種決定都是非常私人的，所以不在道德問題上做任何評判。簡言之，對於離婚後的性關係，我們既不表示贊成也不加以譴責。我們在本章中談論了如何建立性關係，無論你的道德標準是什麼，你都會覺得有幫助。當然了，有些人或許會認為本章的內容毫無作用。（甚至有些讀者會跳過本章）

一次一個階段

單身的時候，對於要不要發生性關係，我感到很矛盾。我心裡的一個聲音說，性對我的個人成長很重要，而另一個聲音則說，對方不是自己的妻子，發生性關係會讓我覺得有罪惡感。到底該怎麼辦？

——湯姆

在攀登這段路程的時候，你需要找到自己的路。我們每個人都有自己的道德標準，這在很大程度上決定了我們前進的方向。此時，不僅要努力攀登，還要努力尋找攀登的道路，你可能會更加猶豫，更缺少信心。不要著急，一定要確定你選擇的道路真的適合你。當然了，如果選擇的道路不對，你還是可以換一條路走，然而也有人因為試了和自己價值觀不合的方法，在情感和身體上都付出慘重代價。

這個重建方塊分為三個階段：**缺乏興趣、性慾濃烈，最後是回歸正常**。每個階段對自我調適都有極大的影響，然而不是每個處在離婚期的人都會經歷這三個階段。有些人沒有缺乏興趣這一階段，有些人則沒有感受到性慾濃烈階段。不管如何，這三個階段都是極為常見的，你需要加以識別。

無論好與壞，在婚姻中你都能和配偶保持性關係，但現在這段關係結束了，你面臨很多情感和社會調適的問題，其中就包含如何處理自己的性慾望。

我希望自己單身……

傳說中那些自由的單身人士過著縱慾的生活，離婚前的你有沒有想過這到底是不是真的？你有沒有對此感到好奇：在一週裡，每天都和不一樣、令人興奮的人約會，這是什麼感覺？現在你也單身了（我們相信，重建高山一路攀登到此，你已經接受了單身的事實），看看你周圍的人，許多人都是獨自過夜，還有許多人晚上去參加單身派對，假裝玩得很開心，但事實上覺得無聊至極。你也許找到了一個共度夜晚的人，然而與這個人相比，你的前任顯得充滿魅力且十分性感——雖然你一直以為前任是糟糕的。你認識的人好像都在與人交往，然後又分手，你都搞不清楚誰和誰在約會。你幻想中的瘋狂單身生活和現實中的反差實在太大，這些都加劇了離婚帶來的創傷。

約會？嗯，我也不知道……

不要氣餒，在性這一部分，開始的路程是最陡峭困難的，隨著你越來越習慣單身生活，這些對你來說會變得更加容易。

你很多年都沒有和人約會了，你開口邀請的第一個人就拒絕你。你參加一個單身聚會，沒有人邀請你跳舞，你目瞪口呆，但即便有人邀請你跳舞，你同樣會呆若木雞。多年後再次與異性接觸，你覺得自己笨拙異常，就像是第一次參加約會的中學生。天呀！如果有人挑逗你，你可能會被嚇得永遠待在家裡了。這麼多年沒有約會，你們想知道對於成年人而言，什麼樣的行為才是適當的？在十幾歲孩子的派對上，可能會有規則，還有監護人的指引。你的父母可能會告訴你什麼時候必須回家。但現在除了你自己，沒有人會限制你，那麼你怎麼想呢？你困惑迷惘，舉棋不定，無法信任自己的感覺。以前你羨慕單身者的自由，現在你恨不得重拾婚姻的安全穩定！而且還有道德和健康的問題，你該怎麼辦？

請繼續走下去，等你找到自己的道路，你就會感到自在許多。等克服了困惑和不確定後，在約會和戀愛中面對異性時，你就會發現自己已經能自在地表達了。你或許會感受到十幾歲時沒有感受過的自由，畢竟當時外界對你還有各種的約束。

「性」的這些問題

在費雪的離婚復原討論班，性是最後一個討論話題，並不是說把「最好」的留在最後，而是因為這是一個非常私人的情感話題，唯有等大家都覺得不尷尬時才能談論。如何才能讓大家少一點尷尬呢？我們請大家寫下各自關於性的問題，也就是大家一直想問卻不敢問的問題。有些問題會讓女性來回答，有些則是男性，由討論班的指導老師來讀出這些問題，沒有人知道是誰提出的問題，從中能看到離婚人士的思緒。

剛分居不久的人常常提到的問題有：

1. 你覺得異性的什麼特質能夠吸引你？
2. 我討厭約會這個詞！沒有別的表達方式嗎？
3. 我不想弄得很慎重，只是想一起出去，這種情況要怎麼跟對方說？

分居一段時間後，人們可能會開始問其他的問題：

4. 男性怎麼看待剛開始交往就和對方發生性關係的女性？
5. 女性對於同時擁有不止一段性關係有什麼看法？
6. 發生過性關係後，為什麼男人就不再連絡了？
7. 我拒絕發生婚姻之外的性行為，這樣你還會想跟我約會嗎？

無論對男性還是女性來說，要去適應性角色的轉變，這都是一個難題：

8. 如果女性主動約男性，男性會怎麼想？

9. 女性到底想要什麼？我為一位女性開門，她卻惱怒了。而下一位女性又等著我為她開門。我應該怎麼做才好？

10. 過去我總是很自然地讚美女性，然後就約她出去。最近有一位女性對我說，她喜歡我的腿，問我願不願意和她一起出去。我該怎麼辦？

11. 約會的時候，你覺得應該由誰買單？

12. 避孕這件事該由誰來做？

13. 難道只有我一個人覺得用避孕套不舒服嗎？

關於孩子的問題也很難回答：

14. 保姆的錢由誰負擔？

15. 誰應該負責送保姆回家？

16. 孩子在家，但又有異性在家過夜，你怎麼看待這個問題？

17. 孩子不希望我有約會。我該怎麼做？

18. 我家中十幾歲的孩子打電話給我，要我早點回家，我該怎麼說？

19. 對方的孩子來開門，一看到是我，「碰」地就把門關上了，我該怎麼做？

大多數離婚的人都非常害怕愛滋病、性病和其他由性傳染的疾病：

20. 我想要有性行為，可是一想到性病我就非常害怕。如何才能確保不染病呢？
21. 在發生性行為前，我如何知道對方是否有愛滋病？
22. 生殖器皰疹是什麼？真的很危險嗎？

離婚者對性有很多問題，這是可以理解的。以上的問題只是他們擔心的事情中的一部分。桃樂絲對於性和感情的想法可以做為代表，她說：「上週我意識到自己已經四十歲了，而且還離過婚，我應該再也不會有性生活了，我感到非常壓抑。」

我們無法保證能回答全部的問題，但我們認為本章的討論能夠幫助你看清楚自己在性方面的疑惑。

今晚不行，謝謝

你還身處在深深的痛苦之中，這個過程的第一階段就是對性缺乏興趣，或是完全無法過性生活。這個階段的女性通常會對性完全失去興趣，而男性常常會出現性無能。你在情感上非常痛苦，在現實中你對性又完全沒有興趣，或是無法過性生活，這就讓你更加痛苦了。在離婚復原討論班上，很多人會說：「我已經非常痛苦了，現在又發現自己無法過性生活。真是雪上加霜。」身陷痛苦之中，對性沒有興趣是非常正常和自然的事。知道這個道理後，他們就會覺得輕鬆許多。

由弱轉強

> 分手後，我非常渴望有性生活，我打電話給朋友問他們我該怎麼辦。但我是絕對不會考慮婚姻之外的性關係。
>
> ——拉克爾

處在離婚期的某個時間點，也許是在憤怒這個重建方塊的最後階段，你結束了無法過性生活的階段。此時你可能會走向另一個極端——性慾濃烈階段。你的性慾前所未有地強烈，幾乎到了讓人恐懼的地步。在這個階段，你的需求和慾望都特別強烈，所以你需要非常了解自己的感受和態度，這點非常重要。在這個階段，你會有很多感受，其中之一就是你覺得需要證明自己在生活和性功能方面都很好。你打算以此解決的不只是性方面的問題，還有其他所有的重建問題。你想要克服孤獨，想要覺得自己很可愛，想要提升自我概念，想要征服憤怒，結交朋友，你把所有的事情都寄託在性上面，你的身體似乎想要透過性的宣洩來治癒自己。正因為如此，在性慾濃烈階段，有些人覺得自己的行為有些「強迫性」。

有人用一夜情來解決性慾濃烈的問題。無論是在書上還是電影中，我們都看過對這種方法的描述。他們想要出去約會，證明自己還是很好的，這種需求非常強烈，他們會嘗試以前所沒有過的性行為，幾乎不考慮道德或健康問題。

處在性慾濃烈階段的人非常需要有身體的接觸。隨著時間的過去，你的身體可能非常需要他人的碰觸，這有一種奇妙的治癒效果。在婚姻中，雖然關係的親密度和溫度不同，但你還是可能獲得了很多身體上的接觸，但現在離婚了，這種接觸不存在了，很多人會用性來滿足身體接觸的需求。然而身體的接觸和性撫摸之間有絕對的區別，很多人卻對此渾然不知。雖然兩者截然不同，但在某種程度上，你還是可以藉由非性慾的身體撫摸來滿足自己對性接觸的需求（例如擁抱、按摩、牽手、牽手散步等）。

你可以透過性以外的方式來滿足性慾濃烈階段的需求。這種強制性需求的一部分原因是「想要證明自己沒有問題」，「想要證明能再次對自己感到滿意」，明白這些後，你可以對此調整自己，建立自我認同和自信，明白你是值得愛的，這樣就能克服孤獨的感覺，就能紓解這個階段的一部分壓力。如果你每天擁抱的次數達到了「預期的配額」，也可以紓解部分壓力。嘗試所有的方法，就能在一定程度上解決這個艱難階段的需求。

正因為這個階段的強烈需求，人們才會對離婚者持有成見，認為他們很容易在性方面上鉤。在這一階段，性的慾望的確非常強烈，離婚者很容易就上當受騙，甚至在性關係方面多少會有些混亂。在現今的年代裡，愛滋病、披衣菌感染、人類乳頭狀瘤病毒等性傳染疾病橫行，所以我們不提倡這種混亂的行為。

回歸正常

> 我們在婚姻中的性生活並不和諧。分居後，我們各自與其他人發生了性關係。等到我們復合後，我們驚訝地發現性生活變得和諧了。我們似乎因此得到了自由。
>
> ——邁克和簡

最終你還是會度過性慾濃烈階段，進入性的第三階段，也就是正常性慾回歸的階段。（每個人的性需求都不一樣，並非每個人都會經歷這三個階段。）處在性慾濃烈階段時，人們會感受到強制性和控制性的慾望，所以當這一階段結束後，性需求回歸正常，人們會有一種解脫感。

在性的最初階段，你做的是應該做的，到第二階段，你做的是你想做的事。大多數經歷離婚的人會感受到性自由的進化過程，他們會突然明白自己是誰，自己的性本質是什麼。這是離婚後的另一種成長。

大多數人在婚姻當中都只有一個性伴侶，他們覺得自己應該如此。離婚後，處在性慾濃烈階段，他們可能會與多人發生性關係。最後，他們決定再次回歸只有一個性伴侶的生活，因為他們覺得自己想要如此。

我們來想一想，這樣的過程會對未來的戀情產生怎樣的影響。來到第三階段，他（她）們藉由出軌來獲得性滿足的需求已經變少了。如果在性方面你還處在「應該」的模式，那麼不應該做的事情對你來說永遠都會有誘惑力。等到了第三階段，你做自己想做的事，表達真實的你，出軌對你的誘惑就會大幅減少。

豐富多采的生命

之前你說的所有事情我都贊同。但現在你說，單身時感受到性關係是一種個人的成長經歷，我必須表示強烈反對。性是神聖的，只有兩個人處在神聖的婚姻時才能有性。

——約翰神父

我們的社會把性吹捧得過頭，這可能是因為長久以來我們一直在性方面有所避諱，一直否認性。「媒體」中的性似乎與現實世界沒有太大關係，為了銷售產品，廣告用了大量的性暗示。人們崇拜年輕和所謂的青春美好、活力與性。這樣的內容每天都在媒體上狂轟濫炸，導致人們不容易在戀愛和婚姻中實事求是地看待性。

大眾的性觀點往往缺乏去關注人類在性的精神層面。性超越了平常的自我表達方式，透過一種特別且積極的方式去向對方表達愛和關心。性是一種超越日常的自我昇華。這種精神層面不僅僅存在於性之中，也存在於其他方面：克服憤怒、與他人互動交流的能力、學習如何喜歡一個人、學習接受並處理人類所有的情感。如果從這個角度來看待性，就能把性理解為人類互相交往的眾多正常健康元素之一。

由於歷史上的宗教信仰，我們的社會在傳統上總是不斷強調只能和配偶發生性關係。然而，我們真正接收到的訊息卻含混不清。許多人在離婚後，驚訝地發現和不愛的人竟然也可以有非常美妙的性關係。有些人擁有傳統的道德觀點或宗教觀點，或是兩者皆有，一旦他們有了婚姻之外的性關係，就會感到十分罪惡。也有一部分人的道德觀是：只要不染病、不懷孕，就什麼都可以。

怎樣的離婚調適是健康的呢？你應該有所成長，不再過分強調肉體上的性。性是與他人分享和溝通的特殊方式，你應該了解其中的美妙：(1)它是你的個性、獨特性和道德的真實表達；

(2)你不僅要關心自己，也要關心性伴侶的需求和健康；(3)不傷害他人與社會；只要符合以上幾點，就是有社會責任感，這同時對於自我實現也有幫助……且符合人性。

每個人都應該養成獨特的性道德，符合各自的信仰、價值觀、個性、背景、態度和經歷，並且適用於對方。許多人都不會選擇發生婚姻之外的性關係，對他們而言，這就是非常合適的選擇。而另外一部分的人則認為，在戀情結束後，性能有效解決性慾濃烈階段的需求和治癒自己。

大多數離婚的人安於一個階段只與一個人保持性關係。事實上，大多數人的性關係需要藉由情感關係來維繫，這一點是很明顯的。兩個人互相交流、相互信任、相互理解、相互尊重，再加上性關係符合彼此的道德價值觀，他們就不會感到不安。如果在性關係方面能達到這種層次的自我實現，將來再婚時，你就不太會有尋求婚外情的需求。

可以公開討論性嗎？

你現在已經離婚，進入離婚人士的次文化圈，現在就來看一看，在這個過程中還有可能遇到哪些其他的調適問題。

女性經常抱怨的是：男人感興趣的事情是和她們上床。但其實我們發現，很少有離婚者喜歡廉價隨意的性。不幸的是，在我們的社會中，很多人除了性就沒有什麼能和異性做交流的了。性可以是、通常也是互相接觸最簡單的途徑，但不要忘記，如果在性之中得到了短暫滿足的性，其潛在的代價仍是巨大的。男女的交往除了性還有很多其他方面，如果你能做到在其他各方面都與異性有所來往，你的生活就會更加豐富多采。（在之前的章節談論過如何與異性發展非愛情、與性無關的關係。）

在離婚復原討論課堂上，我們發放問卷尋問大家想要討論的話題，大家的第一選擇是感情，而男性和女性在第二選擇上的差異非常有趣，幾乎所有的討論班，女性的第二選擇都是性，男性的第二選擇都是愛。感到吃驚嗎？不止如此！相較於男性，女性不僅對談論性有較大的興趣，而且談論時會更為自在。某次在課堂上討論性話題後，伯特說出了心裡話，他說自己回家後完全無法入睡，他太驚訝了，明明談論的話題是性，但班上的女生卻能如此自在地互相交談。

我們認為，與他人互動的過程中，坦率是一種非常健康的方式。（你應該還記得在第十三章談到了摘掉面具，坦誠以對地交流。）在過去的年代，性是一個絕對不能公開討論交流的話題，結果就是人們無法了解、進而無法處理自己對性的態度和感受。現在我們開放許多，就像我們理解和發展其他的人類情感一樣，我們也能理解和發展自己的性感受。

在性方面坦率也為你開啟了寬廣的一面。在離婚圈裡約會的時候，你可以在關係剛開始發展時就坦率地討論性方面的問題，避免相互猜測的遊戲：「我們要上床，還是不要？」很多人的約會最終都不會發生性方面的親密，所以猜測心思的遊戲是不合適的。公開討論這種話題後，你就可以更自然、更正常地發展這段關係，不用揣測對方和自己在性方面的立場如何。

如果你還處在重建的早期階段，一想到性生活就感到不寒而慄的話，你可以把自己的這種態度告訴對方：「我現在真正需要的是走出家門，和朋友一起相處，在這個階段，任何超越友誼的事情都不在我的考慮範圍內。」坦率地講出自己的觀點後，你會驚訝地發現對方的反應其實是非常好的。大多數人都會表示理解並接受，而且若他們也經歷過離婚，就會有類似的感受。

不互相利用

有一群孤單甚至絕望的人為離婚次文化帶來另一個問題，他們讓性的話題顯得更為複雜，他們實際上是想利用別人。如果你是個善良、關愛別人的人，看到自己周圍有這些需要照顧的人，你可能會忍不住想要滿足他們的需求，而他們需求的一部分就是性。

在離婚次文化裡，有許多孤獨和需求，對於身處同情陷阱的人來說，就會引發不一樣的調適問題。什麼是同情陷阱？就是覺得自己必須去照顧別人，回應別人表面上的需求。如果你有這種傾向，你就應該學得自私一點。（這裡的「自私」也許是負責任的途徑。）

那些孤獨而絕望的人，你根本無法滿足他們的需求。你必須先滿足自己的需求，照顧好自己，不利用別人，也不要讓別人利用你。努力使自我的感覺良好，實現內在成長，盡力變得完整，克服自己的孤獨和想要依靠他人的需求。這樣才能為未來的感情、為真正需要幫助的人奠定堅固的基礎。

角色和規則：誰對誰做了什麼？

進入離婚次文化圈後，很多人還會面臨另一個大問題，就是規則。你覺得自己就像個滿腦袋都是疑問的青少年，不明白也不清楚該怎麼做。我們的社會在性行為和態度方面產生了很大的變化。

其中最大的變化是：人們不再遵循遊戲的各種行為規則，而是自由地做自己。如果你不知道「自己」是誰，自由地做自己對你來說反而會非常困難。你必須找到自己的方式，跟隨自己的獨特方式。過去，你只需要遵循既定的規則，而現在你要坦誠面對自己是誰，然後盡力地表達出這種獨特性格。

如今性別角色的變化帶來了另一個挑戰。女性可以在任何事情上擁有主動權，即使是性也不例外，這對兩性來說都是顛覆傳統的。在性這個話題的討論課上，男女雙方都會想知道誰主導性、對方的感覺是什麼，而男性通常對於女人占領主導地位有解脫的感覺。以前男性主導一切時，他們必須承擔被拒絕的恐懼，現在女性主動開口，男性就不用再承擔一切了，女性也有了被拒絕的風險，這讓男性感覺不錯。

雖然男性在討論課上如是說，但女性表示，在現實生活中，男性其實還是害怕如此自信的女性。雖然他們說自己喜歡受到女性邀約，但真正出現這種情況時，他們又感到不自在。現在的情況似乎是：理智上男人喜歡女人占領主權，但情感上他們又無法駕馭在兩性關係上如此有自信的女性。

女性也覺得困惑。她們會說自己願意邀請男人出去，但真正要行動時，又回到了過去的性別角色中，完全做不出邀約男人的事。對很多女性而言，這是要同時面對兩種適應過程：適應單身，以及尋找女性的新認同。

沒有什麼是永恆不變的，社會的標準就像鐘擺一樣忽左忽右。這並不是一條平坦的道路，快速的社會改革帶來了許多混亂及不確定性。當今這個時代，或許比以往過去任何時候都更需要了解自己，我們必須選擇能實現自我又能尊重他人的價值觀，並依此行事。

謹慎小心

如果你已經決定要放開自己，接納新的性關係，請接受我們的忠告：注意安全！安全的性行為真的非常重要。愛滋病和其它性病對全球的性行為產生了重大影響。科學和醫學界一直都在尋求治療這些疾病的方法，但是每一個人都應該負起責任，選擇最為安全的方式，保護自己和性伴侶的健康。

所謂「安全的性行為」就是有意識地做出決定，將感染性病的風險降到最低。要確保不感染性病的方式有兩種，一是禁慾，二是對雙方來說，對方都是自己唯一的性伴侶，而且對方是「經過檢查沒有疾病」。不過，我們還是可以採取其他方式，例如下列幾項措施：

- 定期體檢；
- 在發生性行為的過程中，全程使用保險套；
- 了解並杜絕性病的常見危險因素（例如靜脈注射藥物、避開高風險人群）；
- 與性伴侶開誠布公地討論性習慣和性偏好；
- 不要頻繁更換性伴侶。

當然，無論是已婚還是未婚人士，每個人都有自由表達性的權利，但前提是涉及的對象是自願的成年人，而且在生理上或是心理上沒有故意傷害對方的意圖。性行為是自願行為，與他人發生性行為不是義務（即便對已婚人士亦是如此）。關於性，就是做出謹慎的決定，再按照決定行動。我們希望你的決定是明智的、安全的、有趣的、以感情為中心，而且是你自己做的決定。

孩子和性

離婚家庭的孩子在性方面也有重建方塊。孩子在感情、性、以及成為男人、女人和成熟的人等方面，都需要有角色模範，當父母的婚姻關係結束了，他們該以誰為榜樣呢？

父母有了新的戀情，往往會讓孩子覺得困惑。孩子隱約能感覺到父母各自的新關係中包含了性的部分。（事實上，孩子知道的比你想像中的還多！父母哪一方有性生活，哪一方沒有，他們都很清楚。）如果父母還處在性慾濃烈階段，傳遞出強烈的性訊息時，孩子該怎麼做？他們該如何應對父母的這種新行為？

溝通。這聽起來似乎非常老套，但在這個時候溝通是極為重要的。父母坦率、開誠布公地和孩子談論性，用孩子所處階段能夠理解的方式談論，對孩子和父母都很有幫助。孩子在生活上雖然有很多焦慮和不安定，但這種混亂可以視為學習的開端。隨著父母重建過程的前進，孩子很有可能會對性、對他們自身的成熟都有更深的理解。

孩子從親戚、祖父母和父母的朋友身上也可以找到角色模範，曾有一個十幾歲的孩子對我說：「現在我身邊有了更多的角色榜樣！」

你現在過得如何？

本章中涵蓋了很多的內容，但仍有許多未被提及的事物。對於離婚者而言，性這個重建方塊是絆腳石，所以在繼續前進之前，你必須要確定自己已經處理好所有問題。請按照下列內容評估自己的進度。

1. 和潛在對象出門時，我覺得很自在。
2. 我知道並且能清楚解釋自己目前的道德和價值觀。
3. 在適當的時候，我認為自己可以建立一段深刻且有意義的性關係。
4. 我能夠自在的與另一個伴侶發展親密關係。
5. 我的性行為符合我的道德觀。

6.我滿意自己目前的約會情況。
7.我的行為在道德上符合我對孩子的要求。
8.我以自己滿意的方式來滿足自己的性需求。
9.與他人交往時，我對自己的行為負責。
10.我了解男人和女人對性的態度和價值觀有所不同，但大多是大同小異。
11.和異性在一起時我覺得很自在。
12.雖然我想要的行為方式可能不符合他人的期待，但我現在可以放心地按照自己的方式做事。
13.我不會讓性慾濃烈階段的強制性需求控制自己的行為。
14.我以自己可以接受的方式來解決性慾濃烈階段的需求。
15.很多人在深陷悲痛時，對性沒有慾望，也無法有性行為，對此我能理解並接受。
16.我每週都能達到自己需要的擁抱「額度」。

第十八章

單身

單身也沒關係，對嗎？

單身——這個時期適合你致力於自己的個人成長，而非其它各種關係。藉由一段時間的單身，你可以建立內在的自信，體驗並享受單身生活，了解這也是一種可接納、可選擇的生活方式，而非孤獨的階段。然而，如果你把單身當作避免另一段親密關係的方式，你就很容易會卡在這個重建方塊上。

我明白單身生活是一種對能力和自我的肯定，而不是尷尬地承認失敗。現在我能輕鬆的與他人相處。我不再浪費精力當一隻社交變色龍。離婚後的內疚感、自我懷疑，還有例如「我還能再愛誰？」這樣的疑問也大幅減少了。我是一個快樂的單身者，這是以前的我做不到的事情。

——拉里

在這段路程中，你會看到有人獨自攀登。他們對自己的攀登能力已經有了足夠的信心，他們選擇按照自己的節奏前進，不再跟隨整個隊伍。有些人選擇獨處是為了投資自己，有些人只是單純想要並且需要一個人思考腦中的各種想法，獨自享受沿途的景色。這就是單身的階段。

你有過真正的單身生活嗎？

許多人在結婚之前從沒學會過獨立的生活，他們從父母家搬到了婚後的家庭，完全沒有想過單身也能過著快樂的生活，沒有想過「婚後從此過著幸福的生活」只是童話故事。

莫娜在嫁給喬之前一直和父母住在一起。以前她取悅的是她父親，婚後她改為取悅自己的丈夫。喬第一次說要離開時，莫娜緊緊抓住他不肯鬆手。想到要獨自一個人生活就讓莫娜十分害怕。她從來沒有學過如何取悅自己，一直都是依賴著別人。獨立生活雖然很具挑戰性，但也讓莫娜感到恐懼。更尷尬的是，她已經三十五了，卻不知道該怎麼過自己的生活，這聽起來似乎很可笑。

她只能慢慢地適應獨自一人的生活。剛開始，她總想要找些可以依靠的人事物，後來隨著她的自信越來越充足，她開始做自己想做的事，並且開始享受這種感覺。她更新了整個房間的壁紙；為庭院製作新圍籬；孩子和喬在一起時，她就一個人去看電影、聽音樂會；她會邀請鄰居來家裡聚餐。有了這些活動，她覺得非常快樂，她知道自己不需要別人。何謂一個獨立的人？或許她就是一個很好的例子。

吉米則是男性的範例。他的母親一直都把他照顧得很好，替他把衣服洗好、熨好，三餐按時為他準備好，房間也替他打掃得乾乾淨淨。正因為如此，吉米能把所有的時間都放在學習和參加學校活動。上大學時，他在宿舍裡同樣不需要自己準備食物、不需要做什麼家務。後來他娶了珍妮，珍妮一手包辦了所有的事情。吉米一直覺得自己很獨立，完全沒有意識到自己有多依賴別人。後來他離開了珍妮，才發現自己是如此地依賴別人。在廚房裡，他連最簡單的食物也做不出來，完全不知所措。他不知道怎麼洗衣服，他把內衣和紅色的襯衫一起放進洗衣機，結果內衣全染成了粉紅色！汽車可以花錢請人保養，可是要找一個全職的人為你打掃煮飯就很困難了，而且非常昂貴。

漸漸地，吉米的烹飪技巧越來越好，到最後他甚至有勇氣邀請一位女性朋友到家裡用餐，而對方還很喜歡他準備的食物。他的衣服越來越整齊，他終於學會如何燙自己的襯衫，他感到非常高興，非常驕傲！學會照顧自己就像是長大了一樣，每一個成就都帶給他一種成功的感覺。

我和我的影子

我們說的單身，絕對不僅止於學會做以前別人為你做的事情。所謂的單身是指整個生活方式。

約會和戀愛關係的獨立自主就是一個很好的例子。「我永遠沒辦法一個人生活；我需要找另一個人。」對於剛分手的人而言，這樣的話很常見。在單身階段，同一個人說出來的可能是：「為什麼要再婚？我現在想去哪都可以，也可以隨心所欲的吃東西。不需要為了另一個人調整我的日常生活習慣。單身的感覺真是太好了！」

在進入單身階段之前，他（她）可能在尋找「遺失的另一半」，但在單身階段的他（她），已經是獨自一人外出也感到很自在的狀態。他（她）們不會為了避免尷尬或失敗感而去尋找「約會對象」。戀愛的品質也隨之提升：現在的你會去選擇約會的人，以前的你因為想要有人陪伴，所以隨隨便便的找個人約會。與他人共度夜晚時光，是因為想要分享彼此，不是因為有所需求。你或許會碰到喜歡的人，但你喜歡的是對方這個人，不是對方有可能成為你的終身伴侶這件事。

單身，喜歡單身

在離婚討論班裡，我們的其中一項作業就是在單身階段發展新的興趣。過去，很多人都把自由的休閒時間用來做配偶想做的事，或是和父母在一起時會做的事。現在你的作業很簡單，就是把這些時間花在培養新的興趣，或是你長久以來想要做的事情上。也許是學彈吉他、學畫畫、學開車，或是沒接觸過的新運動。對於認真執行這項作業的參與者來說，他們找到了很多自己真心喜歡的新活動，而不再只是遷就配合別人。

單身就是做一個負責任的成年人。在與他人建立的各種關係中，我們所扮演的角色和內心的態度、感情是有關聯的，而且這種關聯是雙向的！你改變自己的行為，改變與他人交往的方式，你會發現自己的態度也變了。（「嗨，我現在發現自己單身也能過得很好。你看，我自己完成了這麼多事！」）

與處在長久的戀愛關係中相比，在單身階段的你更容易學習如何獨立自主，中立的環境能同時促進內在和外在的改變。單身階段很適合改變內在的心態和感覺，以及外在行為和關係的調整，讓自己成為更為完整的個體。

我很高興又單身了……是嗎？

當然，單身階段並非全是美好的。研究顯示，單身者，尤其是女性，經濟情況通常不好。在很多領域裡單身者的升遷機率都會較低，且被視為情場獵物。雖然針對性騷擾相關法律越來越嚴格，但在工作場合裡，單身女性仍能感受到這種壓力，經常被誤以為她們以性來換取升遷的機會。還有很多其它場合也會讓單身者感到不舒服。

亞力克莎對自己小孩的主日學校課程感到不滿。老師要孩子畫一張全家福，亞力克莎的兒子畫了他自己、他的姐姐和他的媽媽，這就是他的全家。但老師卻要求他再畫一個男人，老師說：「我們都知道，一個家庭裡一定會有爸爸和媽媽！」這讓亞力克莎覺得受傷，她感到很失望而且憤怒，直接對牧師表達了自己的負面感受。母親節時，厄休拉來到教堂，當日布道的主題是關於婚姻與愛情。厄休拉和其他十幾個單身母親覺得自己完全被忽略了，她覺得十分壓抑。她寫了一封信向教堂的神父表達自己的感受。這一次，神父做了讓人滿意的回覆，他和這些單身的母親見面，另外為她們舉行一場特別的講道。這次教會對於母親的定位有了更廣闊的界定了。

學校常常也是一個讓人煩惱的問題。家庭教師協會的主席打了一通電話給強尼的家長，希望他們能主辦這次的飛鏢大會。強尼的單身父親解釋說，自己很樂意做這件事，但他只有一個人。主席說，主辦這次大會需要兩個人，所以請他另外找人。家庭教師協會的聚會通常是夫妻共同參與的，如果你隻身前往，你會覺得自己非常孤單。

當你一個人到學校參加母姊會，老師告訴你，班上所有的「問題兒童」都來自單親家庭，因此他需要和你見面。老師告訴你，你的女兒簡妮可能是因為沒有得到「應有的教育」，所以成績總是不好。而且你的女兒「才五年級」就對男孩有過度的熱情，這在暗示你，如果她的母親能和一位男性有「長久穩定的終生關係」，那麼簡妮在對待男性的心態上應該就能做的比較好。這讓你感到憤怒、受傷，覺得自己非常無助，但你又能說什麼呢？

對於大多數常見的貶低和歧視行為，你可以有一些堅定且自信的回答。你可以大方地做出回應，教育他人，同時維護自己的尊嚴。這樣一來，你的感覺就會舒坦許多，而不是怒氣衝衝地離開。

例如，老師堅持認為如果生活在雙親家庭，簡妮的表現就會好很多。你可以這樣回應：「你是對的。單親媽媽確實很不容易。事實上，前副總統丹・奎爾（Dan Quayle）曾經說過單親母親是『真正的英雄』。我和簡妮都過得很好。她成績不好，我一點都不覺得是因為我離婚了。為了提高她的成績，我願意輔導她，或是陪伴她多做些練習，或是付出任何的努力。對於她的學習習慣，你有什麼建議？你可以多給她一些額外的作業嗎？」

對方貶低你，認為孩子功課不好是你的個人生活造成的，你這樣的回答就能否認掉對方的觀點。該為學習負責的是老師、學生和家長三方的合作，而不是你的感情生活。

成功的單身生活

若要成功的面對單身階段，通常內在需要很大的安全感。本章討論了很多單身人士在應對社會態度時的感受。如果你已經成功的攻克了之前的重建方塊，那麼你在單身階段就很有可能會感受到一種寧靜平和。面對他人的態度，你或許會有稍許的不安，但你已經足夠強大到能去做應對。你可以從外界的偏見中學到東西，利用它們讓自己有更安全的內在感受。

單身期是整個攀登過程中最有效果的階段之一，在這個階段，你內心的舊傷可以得到真正的癒合。透過處理外界的偏見，你的內在也能變得更加強大。

警告：我們很容易就卡在單身期。如果你還沒有處理完婚姻和親密關係方面的問題，你就極有可能會躲在單身的階段。你會聽到有人說：「我再也不會結婚了。」他們聽起來像是處在單身階段，但事實上從很多角度而言，這與真正的單身心態相違背。害怕親密，避免感情，抗拒婚姻，視婚姻為社會中最糟糕的制度，所有這些都顯示了這個人正卡在單身的階段。我們的目標是自由地在單身或是再婚之間進行選擇，而不是永遠單身。

在我們的社會中，單身已經是大家可以接受的一種選擇。幾十年前，單身的人會被視為怪胎、找不到結婚對象的人。在過去，家庭是社會的基石，所以結婚就是「愛國的」。現在，大家的態度已經有所改變；某一次在談論戀愛關係時，一位女性問：「為什麼我們不停地談論戀情，難道不能討論保持單身的狀態嗎？難道我們必須視戀愛關係為理想狀態嗎？」

事實上，每年美國有大約一百萬夫婦離婚，因而單身越來越能被大眾接受。人們對單身的看法發生了許多轉變。也許我們越來越能接受個體之間的差異了！

孩子和單身

單身期也是孩子重要的重建方塊。在孩子長大步入婚姻之前，他們需要學習如何成為單身、不依賴父母的獨立個體。如果孩子能夠看到並且明白單身的重要性，他們就更可能在未來建立成功的戀愛關係。

單身期父母教育孩子的方式也會有所不同。在離婚調整期的早期階段，父母拚命地想要確定自己是有人愛的，是有約會對象的，確定自己在很多方面都是沒有問題的。這對孩子來說常常是非常痛苦的，他們的需求被放到了一旁，而處在單身期的父母通常對孩子的需求能有更多的回應。之前，蘇珊娜在討論班上擔任志工，她需要藉由幫助別人來感受自己的價值。來到單身階段後，她辭去了志工的工作，因為她想要花更多的時間陪伴孩子。單身期的父母，已經從自己的情感需求中走了出來。

你現在過得如何？

攀登到這個階段，你已經得到了一個很大的獎勵——可以看到林線以上的風景，你可以眺望遠方！單身階段肯定超越了林木線。站在這裡，你可以更清楚地看到這個世界。你更了解自己，也更理解他人，更理解你和他人的互動，你的人生觀更為廣闊了。來到單身期，代表著我們就快要登頂了。加快腳步，到山頂上看一看風景吧！

在到達山頂之前，按照下列內容評估自己的進度吧。

1. 單身的身分讓我感到自在。
2. 我是個快樂的單身者。
3. 我能自在的以單身的身分參與社交活動。

4.我認為，單身是一種可以接受、可以選擇的生活方式。
5.我的目標是成長為一個完整的人，而不是尋找另一個「半個人」。
6.我把時間投資在自己身上，而不是尋找另一段戀情。
7.在我的眼裡，我的朋友是我想要共處的人，而不是潛在的戀愛對象。
8.如果我有孩子和家人，我會享受陪伴他們的時間，而不是抱怨他們剝奪了我的個人生活時間。
9.單身的身分讓我找到了內心的平靜和滿足。

第十九章

目標

現在，我對未來有了目標

剛分手的人往往活在過去，他們通常非常依賴他人。等他們度過了離婚期，就會開始學習活在當下，不再像過去那樣依賴他人。現在，你是個獨立自主的人，無論有沒有新的戀情，你都可以開始規劃你的未來了。

我剛參加離婚討論班的課程時，我夢見自己開著一輛車衝出了山路，懸掛在懸岩邊。我十分害怕，完全不敢動。課程結束後，我夢見自己在一個黑暗的洞裡，我還是開著車，但是黑洞前方有個水泥坡道，沿著坡道我可以離開這個大黑洞。

——哈里

回頭看一看你攀登過的小徑。這一切應該讓你覺得很有成就感對嗎？當時的你處在離婚的黑洞裡，活下去是唯一最重要的事情。當時你無法顧及未來該做什麼樣的目標設定，只能過一個小時算一個小時，過一天算一天。

隨著我們的「高度」提升，事情已經大有起色了。攀登這座離婚後的高山是一件很不容易的事情，但你現在已經快接近山頂了，也有了一些自己的看法。你可以回頭看一看，自己這一路是怎麼走過來的？看一看自己現在的情況，你就會明白自己有了多大幅度的提升。展望未來，明白自己已經下定決心要成為自己想要成為的人。

審視過去、現在和未來

離婚的創傷替我們帶來了動力，我們因此能好好地審視自己的生活。我們往往會沉溺於過去，想著要是重來一次，我們絕對會以不一樣的方式過生活。我們也經常會太過關注於現在，無法思考未來。

現在，你應該把一部分關於過去的思考和現在的痛苦置之腦後，開始思考未來的目標和決定了。

處在巨大的情感痛苦當中，人就很難對未來進行規劃和設定目標。這個章節談論的是目標的設定，如果在情感上依舊非常痛苦，你就會覺得這一章讀起來非常艱難。在閱讀時，如果你的進度太快，沒有真正花時間進行情感學習，也許你就應該先把這一章的內容放到一旁，花一些時間重新閱讀之前的內容，真正地進行你所需要的情感學習。我們在第十一章曾討論過一個問題，布魯斯的研究顯示，剛分手的人在接受「田納西自我概念量表」測試時，會得到非常低的分數。使用「個人取向量表」（Personality Orientation Inventory）對剛分居的人進行測試時會發現，他們（尤其是被甩的人）在思維和態度方面有很大一部分是「活在過去」。處在離婚黑洞中的人，對未來幾乎不抱希望，也沒有任何目標。他們覺得自己進入了但丁筆下的《神曲》（*Inferno*），大門上就寫著：「進入這裡的人，會放棄一切希望。」如果你能真正的利用幾個星期或幾個月的時間仔細閱讀並實踐之前章節的內容，在這一章裡，你應該就已經準備好繼續自己的人生，開始為自己的未來設定目標。我們開始吧！

你的人生軌跡：練習設定目標

這是實驗性的練習，能幫助你審視過去、現在和未來的生活。我們希望你畫出自己的「人生軌跡」。所謂人生軌跡就是圖表式的「時間線」，在一張紙上從左到右，畫出你人生的各種起伏。（可以參考下頁的人生軌跡範例。）

別忘了，這張圖表是為了你自己而畫，這不是美術作業，沒有人會給你打分數！（不過本章的最後，我們會對這個「測試」做出提問。）不論是修改或重畫都沒有關係。最重要的是，最後的成品應該是真實的、有價值的。

以下是具體的步驟：

第一步：找一張又大又乾淨的紙，紙張越大越好，這樣你才能盡情地畫出自己的人生軌跡。

接下來，想一想你現在的年齡，你預期自己大約能活多久。大多數人在思考這個問題時，都會想到自己死去時的年紀。有些人覺得自己會活到很老歲數，有些人則覺得自己會英年早逝。仔細感受這種感覺，看一看在壽命方面，自己的期待是怎樣的。然後再想一想自己現在的年齡，你已經過了人生的幾分之幾，還有幾分之幾的人生擺在你前面？比如，你覺得自己可以活到八十歲，而你現在已經四十，那麼你已經過了一半的人生。

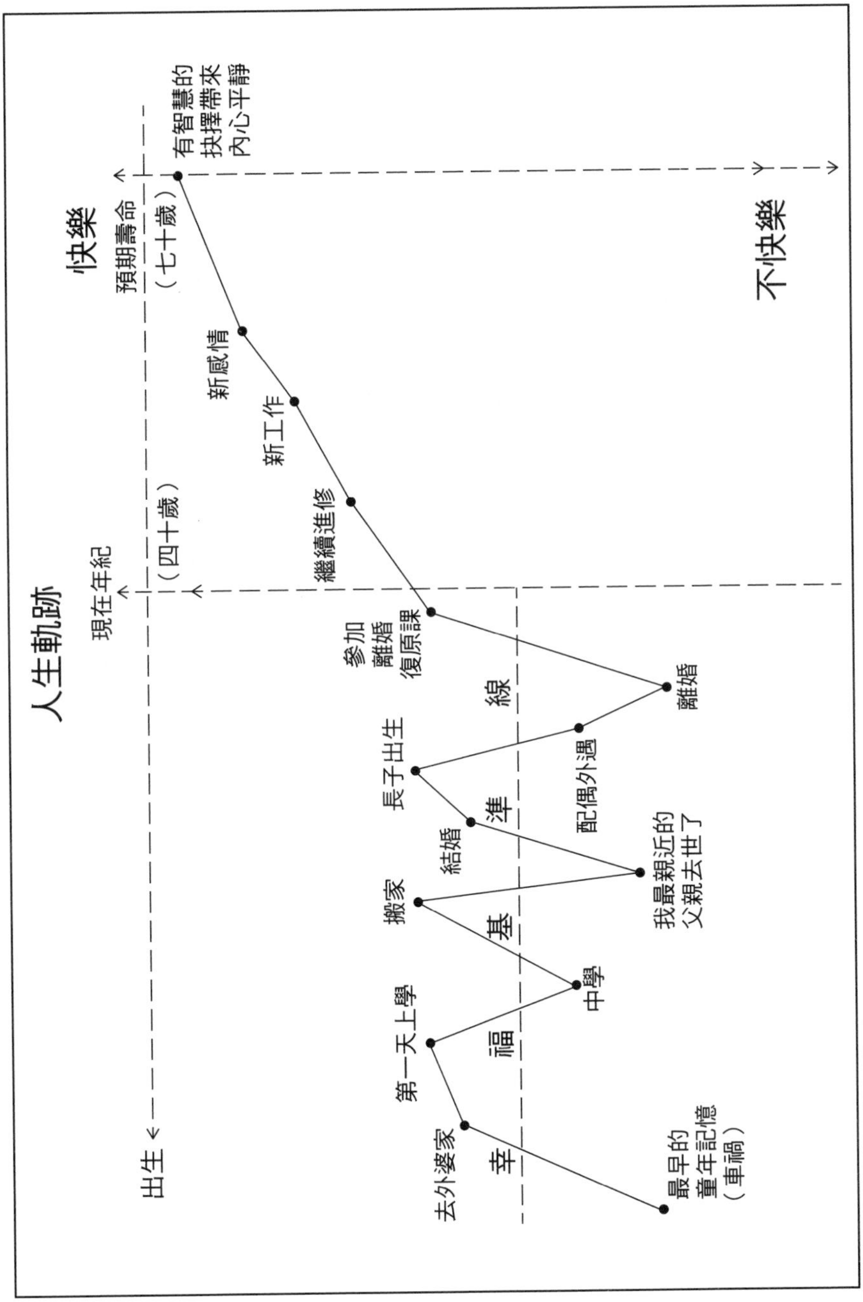
人生軌跡
快樂
不快樂
出生
現在年紀
（四十歲）
預期壽命
（七十歲）
有智慧的
抉擇帶來
內心平靜
新感情
新工作
繼續進修
參加
離婚
復原課
離婚
配偶外遇
長子出生
結婚
我最親近的
父親去世了
搬家
中學
第一天上學
去外婆家
最早的
童年記憶
（車禍）
幸
福
基
準
線

拿出準備好的紙張，畫出一條垂直線，這條線的左邊代表你已經度過的人生，右邊則代表未來的人生。如果你已經過了一半的人生，這條線就應該畫在中間。如果你才度過了三分之一的人生，這條線就應該偏向左邊的三分之一位置。比較一下你已經度過的人生，再對比剩下來的人生。你將要如何度過剩下的日子呢？

想一想，到目前為止，你的人生基本上是幸福的還是不幸福的？在紙上畫一條水平線，這條線代表的是你幸福感的基本水平。如果你的一生大多是不幸福的，就把這條線畫在中間偏下的位置。現在就開始畫出你的人生軌跡吧。

你的人生軌跡：過去

努力回想你最早的童年記憶，這是你人生軌跡的起始。認真思考這些早期的童年記憶，你可以從中了解自己，了解以後的人生。軌跡的起點應該要能反映出這段早期的童年記憶是否幸福。你的童年越是不幸福，你就必須要從越靠近底邊的位置開始。

接著回想早期童年的重要事件，找出這些重要事件，標注在你的人生軌跡圖上。如果你記得什麼特別高興的事情，就在靠近上端的地方做標注。如果是特別不幸的事情，比如說家庭成員去世，就把它們標注在低處。接下來就是小學、初中、高中，一路標示出你人生中各個里程碑。在繪製這條人生軌跡的時候，你可以想像自己是在對朋友講訴一段故事，告訴他們你人生中的重要事件。你的婚姻、你的孩子，全都包括在內。

你的人生軌跡：現在

現在，想一想你離婚的事、你現在的情感狀態。許多剛分居的人會把離婚危機標注成人生的最低點，但是不要忘了，你還有未來的日子，你還可以提升自己，成為自己想要成為的那種人。把離婚時和離婚後的幸福水平也畫出來。

你的人生軌跡：不久的將來

你已經完成了現在這部分，應該考慮未來了。制定一些短期的目標，下個月要做什麼，未來三個月、未來六個月。試著預測在未來的人生中，你會做些什麼，你將會有怎樣的感受。比現在更幸福？，還是不如現在？你是否還有需要經歷的痛苦，例如，離婚訴訟的最後宣判、財產分割或者是經濟狀況不佳，你有很多必要的支出，而收入卻很低？盡可能如實地在人生軌跡上標注出你接下來幾個月的情況。

你的人生軌跡：未來

開始制定長遠的目標。問問自己：一年以後，我會是什麼樣？五年以後呢？年老的時候呢？我會有一張幸福人生的面容，還是一張寫滿難過、酸楚、憤怒或是負面情緒的臉呢？退休對我有什麼樣的影響？退休的時候，我已經做好準備了嗎？不再工作後，我能適應這樣的變化嗎？如果以後遇到重大的疾病，我會有什麼樣的感受？我是否有健康的生活習慣能預防引發重大疾病呢？我的生活中是不是充滿了負面情緒？隨著年齡的增長，這些負面情緒會變成身體上的疾病嗎？

你的人生就是撒了種子的土地，種子會發芽、成熟，你終將會有收穫。你想要你的人生有什麼樣的收穫呢？站在人生的盡頭，回顧一生，你能說出「我過了想過的生活，我準備好離開了」，還是會說「我錯過了我的人生，也錯過了其他的事情。我還沒有準備好離開」？

而那個未來會和你一起生活的人呢？重新再開始一段新的戀情這件事，對你而言很重要嗎？等你年老的時候，有人和你一起共同生活嗎？或是你想一直過著單身的生活，享受單身的自由？什麼是你生命中重要的東西？賺錢？成名？健康？成功？「成功」對你來說是什麼？你該如何做才能擁有成功的人生？問問自己：你想要別人記住你有什麼樣的貢獻？你有努力讓世界變的更美好嗎？回答這些問題時，你的答案讓你滿意嗎？

你是否正在變成你想成為的那種人呢？你什麼時候才會開始有所改變，才會開始行動？今天？下週？下個月？或者你永遠都不會成為你想成為的那種人？就從今天開始吧。

孩子也需要目標！

父母離婚時，孩子會非常的困惑。父母都處在離婚期的痛苦當中，孩子的需求因而常常被忽略了。他們不知道自己該往哪裡前進，不知道自己會遭遇什麼樣的事情，也不知道該如何看待明天。他們沒有方向，也沒有目標。

孩子也有自己的難題，需要跨越這塊絆腳石，將之變為重建方塊（參見附錄A）。如果孩子有機會經歷這個過程，他們也能為自己、為自己家庭的新狀況策劃目標。否則，他們很有可能會因而迷失了方向。

建立個人或是團體成長的計畫，對這一時期的孩子來說是很有幫助的，比如附錄A提到的「重建方塊」。這樣的經歷能夠幫助孩子成長，更容易去應對父母的痛苦、滿足自己的需求。

本章中的人生軌跡練習也可以在修改後讓孩子使用，尤其是小學高年級以上的孩子。他們的時間概念和成人的不太一樣，但讓他們練習思考未來，為自己設定短期目標（與大人相比，孩子的目標是比較短的），也是很有價值的。

父母離婚對孩子來說是一段不確定和不穩定的時期。我們要幫助他們，讓他們對未來抱持希望，給他們機會為自己設定目標，這一點尤為重要。

你現在過得如何？

現在你已經思考過你的人生、你的未來，並繪製出自己的人生軌跡，接著花一點時間來評估自己的進步程度，然後繼續攀登，邁向山頂。山頂就在眼前，你肯定會想立刻就向上衝刺，但你已經付出了很多，此時應該保持穩定的步伐。回答以下幾個問題，再繼續前往山頂。

1. 在攀登的過程中，我完成了每一個重建方塊。
2. 我思考了自己的人生，繪製出人生軌跡圖表。
3. 我為未來設定了幾個可達成的目標，並做好執行計畫。
4. 我重新檢視了仍存有疑問的重建方塊，確定自己已經處理好這些問題。
5. 我已經準備好迎接自由所帶來的快樂和責任！

第二十章

自由

破繭成蝶

自由就是能夠完全做自己。處理重建方塊時，你就是在構建一個更為滿足的人生，更有意義的關係。你可以自由地選擇你的道路來實現自己的人生，你可以保持單身，也可以選擇另一段戀情。

過去在婚姻中，我認為自己深陷在愛的「監獄」裡。我擔負著許許多多的要求和期望，很難能夠做自己。剛分居的時候，我甚至感覺更糟。

但是現在，我覺得自己可以飛翔了。我可以做自己。我覺得自己已經破繭成蝶。我感到非常的自由。

——愛麗絲

哇！你已經站在山頂了，看一看這裡的景緻吧！

到了這裡，我們希望你能放下書本，展開一次想像之旅：你站在山頂，映入眼裡的是連綿的山峰，腳下是蜿蜒的山谷。呼吸一下周圍浸潤了松樹氣息的空氣；讓高空中的陽光暖暖地照在你的身上。看到了嗎？白雲在你的腳下；感受到了嗎？雪峰吹來了涼涼的微風。地平線在遙遠的平原盡頭，你的視野是如此的遼闊。回顧整個攀登的過程，什麼時候你覺得最享受、最有趣呢？什麼地方是最困難的？哪裡又是最痛苦的？你有發現自己內心經歷了多少的變化嗎？你在情感上真的到達了頂點嗎？或者你只是理智上認為自己到達了？在個人成長的路上如此辛苦地攀登，如今到達了山頂，你的感覺是什麼？

在你繼續翻閱這書之前，盡力地多花一點時間想像。當你徹底地仔細想過後，就繼續閱讀下去吧。

你已經走了這麼遠的路！

在單身這一段的路程中，我們希望你不僅覺得單身是一種美好的感覺，還會覺得這是最有成效的生活方式。現在的你已經準備好了，你可以考慮是否要開始發展另一段戀情了。你完成了前面所有的重建方塊，這對你與他人交往的方式產生了什麼樣的影響呢？你如何處理孤獨、悲傷、拋棄、內疚、憤怒和愛呢？這些處理方式會大大地影響你的日常生活、以及你與周圍人的互動。

如果你真的完成了重建的過程，克服了每個絆腳石以及曾經的重重困難，那麼現在你就能進入另一段戀情當中（如果這是你的選擇），並讓這一段關係勝過上一段。與上一段戀情中的表現相比，此時的你更能好好地滿足自己的需求和你所愛的人的需求。重建不僅幫助你度過危機，還能幫助你掌握單身生活和處理新戀情的生活技能。

給喪偶者的話

也許你的配偶離世了，這是一段幸福的戀情，你感到很滿足。研究顯示，如果喪偶的人選擇再婚，他們的婚姻通常能夠比較持久。喪偶者絕對是非常痛苦的，而且他們的調適過程會十分艱難，書中大部分的重建方塊對於喪偶者所處的危機都會有所幫助。然而，許多喪偶的人都不需要處理最艱難的調適部分——上一段不幸福的戀情。

高處的空氣很稀薄

對於很多人而言，攀登的過程實在太艱難了，他們很想半途而廢。許多年來，布魯斯聽過無數的人說：「我不想爬了，我想休息！什麼自我成長，我累了，我不要了。」有許多人累了、害怕了或是覺得無法應付變化，他們真的就此放棄了。這時，你應該坐下來休息一下，等待體力的恢復，然後繼續攀登。山頂上的景緻絕對值得回應你這一路上的辛勞。

支持、希望和信仰都能夠幫助你，但最後能否登頂還是取決於你。這段路程有多麼地艱辛？也許最好的證據就是：到了最後，只有少部分的人登上了山頂。你有足夠的自律、強烈的願望、勇氣和毅力來支持自己成功登頂嗎？

現在是說實話的時候。即使你完成了全部的攀登路程，我們也無法保證你會就此成為一個更幸福、更豐富或是更滿足的人。我們唯一可以保證的是：在這樣的高度上面，劣質的對象會比較少，優秀的對象比較多，但我們同樣無法保證你一定能為自己找到一個優秀的對象相伴（除非你從鏡子裡面尋找！）。明確的事實就是：你不一定能找到另一個「剛好合適」的對象來開始一段持久的戀情。你能發現的是：你更喜歡自己了，你能夠享受單身和孤獨；站在山頂上，你遇到的人都會非常特別，畢竟他們也是一路攀登上來的呀！

沒錯，站在山頂上，可以選擇的人就更少了。大多數的人都沒有登頂，他們都還在山腳下的營區裡，耍弄著各種社交把戲，躲在情感的牆後面，找尋各種不攀登這座高山的藉口。站在山頂的人數很少，想要尋找新的朋友和潛在的戀人會變得更加困難。但站在那裡，交友的品質卻提昇許多，數量就顯得不重要了。當你真正地站在山頂時，你的魅力四射，很多人都會被你吸引。（事實上，你可不能因此而大意，畢竟你現在是個優秀的老鷹，你實在太迷人了！）其實，站在山峰時，你並不會有路途上的那種孤獨感。如果你還是覺得孤獨，意味著你在情感上可能還沒有登頂。（也許是你閱讀這本書的速度太快了？）

深吸一口氣

有時候，以前舊有的習慣又悄悄溜了回來，你覺得自己根本沒有改變，這時你可能會灰心喪氣。你平常都是先穿右腳的鞋，還是先穿左腳的鞋？下週試著改變一下習慣，先穿另一隻鞋。我敢打賭，你肯定很快就會忘記，還是會按照舊有的習慣穿鞋。日常的生活習慣都這麼難以改變了，更何況是性格上的轉變，肯定是更加艱難。只要你能下定決心，一定就能得到，千萬不要灰心喪氣，改變是慢慢出現的。

面對未知的將來，你可能會非常害怕。很多人都有這種感覺！未來的你是什麼樣的呢？有可能已經學會單身生活，有可能你不知道自己該期待些什麼，或是別人對你有些什麼期待。你第一次到一個陌生城市時的感覺是怎樣的？混亂、迷失、不確定？你第一次參加單身聚會的感覺是什麼？熟悉的東西往往會讓你有一種舒服的感覺。（你可能會覺得以前的戀情其實還不錯，即使那簡直是個地獄。）

不過我們認為你不會願意再回到過去的關係中，即便你確實願意，肯定也是為了更正面積極的原因，而不是出於恐懼未知的將來！

超越單身

在整個攀登的過程中，我們講了很多學習單身生活的重要性。現在，讓我們再對兩性關係的重要性作最後的補充。經由努力，你可以在情感上成為一個完整的人，但我們認為，每個人身上都有一部分需要別人的幫助才能完整實現的東西。感情常常被比喻為糖霜，這聽起來確實十分貼切：沒有糖霜的蛋糕也可以是完整的，但如果有了糖霜，蛋糕就會變得更加美味可口！我們認為，所有的人都需要另一個人的幫助，讓自己能夠更為完整，使生活更加甜蜜！

變得自由

處在危機深處的時候，你不會想到未來的計畫和目標。之前在愛情關係中時，你的未來是有規劃和目標的，分手後，你失去了這樣的未來，你感到悲傷的部分原因也在於此。但是，等你走出危機後，你就能再次著眼於未來，再次擬定計畫了。

厄尼在醫院工作，他參加了我們的討論班。某天傍晚上課的時候，他對大家說：「這段調適的過程就像是在醫院的精神病房。那裡有個才藝教室，病人可以在那裡消磨時間。剛入院的時候，根本沒有精力做什麼手工藝品。等到他們真的產生興趣時，也差不多是該出院的時候了。等到我開始籌劃未來的時候，我覺得自己就是要走出離婚的黑洞了！」

研究指出，剛分居的人，特別是被甩的人，在很大的程度上都「活在過去」，他們大部分時間想的都是「過去是怎麼樣的」。隨著時間的推進，人們不會再活在過去，而是開始思考現在，開始享受日落的景緻。我們非常希望到了現在這個時刻，你已經不再「活在過去」，而是活在當下，已經開始計畫自己的未來。

我們要再次提醒：剛分居的人，特別是被拋棄的人會非常依賴他人。隨著個人的成長，他們會越來越獨立自主。希望你已經在依靠和獨立之間找到了完美的平衡。

自由的孩子

孩子也需要跨過這個重建方塊，找到做自己的自由，擺脫不健康的需求，這種需求控制了很多人的生活。未來時機成熟的時候，他們還需要自由地選擇婚姻。離異家庭的孩子常常會說自己未來不會結婚，因為他們看到離婚為父母帶來了摧毀性的打擊。孩子需要自由選擇自己的生活，而不是跟隨父母的腳步，或是刻意反其道而行。

每一個孩子都不一樣，他們的需求各有不同。我們在每一個重建方塊的最後都會概括總結他們的共同之處，但別忘了，每個孩子都是獨一無二的人，和成年人一樣，孩子也應該得到應有的尊敬和對待！年齡、性別、文化背景、家庭中孩子多寡、健康狀態、是否有其他的家庭成員、朋友和鄰居、環境、學校、父母的支持以及孩子個人的性格特質，這些都會讓他們有不一樣的需求。孩子比你想像得還堅強，他們能夠和你一起走過重建方塊、有所成長。我們鼓勵你也能這樣幫助孩子！如果你是認真考慮做這件事，參閱附錄A應該對你會有幫助。

你現在過得如何？

你應該會想要再做一下自我評估，檢視自己在個人成長方面的成績如何。以後你最好能隔段時間就測試一下自己，比如一個月一次、兩個月、半年或是一年一次。下面的內容包括了個人成長的重要部分，你必須很清楚這些內容以利繼續成長。其中大多都是我們在攀登過程中所談論過的領域，或許你能翻一翻前面的內容，稍作回顧。

1. 我能透過語言表達出自己的感受。
2. 我能和別人交流自己的感受。
3. 如果覺得自己「在人生的河流中快溺斃」了，我至少有一位同性和一位異性朋友是屬於會丟救生索給我救命的。
4. 我能夠以積極的方式表達憤怒，不會對自己也不會對周圍的人造成破壞性的影響。
5. 在適應離婚的過程中，我持續紀錄每一天，記錄自己的感受和態度。
6. 在過去一個月的時間裡，我結交了至少一位新朋友，或是和以前的朋友聯繫。
7. 在過去一週裡，我至少和一位朋友度過了一段有意義的時光。
8. 我找出那些需要再做努力的重建方塊，並制定了進一步努力的計畫。
9. 在過去一週裡，我把時間投入在自我成長方面，例如，讀一本好書、參加一次教育課程、參觀有趣的展覽、聽一場有意義的演講、改善飲食方式、觀看一次電視教育節目、在網路上尋找有用的訊息、開始運動計畫……

10. 為了加強個人成長，或是為了加快自己的調整進度，我認真考慮是否應該開始治療型關係，以及自己是否會因此受益。
11. 這一週，我從朋友那得到了足夠的擁抱。
12. 在過去一週裡，我獨自祈禱、冥想或是思考。
13. 在過去一週裡，我為自己做了一件好事。
14. 我專注於身體上的疼痛、緊張和感受，藉此更加了解自己。
15. 我經常鍛鍊身體。
16. 在過去一週裡，我至少改變了一項日常生活習慣，為此我感到十分美好。
17. 健康飲食（低脂、高纖維、新鮮水果和蔬菜、全麥食品），強壯的身體。
18. 在過去一週裡，我至少和一位朋友在情感上進行過交流。
19. 在過去一週裡，我把精力投入在精神上的成長。
20. 我喜歡做自己。
21. 我為自己的未來制定計畫。
22. 在過去一週裡，我讓自己「內在小孩」開心快樂。
23. 我不再成天壓抑自己的憤怒、悲傷、孤獨、拋棄感、罪惡感，我已經學會如何以積極的方式表達自己的情感。

24. 與婚姻剛結束時相比，我現在更能控制自己的生活了。
25. 我感受到做自己的自由。
26. 我積極運用在本書裡學到的概念來加速自己的調整過程。

你現在過得如何呢？還滿意自我評估的結果嗎？隨時將這套練習拿出來看一看，幫助你注意自己的進度，也提醒你記住在攀登過程中談論過的重要概念。

你準備好飛翔了嗎？

我們所追求的自由到底是什麼？

自由存在於你的內心。怎麼才能找到內在的這份自由呢？當你有一些需求沒有得到滿足時，這些需求就控制了你，比如說，你不想一個人，你需要內疚感，你想要取悅父母，或是你還沒有擺脫「住在你內心裡的家長」。

山頂上的蝴蝶象徵著飛翔的自由，象徵著你所要選擇的地方。之前你受到了束縛，不能成為自己想要成為的人，現在你擺脫了這些枷鎖，你成為注定會成為的那個人，成為你能夠成為的那個人。

你最強大的敵人就在你心裡，你應該擺脫這些惡魔。

當然，你最好的朋友也在你的內心中。攀登這座高山，你不僅有了選擇幸福的自由（這種幸福可以視為單身者所擁有的，也可以是兩個人的），你還有了做自己的幸福感。這趟個人成長的旅途變得非常值得了。

要結束這本書確實不太容易，因為我們知道這對你來說是一個開始。攀登這座山意味著什麼？成千上萬的人經歷了這段重建過程，我們從他們身上學到了很多東西。或許你也能為我們提供一些幫助，歡迎你透過信件或是電子郵件，寄到Impact出版社，他們會轉交信件，讓我們知道這本書為你提供了什麼樣的幫助，或是這本書還有什麼可以改進的地方。請原諒我們不會親自回覆你的信件，但請放心，我們一定會讀取你的來信，也許在以後的版本中，你將會看到你的故事出現在我們的書中（當然，我們肯定會保護你的隱私）。

讀完這本書後，我們希望你不要把它束之高閣，這是一本是工具書，有助於你的心理重建，只要你需要，可以隨時翻看閱讀。你可以與朋友分享這本書，或甚至是送一本給朋友。最重要的是，我們祝你在以後的個人成長路上能不斷保持進步，這絕對是一生的挑戰！

附錄A
孩子比你想的更堅強：兒童重建方塊

布魯斯．費雪博士＆羅伯特．斯圖爾特（Robert Stewart）

我原本以為我已經經歷了生活中所有糟糕的事情。但現在我的孩子也出了問題。我真的不知道該怎麼辦了。

——科琳娜

沒錯，單親母親必須工作，她們真的很辛苦。但那些離婚後得到監護權的父親又是如何呢？一個男人要獨力扶養孩子，沒有任何人的支持。女性和你在一起時肯定會感到不自在，她們要不是認為你急於想結婚，不然就是會熱心過頭的照顧你和你的孩子。你也沒辦法和其他男性討論，他們腦袋裡想的是打高爾夫或是露營，要是聽到你正在煩惱如何訓練小孩上廁所，只會覺得你很奇怪。

身為一個單親爸爸，我不知道怎麼應對以下的問題：
兒子半夜作噩夢尖叫嚇醒時，我該怎麼做？
如何才能找到一個好保姆？
孩子的三歲生日派對該怎麼策畫？
該怎麼準備三餐？怎麼烤餅乾和做蛋糕？
當兒子問：「媽媽為什麼離開了？她在哪裡？我還能再見到她嗎？她愛我嗎？你會離開我嗎？為什麼我要去保姆家？」我該怎麼回答他這些問題。
我們父子倆常常都因為這些不穩定的感覺而流淚。

——比爾

爸，你還記得以前快樂的日子嗎？那些你離開家裡前的日子。

——希拉

孩子的重建過程和成人類似，但每個重建方塊的感受和態度都可能會有些不一樣。我們必須知道，孩子也處在重建過程當中，他們的面前也有一座高山。

身為家庭治療師，我們認為自己有責任幫助孩子調整適應父母的離異，不僅如此，我們還有責任幫助他們適應父母在閱讀此書或是在參與離婚重建討論課時出現的變化。

關於父母離異對孩子的影響已經有很多的研究，有些認為父母離異會給孩子留下終生的傷痕，有些說孩子事實上可以因此而受益。布魯斯的書籍和工作室屬於支持後者。

那些在自我調整上有好表現的人，比較能夠將父母的角色扮演好。他們孩子的表現也更進一步印證了這個結論：父母若能調適得好，孩子通常也能調適的比較好。

孩子和離婚

許多父母離婚後都會有內疚感，覺得自己傷害了孩子，因而想扮演「超級爸媽」的角色來做彌補，但這通常對孩子是沒有作用的。

當父母陷在某一個重建方塊時，孩子往往也會陷在同一個方塊中。怎麼做對孩子來說才是最好的呢？打起精神，努力完成自己的重建方塊，這樣你才有力量去鼓勵自己的孩子。

很多時候，孩子會努力保持堅強去支持自己的父母，直到父母重新振作起來，他們才會開始自己的調適過程。

本書會在後面加上這些附錄的原因有很多。首先，幾乎在所有的討論班上，我們都會遇到至少一個學員還在為自己父母二十年前甚至是四十年前的離異無法釋懷。我們希望你的孩子不用耗費那麼長的時間去做調適，可以現在就開始去適應你已結束的婚姻。

第二個理由，對於身為婚姻和家庭治療師的我們來說，也覺得十分重要。參與十週周討論課程的學員在個人成長方面通常會有很明顯的進步，成長帶來的變化也同樣會影響著孩子。他們不僅要適應父母離婚的事實，還要適應父母可能發生的任何變化。我們應該盡力幫助孩子適應生活中的一切重大變化。

我們希望附錄裡的資訊及各章中關於孩子的內容，能夠幫助你和你的孩子將這個危機變成具創造性的經歷。

好的離婚勝過壞的婚姻

七十年代早期，我（布魯斯）還是一位青少年緩刑監督員時，原本我也認為青少年犯錯的主要原因之一就是因為父母離異。我們輔導過的孩子之中有百分之四十八都來自單親家庭，這樣的事實也更強化了這個觀點。後來我自己離婚了，我才明白自己對離婚家庭存有偏見。離婚並不是孩子犯錯的主要原因，而是機能失調的家庭常常都以離婚收場。

研究指出，目前離異家庭的孩子之中，有三分之一在學校和適應能力方面的表現超出平均水準，另外三分之一達到平均水準，剩下的三分之一才是低於平均水準之下。相互比較之後，在家庭機能失調的雙親家庭中，幾乎所有的孩子都在平均水準之下。

此外，我對離婚法庭上的對立過程也有意見。當我在少年司法體系工作時，認為互相對抗的訴訟程序有其存在的必要與好處，認為它有助於尋找真相、實現公平公正。但是二十多年過去了，我在工作中接觸到許許多多經歷過離婚法庭的人，我發現相互對抗的程序其實增加了離婚過程中的憤怒和恨意，最終將使離異家庭孩子的調適變得更加艱難，更不用說對父母的影響就更大了。

曾有一個案例，法官允許了父親的要求，在兩年之內對三個小孩舉行了五次監護權的聽證會，我認為法庭簡直是在虐待兒童。在這種情況下，有問題的並不是離婚這件事，而是法庭在處理離婚的方式上造成了孩子難以調適的情況。如果父母雙方和平分手，孩子在感情和心理上所受到的傷害會相對減少許多。當父母的離婚過程充滿火藥味時，孩子的傷痛就會被放大好幾倍。

幸運的是，與四十年代的情況相比，現今社會的父母和孩子都有很高的機率能夠走出離婚的創傷。我到圖書館找了一份一九四八年的《星期六晚間郵報》（*Saturday Evening Post*），影印一些有關離婚的文章。例如，有個斗大的標題是這樣寫的：「父母離婚，孩子變成半個孤兒。」希望有一天，當孩子擁有四個父母時會被認為是一件好事，期許我們的社會能向著這個方向前進。

父母離婚後，孩子的調適過程是很艱難的。離婚會對孩子造成很多年的影響。在孩子的婚禮上，離婚的父母該怎麼安排坐位？如果父母離婚後仍持續爭吵不休，孩子又該如何和祖父母建立親密的關係？如果在孩子還小的時候父母就離婚了，等到他們長大結婚後，離婚的機率會有多大？

我的看法是：糟糕的婚姻，還不如好好地離婚，這樣對孩子是比較好的。如果父母離婚後能夠做好調適，那麼孩子調適好的機率也會大幅增加。很多人在離婚後，還是能成為更好的父母，孩子會因此受益。父母離婚往往是孩子生命中最具創傷的事件，我們應該盡力將孩子在情感和心理上的痛苦降到最低。

父母的適應能力對孩子的影響

多年來，我們對於這個現象感到既困惑又驚訝，我們已經在離婚的困境中了，為什麼所有的家電、機器都還要跟著罷工呢？難不成這些洗衣機、車子也都知道我們離婚了？我有一個朋友，每次在使用影印機前都會說幾句祝福的話來避免機器故障，我現在再也不會嘲笑她這個舉動了。

我們離婚了，日常使用的東西也罷工了，這個時候孩子在情感上是非常支持我們的，只是我們自己不願意承認而已。這時候的他們會非常乖，不讓我們心煩，常常幫我們把事情完成。這些都是我們離婚前，他們從沒想過要做的事情。孩子們不讓我們知道他們有多麼痛苦和憤怒。事實上，他們只是先暫停自己的調適過程，避免讓我們有過多的不安。

當父母覺得自己已經調適過來了，覺得自己更為堅強了，已經度過離婚期，想要舒舒服服地放鬆一下的時候，就要特別小心！通常在這個時候，孩子隱約會感覺到自己可以開始重建的過程，不再需要墊著腳尖小心翼翼地走路了。科琳娜在討論班上說：「我本來以為我已經經歷了生活中所有最糟糕的事情。但現在我的孩子出現問題了。我真的不知道該怎麼辦才好。」我提醒她，也許這是孩子給她的讚美！孩子真正想說的或許是：「你已經調整好了，堅強了，現在我可以開始自己的調適過程了。我需要大哭、需要表現憤怒、需要表現出我受到了傷害。我想你已經準備好了，而我要解決我的痛苦，現在你可以承受得住了。」當我在解釋這種情況時，我看到學員們的神情都亮了起來，這讓我感到很欣慰，因為這正是他們和孩子真實面臨的情況。

孩子比你想的更堅強

以下是孩子攀登路上的絆腳石。在離婚恢復的山路上，孩子會遇到七個障礙方塊：

你的孩子第一個經歷的絆腳石可能是：「我不知道離婚是什麼。」孩子也許不知道離婚的含義，或是離婚會為你們共同的生活帶來什麼樣的影響。孩子常常覺得離婚是一件神秘的事情，如果不向他們解釋什麼是離婚，他們就會自己做出最糟糕的猜想。

第二個絆腳石是：「我不喜歡自己周圍發生的變化。」離婚讓孩子熟悉的生活發生了翻天覆地的變化。也許在很短的時間內，你的孩子就不得不去適應許多生活的變化：住所、鄰居、學校、朋友、個人空間等。

第三個絆腳石是：「我心裡塞滿了各種不同的感受。」你的孩子對於離婚很可能會有多種情緒反應。他們可能會感到難過、憤怒、擔心、迷惘、輕鬆以及其他情緒，而且不知道該如何處理這些感受。

第四個絆腳石是：「我不知道父母是不是因為我而離婚的。」在很多方面，孩子都會覺得是自己的錯。有的孩子覺得是自己做了什麼不好的事情，所以父母才會離婚。有些孩子覺得事情已成定局，他們有責任做些能讓父母感覺好一點的事情。還有些孩子覺得一定是自己哪裡不對，所以才不能經常看到沒有監護權的父親或是母親。

第五個絆腳石是：「我不知道我們還是不是一家人。」你的孩子可能不知道該如何與已經離婚的父母相處。面對父母，有些孩子不知道是不是兩個都可以愛，或是他們應該站在某一方那裡。現在大家沒有住在一起了，孩子不知道所謂的一家人到底是什麼。

第六個絆腳石是：「我好希望父母能夠復合。」孩子並不會開心面對父母離婚給自己帶來的生活變化，他們也許會幻想著父母可能會再復合。看到父母分居時，孩子承受著壓力，許多孩子利用「在心中點燃希望」來緩解這種壓力。有些孩子被其他的絆腳石卡住，反而希望事情能發生變化，好讓他們改變現狀。

下一個絆腳石是：「如果父母找到新的伴侶，可能是最好（或最糟）的結果。」這個問題與孩子對未來的看法有關。有些孩子認為只要你再找一個人就可以解決問題，畢竟少了父母其中一方的家庭總是不夠完整。有些孩子則認為，如果父母和別人在一起，就代表他們再也沒有機會復合了。無論孩子的看法是哪一種，都會卡在這個方塊上。

最後一個絆腳石就是：「我覺得這個世界上只有我的父母離婚了。」在離婚期中，孩子常常認為自己孤單無助、沒有任何朋友，自我價值感也會比較低弱（他們覺得是不是自己做錯了什麼，父母才會離婚），不停地尋找新朋友。

孩子的重建方塊

還記得那個被絆倒的比喻嗎？絆腳石會讓孩子跌倒，而重建方塊則能幫助孩子重新站起來。重建方塊幫助他們接受父母離婚的事實，為他們建立復原的基礎。實際上，這場危機已經變成了促使孩子成長和成熟的一段經歷。孩子把這一個一個絆腳石變成了重建方塊，他們也就越來越堅強。

第一個重建方塊：「我知道離婚是什麼，也知道離婚對我的意義。」在這裡，孩子對離婚的定義有了清晰明瞭的理解，同時也明白生活上會因為離婚發生哪些變化，而哪些東西又是不變的。

第二個重建方塊：「我的生活發生了變化，我在學習如何處理這些變化。」此時，你的孩子找到了健康處理生活事務的方法。他們也許不喜歡這些變化，但他們找到了不具破壞性的處理方法。

第三個重建方塊：「我用一種不傷害自己、也不傷害別人的方式表達自己的感受。」孩子會越來越明白自己的感受，並找到適當的表達方式。若想達成這個重建方塊的目的，父母之中至少要有一方讓孩子覺得吐露心聲是安全的。

第四個重建方塊：「我明白離婚是大人的問題。」在這個階段，孩子開始明白，父母離婚了，錯不在自己身上。孩子開始有比較清楚的界限，他們認知到自己可以控制的東西和不能控制的東西之間是有區別的。

第五個重建方塊：「我仍然可以愛著我的父母。」孩子知道他們不必在父母之間做出選擇。他們對一家人有了新的理解，即使父母不在一起了，他們仍然還是家人。

第六個重建方塊：「我接受父母不會復合的事實。」孩子慢慢就會接受你和前任不會復合的事實。他們逐漸意識到自己的願望並不會實現，同時也找到了安全感。

第七個重建方塊：「如果父母再找新的伴侶，對方的身上會有我喜歡的部分，也會有我不喜歡的部分。」孩子漸漸地不會再把你的約會視為是絕對的好事或絕對的壞事。如果你找到了新的伴侶，他們能夠用一種較為平衡的方式來看待其中的好處和挑戰。

下一個重建方塊：「經由父母的離異，我學會了如何與自己當朋友。」如果一個孩子能說出這樣的話，代表他即將要到達終點了。這句話體現了自我價值感，也使攀登的過程變得非常值得。在這個階段，孩子已經結束孤獨期，與自己和別人建立起親密的情感。

最後一個重建方塊並沒有與之呼應的絆腳石。這個重建方塊是：「我能自由的做自己了。」你和你的孩子到達了高山的頂端，你自己、他人以及生命看起來都非常不同。父母和孩子感受到了無與倫比的個人自由和親密。你和你的孩子一起將這場危機轉變成具創造性的經歷。

每個重建方塊都代表孩子在離婚恢復期中各個階段所經歷的調適過程。這段攀登到山頂的路程，孩子在智慧、力量和成熟度上都會有很大的收穫。

一起進行重建

帶著孩子一起去遠足是極具象徵的重建之旅，如果你家離山很近，那就更好了。你們可以選擇一條小路攀登到山頂，一起進行戶外活動，這可以增進父母和孩子之間的親密感。你和孩子都知道適應離婚的過程與攀登高山非常相像，在遠足的過程中，即使不登上山頂，爬過一段距離之後，你們也會對重建之旅有更深刻的認識。如果你們居住在城市，你可以找一個安全的地方籌劃一次挑戰之旅，爬樓梯的行程也可以包括進去。如果你打算這樣體驗一下，那你應該在路上就開始注意自己的情緒變化，這對你絕對有幫助。

遠足的哪些方面讓你感到興奮？哪些讓你鬱悶？你遇到了什麼樣的挑戰？快到終點的時候，你的感受是怎樣的？到達目的地的時候，你的感受又是什麼？你和孩子一起遠足的感覺是怎麼樣的？藉由這次的遠足，你覺得在適應離婚方面應該注意什麼？你對孩子多了哪些了解？孩子對你又多了哪些了解？

附錄B 治癒式分居：離婚以外的另一種選擇

布魯斯．費雪博士

我幻想有一種比我們以前能想像得到、所知道的還更加美好且充滿愛的關係。那樣的關係是成長的實驗室，我們不但可以一起成長，還能完全地做自己。現在的我還不是一個真正完整的人，我必須先跟自己建立更好的關係，如此才能和你有一段健康的關係。我認為我需要和你分開一段時間。我愛你。

——妮娜

《女性》是一本很受歡迎的雜誌，過去每月都有一個「這段婚姻還能挽救嗎？」的專欄，專門為處於困境中的夫婦提供建議。對於那些想試圖挽救婚姻的夫妻，有一個非常有效而且已經幫助了很多夫妻的方法，叫做「治療式分居」可以提供給你們。如果你尚未離婚，請務必認真考慮這個辦法。

治癒式分居是夫妻在婚姻難以繼續維持的情況下，安排雙方分開一段時間。而且即便是沒有發生太大問題的婚姻，治癒式分居也能使這段關係增加更多的活力，走向健康的模式。治癒式分居的概念是：讓雙方在個人成長上一起努力，共同建構更為健康的關係。奠定這樣的基礎後，人們就能開拓出嶄新的、更令人滿足的婚姻關係。

婚姻出現問題後，基本上有三個選擇：(1)視而不見，繼續生活；(2)結束婚姻；(3)創造新的相處方式。如果婚姻已經瀕臨崩潰，很少有夫妻會想要繼續過這樣的生活。在這種情況下，就只剩第二和第三個選擇，但通常也不太會考慮第三個選擇，因為那看起來似乎無法實現也不知從何著手。所以他們大多就默默選擇了結束婚姻，而離婚率就隨之攀升了。

其實還是有其他方法的，他們可以選擇與對方建立新的關係——治癒式分居。

什麼是治癒式分居？

治癒式分居有點類似於舊有的試驗型分居，這是指雙方先分開居住一段時間，之後再決定是否要離婚。這是一種不同於那些沒有計畫與規劃的分居方式，治癒式分居是一種有效的分離，你和對方都要努力進行自我成長。如果你能夠與自己建立更好的關係，就能與他人創造更健康的新關係。在治癒式分居的階段，你有時需要著手改造「過去的關係」，有時則需要改造「過去的你」。治癒式分居是一種具創造性的方式，能讓雙方變得更堅強，在不結束婚姻的情況下建立新的相處模式。

兩個人之間的關係就宛如一座橋。每個人都是一座橋墩，兩座橋墩共同撐起這座橋，而兩個人之間的聯繫就是這座橋，也就是婚姻關係。治癒式分居給了雙方時間，讓他們把注意力放在自己身上，專注於自己的支撐結構，而不是兩人之間的婚姻。不過這個過程是可怕的，因為這段時間將不會有人去留意婚姻這座橋，它隨時有可能會坍塌。雖然這樣做是有風險的，但仍然值得一試。等到兩個橋墩重建完成後，你們也許就能有一座又新又健康的婚姻橋梁。

治癒式分居的目的

治癒式分居的目標絕非只是延續婚姻這麼簡單，個人成長的多寡與治癒式分居是否成功有著緊密的關聯。如果雙方都想要也確實努力於提升自我，那麼這段新建立的關係就有可能一直延續下去。

以下是治癒式分居的目標：

- 不再給已經陷入困境的婚姻加壓。兩個人在情感、互動交流、身體和精神方面努力發展自己，這種改變可以使兩人之間的婚姻關係同時也開始變化。這種變化可能會為婚姻帶來各種壓力，甚至導致危機的出現。陷於危機中的兩個人很難對他們的未來做出理性且客觀的判斷，所以分開一段時間，延後做出最後決定的時間就變成是一個值得考慮的選擇。
- 提升自我成長有助於你處理書中提到的各種絆腳石。把絆腳石變為重建方塊也是或許治癒式分居的最終目標。
- 你的婚姻轉變為更加美好的狀態。你也許能發現自己的婚姻變得如此美好，你不僅可以做自己，還能因而強化個人認同感，得到了更多的愛和快樂。對於什麼是愛，你有了更深刻的理解，你與對方建立了一種新的婚姻關係，一種沒有邊界、沒有侷限，甚至是昇華為另一種精神層面的愛。
- 以正面積極的態度結束婚姻，將離婚變為具創造性、有建設性的經歷。要達到這個目標必須是雙方在離婚時承受的壓力、焦慮和法庭爭鬥都屬於最低的狀態，這樣的離婚方式才能讓大家都滿意。健康友善的分手，你們也許還會是朋友，還能和平的共同撫養孩子。

誰應該嘗試治癒式分居？

如果你出現下面這些典型的特徵，就可以考慮嘗試治癒式分居。

- 你覺得難過、不開心、無法呼吸、有股巨大的壓力感，甚至有自殺的傾向。這時候為了活下去，你需要分居。
- 在婚姻中遇到困難，你的配偶拒絕承擔任何責任，而且拒絕參加諮詢或是其他的成長性活動。此時分居就是給配偶的「當頭棒喝」，讓對方能夠清醒過來。
- 你正在經歷第十二章中討論過的叛逆期，你覺得你需要情感上的空間，需要分開一段時間來釋放內心的壓力。
- 童年受到的虐待和疏忽對你造成了傷害，而現在你需要獨處的時間來完成這段治癒的過程。
- 你開始了重要的個人轉變，也許是心理上的，也許是精神層面的，在這個過程中，你需要努力地投入自己的時間和精力。你覺得與配偶的相處占用了你的大部分時間和精力，你沒有足夠的時間能夠獨處。
- 在婚姻中，你無法獲得足夠的情感空間，你需要更多的空間才能活下去，才能有所成長、進化與改變。

- 你處在矛盾之中：你想要繼續這段婚姻，卻無法打破這種舊有的模式，繼續住在一起的話，過去的互動模式就會延續下去。你想要「丟掉這種舊有的相處關係」，另外開創新的、在情感上更加健康豐富的關係。分開一段時間，透過和自己建立新的關係，才能建創造新的互動模式。
- 你想要了解單身的感覺。你也許是直接從原生家庭踏入了婚姻，沒有經歷過單身的生活。你缺少這個成長和發展的階段，一個成為「獨立的成人」的階段。許多人都誤認為單身生活就是不用擔負責任的自由生活，就是逃離了與伴侶生活的各種壓力。與他們分開一段時間，也許你就能更清楚地明白單身生活的各種難處。
- 也許這是你第一次想要擺脫家庭模式表達自己的獨立和自主。你也許建立了與自己父母大同小異的婚姻關係，現在你想要擺脫父母的影響，但偏偏你和配偶的相處模式又和你父母的經歷如此相像，所以你想要與配偶保持一段距離。
- 你們兩個人把各自的不幸福感投射在彼此身上，責怪對方沒有為自己「帶來」幸福，你還沒有學會對自己的情感負責。分開一段時間，制定計畫，實現個人成長，有助於雙方學會成年人的責任，為自己的生活負責。

拋棄者和被拋棄者：八〇%與二〇%原則

分居通常不會是雙方一起決定的。在費雪的離婚復原課堂裡，有百分之八十四的人離婚是因為拋棄者決定要分手。我們認為在治癒式分居的情況也是類似的，就是百分之八十的情況是其中一方主動提出，另一方只是勉為其難的同意。這聽起似乎是一個大障礙，不是嗎？如果決定分居的時候，一方主動，而另一方被動，那麼兩個人如何才能克服彼此在態度、目標和動機之間的不同呢？

首先，雙方必須重新思考一個問題：這是誰的錯？如果婚姻出問題，雙方應該承擔相同的責任。這句話乍聽之下似乎不太容易理解，甚至還讓人覺得難以置信。經由長期分析夫妻間的問題，我們剝開了一層一層的痛苦表象，發現問題的核心：雙方的責任是相等的。雖然分居是其中一方提出來，但造成分居則是雙方共同的責任。凡是出現問題，雙方應負的責任都是相同的，只要你接受了這個觀點，你就為治癒式分居以及創造新關係建立了成功的基礎。

布魯斯對離婚期的調查顯示：與拋棄者相比，被拋棄者經歷了更多的憤怒和痛苦。在治癒式分居中，勉強同意的人也會經歷較多的痛苦。不管是哪一方有任何不滿的情緒，如果希望分居能有治癒性，就一定要克服這種情緒。

雙方在治癒式分居的階段中，各自都會有更多的獨處時間，你們可以把時間花在自己的身上、事業上、計畫上以及喜好上，這樣對雙方來說都是積極正面的。有了多餘的時間，雙方都可以實現個人成長，被動的一方可能也會因為喜歡這種模式，最終能對治癒式分居的決定表示認同。

提出分居的人內心有著許多的痛苦和情感壓力，分居對他們而言是攸關生死的問題，被動接受分居的那一方若是能知道這一點，就會明白並且接受對方的決定。

大多數來參與「重建婚姻」課程的學員幾乎都是因為妻子提出了要求。過了五週的課程後，丈夫就會老實說出：「之前我不覺得這門課對我有任何作用。我來這裡是因為覺得這門課對她有用。可是上了五週後，我發現自己其實更需要這門課。」教育和意識的提高會幫助被動的一方領悟到治癒式分居的好處。

從經驗來看，女性通常比較有可能提出治癒式分居。理由是：(1)調查指出，在婚姻中女性比男性更不幸福；(2)女性比較有可能尋找新方法來改善關係；(3)經歷個人成長和轉變的人，有可能是正在治癒過去受的傷害，且通常都是女性。她們需要個人成長的轉變空間和時間；(4)大多數經歷精神層面轉變的人是女性；(5)在我們的男權社會中，女性通常都是順從於對方的那一方，所以她們較有可能去尋找平等；(6)婚姻無法運作時，男性往往會選擇離開，他們不知道或者不相信婚姻有改變的可能。如果妻子提出治癒式分居，傳統的大男人主義者大多不會同意，而是選擇離婚。敏感、有耐心、有愛心、有彈性和對變化保持開放態度的男性才會參與治癒式分居。

指導手冊：成功的治癒式分居

參照下面的方法，仍讓你更有機會獲得成功。這些並不是絕對的原則，但若是忽略了其中的兩三條，或許失敗的可能性就增高了：

(1)對雙方而言，也許最重要的要求是：堅定的決心，想要成功的進行治癒式分居。愛和承諾是雙方最大的動力。

(2)你理想中的愛情關係是什麼模樣，列在紙上，仔細想一想，你覺得什麼部分重要。發揮你的想像力，治癒式分居後，你想要什麼樣的關係，然後雙方一起討論各自的列表。一定要以坦誠的方式和對方交流。學會使用「我」開頭的句子，不要用「你」開頭的句子。比如：「我認為……」、「我覺得……」、「我想要……」、「我需要……」、「我打算……」學會對自己坦誠，對對方坦誠，學會說真實的話。要做到完全的誠實，你需要承認自己在婚姻問題中應該擔負的責任。你是問題的一部分嗎？你是解決方案的一部分嗎？

(3)在治癒式分居的過程中，不要進行與離婚相關的法律訴訟。在沒有提前通知對方的前提之下，絕不能採取任何法律行為。這種對抗性的法律行為和治癒式分居的目的完全相反。即便只是威脅或甚至單純想到對方將會訴諸法律，就足以讓這段關係面臨失控的情況，進而走向徹底分手的結局。所以在協議「分居協議」的時候，就必須明確制定雙方都不得採取任何法律行為。除非有一方或是雙方都想結束這段關係，一起達成共識，聲明離婚。分居可以讓對方真正的清醒過來，明白你想要在情感上拉開距離的決心。

(4)共同度過一段「美好時光」有助於滋養你們之間的新關係。（參見下一部分。）你可以想像你們之間的新關係就像是剛剛發芽的幼苗，需要細心照顧才能茁壯成長，否則絕對無法承受治癒式分居中的暴風驟雨。

(5)保持性關係或許有助於改善你們的關係，但也可能造成傷害。你可以重新複習第十七章的內容，留意其所隱藏的危害。

(6)有時候你需要與配偶以外的人互相討論，你需要一套良好的支持體系，或是一段具治療的關係，甚至兩種你都需要，這樣你才能藉由交流的過程使問題得以解決，而不是讓治癒式分居造成雪上加霜的困境。

(7)這個時候的你非常需要紀錄個人日記。處於這個困難的時期，你一定會出現許多負面情緒，你需要一個發洩、釋放的地方，幫助你整理心中各式各樣想法和感受。

(8)閱讀、參加學習課程、參加講座。了解目前發生的情況能幫助你控制失控的婚姻，所以你可以多加閱讀和學習，避免自己做出破壞婚姻的行為。

(9)照顧自己，避免情感和體力的耗損。分居的整個過程可能會耗損掉你的情感，你會覺得自己再也沒有辦法支撐下去，想要就此放棄。所以你應該好好照顧自己，維持良好的精神與體力，避免情感上的耗損。

(10)檢視附錄C的「治癒式分居協議」，你可以依照自己的需求進行修改，雙方都要接受協議的約束。正式的協議有助於提高治癒式分居成功的可能性。

(11)認真思考是否一起諮詢有經驗的婚姻／家庭治療師或是心理學家。

其他需要考慮的事

共度「美好時光」：在分居過程中，你們可以憑感覺定期安排時間見面，這也是一種幫助，但必須是雙方都同意的。你們可以在「美好時光」裡進行以下活動：(1)互相傾訴，用心聆聽，留意交流的方式；(2)如果情況允許，可以有語言上或肢體上的親密；(3)互相鼓勵；(4)嘗試新的互動方式，建立新的關係；(5)一起從事有趣的活動；(6)分享彼此的個人成長。如果以前那些有問題的互動方式又再次出現時，就必須盡快分開，不要讓這種無效的模式繼續進行。不要忘了，彼此一定要坦誠相待！

分居的時間長短：也許你會問：「我們需要分開多久？」分居的目的之一就是要讓你盡可能地感受恐懼和不安全感！若只預設三個月是一件很容易的事情，因為有了期限，當遇到問題時，你就不會著手進行處理。你的態度會是：「反正只有三個月，我可以忍過去。」我們建議你應該為治癒式分居設定一個期限，但這個期限必須是有彈性的，可以隨時討論商量。不知道時間長短的不確定性會使你沒有安全感，因而激勵你持續追求個人成長。

無法掌握婚姻的未來的確使人感到心慌，沒有安全感。你不知道自己需要做出多大的改變，不知道這段關係還會有多少改變。（如果你想著的是改變對方，那麼這也是你必須進行分居的原因之一。）有時你感覺如履薄冰，好像只要走錯一步，你就會掉進冰冷的湖中，掉進孤獨、拋棄、內疚、憤怒和其他各種離婚感受之中。

治癒式分居可能會持續一年左右的時間。

搬回家的時機：應該什麼時候搬回來呢？結束分居的時間點非常重要。夫妻雙方往往不習慣分開住，這種痛苦會促使他們很快的又重新住在一起。通常會有一方急著想早點搬回家，這樣的情況以男性或是被要求分居的那一方居多。另外，時間也是一個因素，剛開始的時候，一方或是雙方都會想要搬回來，隨著分居的時間越久，雙方的態度就越來越猶豫了。

太早重新住在一起，可能會導致你們再次使用舊有的相處模式，而這樣做的破壞性是非常大的。雙方再次分居的機會及次數就會增加許多，而離婚的機率也就越來越高。

請慎重考慮重新住在一起的時間點，尤其是要注意「蜜月期」。你可能會在情感上覺得非常親密，性生活也改變了（或許你已經不對性生活懷有期待），於是你們又想要再次生活在一起。但這些都不是正確的理由，請等一等吧！等到你們雙方都認為自己是發自內心地選擇和對方繼續生活，想要牽手走一輩子的時候。說起來或許有點矛盾，但通常等到你們真的認為可以獨自一個人幸福的生活時，也就意味著你們已經準備好搬回去共同生活了。

有了其它的戀情：如果在治癒式分居期間，你有了另一段感情，通常都會影響你改善與自己的關係。因為你把大部分的時間和精力投入到另一段感情當中，所以花在自我成長上的時間當然就減少了。

主動提出分居的那一方重視的是個人成長、治癒或是轉變，他們會留意自己的個人成長過程，因此往往不會對其它的戀情產生興趣。他們堅定地執行治癒式分居，願意承擔一切風險，希望雙方都能成長為完整的個體。

而勉強同意的一方則有很多機會與他人交往，但又發現自己其實仍被婚姻套牢。但在這段新戀情中，他們常常會發現和交往對象之間存在許許多多的新問題，然後反而變得更願意進行治癒式分居。

無論男女，提出分居的人若是處在叛逆期，他們很有可能會有一段看起來像是外遇的戀情，甚至可能還會發生性關係。他們往往認為這是分居的一部分，真正的目的是要找一個可以親密談話的對象，他們不認為這是外遇。這種戀情可能會變成長期的關係，但成為健康婚姻的機率並不大。

陷入另一段戀情的人，往往會特別看重這段感情，進而使治癒式分居受到不良的影響。如果一方處在叛逆期，他（她）就會覺得興奮不已，認為這段新戀情的前景一片光明。（但通常「蜜月期」階段還沒有結束，這種興奮感就已經消失了。）但另一方會覺得受到傷害，感覺被拋棄了，覺得非常憤怒，甚至會決定結束治癒式分居，徹底放棄這段婚姻。

缺少支持：處在治癒式分居中，你所面臨的另一個困難是缺少支持的力量。在這種艱難的時刻，雙方都需要擁有情感上的支持來處理遇到的壓力。問題是很少有人看過治癒式分居的成功案例，許多親朋好友都會認為這段婚姻即將要結束了，他們不相信這個方式。所以當你最需要支持的時候，你的朋友都在勸你趕快離婚吧，也許他們會說：「你還處在否認的階段。難道你不明白這段婚姻已經結束了嗎？」、「你們還在互相依賴嗎？你好像還無法放下。」、「你是在等著他的律師發律師函給你嗎！你最好趕在他／她之前先下手。」、「你為什麼還要待在那個監獄裡？你必須要走出來。」、「你為什麼不甩了那個笨蛋？」

為什麼人們無法支持和接受夫妻嘗試這種離婚以外的選擇呢？原因是，治癒式分居的理念與很多人的價值觀和信念是相反的。我們的社會堅信「直至死亡將我們分開」這樣的婚禮誓言，而無法接受治癒式分居這種反傳統做法的方式。

你需要朋友的支持，但他們卻告訴你，你的婚姻已經走到盡頭了，這往往會為你帶來更多的不安全感。但是沒關係，請繼續爭取他們的支持，不過你還是要明白他們不一定能夠幫助你。你可以把這份附錄給他們看，也許他們能更支持你一點。

治癒式分居有很多看似矛盾的地方，其中比較明顯的是：

(1)通常都是因為需要更多的情感空間，所以某一方才會主動提出分居，但被動的那方一樣也能因而受益，甚至受益更多。

(2)想要滿足自己的需求，所以有一方提出了分居，這看起來或許是一種自私的行為，但他們往往也為對方提供了滿足對方需求的機會。

(3)提出分居的人似乎是不想要這段婚姻了，但事實上他們可能比對方還重視這段婚姻。

(4)提出分居的人一旦在情感空間上得到了滿足，就會伸出手想和對方有更多的親密。

(5)提出分居的人想要分居，但他們想要尋找的並不是另一段戀情。被動的那一方想要繼續雙方的關係，但他們卻更有可能會進入另一段戀情。

(6)雙方分居了，但他們往往比住在一起的時候更像夫妻。

(7)很多夫妻都會把自己的煩惱怪罪到對方身上，一旦分居，你就更容易感覺到自己的這個習慣。雙方不住在一起，想要怪罪在對方頭上也就沒那麼容易了。

(8) 一方提出分居時的理由之一就是想要發展自己的個人成長，但在分居過程中，對方也能達成同樣甚至更多的個人成長。

(9) 提出分居的人可能會提議正式解除婚姻關係，這樣雙方都能重新開始，建立不一樣的新關係。

(10) 在外人看來，治癒式分居不會有作用，但事實上這或許是最健康的一種方式。

(11) 在尋找更為明確的個人認同的過程中，提出分手的人可能感受到了更為堅定的「關係認同」，認清個人在婚姻中的角色。

(12) 提出分居的一方通常會給予對方所需要的，而非他們想要的。

治癒式分居？還是否認？這是追求行動而不是承諾的時候。如果雙方都不積極地改變自己，不願意重建自己的橋墩，這就很有可能不是治癒式分居，而是走向婚姻的盡頭。

這裡有幾個重要的問題。雙方都在努力嗎？還是只有你一個人在努力繼續你的個人成長？雙方一起進行諮詢了嗎？雙方都有在閱讀對自我有所幫助的書籍嗎？雙方都有獨處時間嗎？或者雙方都繼續無助於個人成長的交往？雙方都沒有濫用藥物和酗酒嗎？雙方的精力和時間是花在自我投資上，還是花在另外的戀情上了？雙方有互動良好的「美好時光」嗎？婚姻出現了困難，雙方都有責任，你是否更加明白自己在這之中做了什麼呢？雙方是希望對方做出所有的改變來迎合自己，還是專心在自己的變化？雙方是否都認為另一方有問題，除非另一方做出改變，否則自己就無能為力呢？

回答這些問題後，你的治癒式分居有多少分呢？你們兩人都用心嗎？如果只有一方用心，那麼你可能真的是處在否認期，你的婚姻已經在盡頭了。

後記

治癒式分居剛開始是專門為夫妻設計規劃的，然而本附錄所講的內容其實可以適用於許多種關係，包括友誼、家庭、同事和治療關係。「暫停一段時間」往往能夠讓身處其中的人有了呼吸的空間，讓他們有機會以嶄新的視野審視關係裡發生的事情，為未來更為堅固的關係建立基礎。

治癒式分居評估表

我們強烈建議雙方都要讀過治癒式分居的內容，然後完成下面的評估表。

1. 我走進這段戀愛關係的理由，就是我現在需要治癒式分居的部分原因。

2. 為什麼我們需要治癒式分居？我是一部分原因，現在我已經找到我做得不好的地方，並且承認這一點。

3. 在治癒式分居期間，我要致力於自己的個人成長和發展。

4. 在人生的這個階段，我知道自己需要更多的情感空間，或者我知道自己在某種程度上造成了配偶需要更多的情感空間。

5. 我努力實現個人成長，這樣我就能和自己建立更為健康的關係。

6. 我致力於把這段治癒式分居過程變成創造性的經歷。

7. 在這段治癒式分居的過程中，我要盡力多去了解自己的配偶。

8. 我要避免做出導致離婚的行為。

9. 因為內心有各種壓力，所以我需要更多的情感空間，現在我正在努力釋放這些壓力。

10. 我履行了治癒式分居協議中我應該完成的部分。

11. 在恰當的時候，我會與對方討論結束治癒式分居的事情，也許是離婚，也許是搬回去繼續一起生活。

12. 我要避免怪罪對方或是把情緒投射在他們身上。

13. 我不要扮演「無助的受害者」角色，我不認為自己「無能為力」。

附錄C 治癒式分居協議

治癒式分居非常具有挑戰性，可能會讓雙方感到更大的壓力和焦慮。對分居的建構和認識能提高成功的可能性。無計畫、無規劃的分居會導致雙方走向離婚的結局。這份治癒式分居協議旨在提供規劃和指導，使分居成為一次有架構的創造性經歷，促進關係的成長而非關係的終結。

一、治癒式分居的決心

我們知道我們的戀愛關係到了關鍵的時刻，我們選擇有效的創造性治癒式分居，目的是能好好地審視我們關係的未來。我們選擇了治癒式分居，因為無論是對夫妻關係還是對個人來說，我們關係中的某些方面都具有破壞性的作用。同樣地，我們也承認我們的關係中有可以視為財富的積極、具有建設性的方面，我們想要以此為基礎建立一種不同的新關係。基於這樣的認知，我們致力於在個人、與人相處、心理和精神方面做出必要的努力，以求分居達到治癒效果。

在將來的某個時刻，我們會在治癒式分居中感受到足夠的個人成長和自我實現，然後就能對我們未來的戀愛關係做出更為明智的決定。

二、治癒式分居的目的

雙方都同意下列分居目的：

1. 得到更多婚姻外的時間和情感空間，促進自身、社交、精神和情感的成長。
2. 好好地發現自己需要什麼，想要什麼，對這段關係有什麼期望。
3. 有助於探索我的基本關係需求，有助於發現這段關係是否能夠滿足我的這些需求。
4. 事先體驗與配偶離婚之後可能遇到的社交、性、經濟和養育孩子的壓力。
5. 判斷自己在哪種狀態能更加順利的度過這個過程，是分居狀態還是婚姻狀態？
6. 在婚姻中，我自己的問題和配偶的問題已經錯綜複雜地糾纏在一起，分居後，我才能區分出哪些是自己的問題。

7.分居後的環境能夠幫助治癒我們的關係，並且轉變進化成一種充滿愛的、更為健康的關係。

三、關於這次治癒式分居的具體決定

1.分居的時間

我們同意於＿＿年＿＿月＿＿日開始分居，於＿＿年＿＿月＿＿日結束分居。

（大多數夫妻都知道他們需要或是想要多長時間，從幾個星期，到半年，甚至更長的時間都有。決定好時間後，如果任何一方提出不同意見，任何時候都可以再次協商。分居時間長短是練習交流的一個好話題。）

2.共同相處的時間

我們同意在雙方都覺得方便的時候，花時間在一起相處。這個時間可以用來交談、帶孩子或是分享個人成長過程。我們同意在第一週見面＿＿次，每次見面＿＿小時，然後再商量下一週見面的時間和次數。共處的時候要不要保持性關係，我們同意討論後再決定。

（理想的治癒式分居應該包括有規律的「美好時光」。有些人分居後，覺得非常自由，就不想要有這樣的共處時間。另一方面，那些需要更多情感空間的一方分居後，可能反倒想要更多的共處時間，這就讓不想分居的一方感到困惑了。覺得窒息的一方非常想要走出去，但走出這個窒息的空間後，他們對情感空間的需求就大幅降低了。

共處應該是共度一段有價值的時光，而且應該用來創造一種新的關係。如果以前的模式出現了，無論是以何種形式出現，你們都應該結束這種共處時間。至於要不要保持性關係呢？有人贊成，有人反對。理想狀態下，性接觸可以促進親密感，減少分居的壓力和傷害。然而，性也可能造成我們在第十七章討論過的問題——拋棄者只是想「讓對方覺得好受一點」，而這樣的話會讓被拋棄者感到困惑。）

3.個人成長經歷

配偶A（　　）同意參加□個人諮詢，□重建課堂，□婚姻關係重建課堂，□婚姻諮詢，□其他成長經歷，例如閱讀書籍、記錄個人日記、解析夢境、參加運動、控制調整飲食、參加成長小組。

配偶B（　　）同意參加□個人諮詢，□重建課堂，□婚姻關係重建課堂，□婚姻諮詢，□其他成長經歷，比如說閱讀書籍、記錄個人日記、解析夢境、參加運動、控制調整飲食、參加成長小組。

（理想的狀態是，處在治癒式分居狀態時，雙方應該盡可能地多參加可行性高、實際的、有幫助的成長活動。）

4.婚姻以外的各種關係

配偶A同意□建構由重要朋友組成的支持體系，□多參與社交活動，□不與潛在的愛情對象約會，□在感情方面保持配偶的單一性，□在性方面保持配偶的單一性，□可以參與俱樂部和教堂的單身聚會等等。

配偶B同意□建構由重要朋友組成的支持體系，□多參與社交活動，□不與潛在的愛情對象約會，□在感情方面保持配偶的單一性，□在性方面保持配偶的單一性，□可以參與俱樂部和教堂的單身聚會等等。

（理想狀態下，雙方共同的決定和承諾應該包括婚姻以外的社交、感情和性關係方面的約定。）

5.生活安排

配偶A同意□留在家裡，或是□搬出去，另找一個居住地點，或是□與配偶定期交換居住地點，這樣孩子就能留在家裡。

配偶B同意□留在家裡，或是□搬出去，另找一個居住地點，或是□與配偶定期交換居住地點，這樣孩子就能留在家裡。

（經驗顯示，如果雙方進行內部分居，也就是兩人還是居住在家裡，分居的創造性效果就會比較差。居住在不同的地方時，效果就會比較好，也會經歷更多的個人成長。唯有分開居住，需要的一方才能得到足夠的情感空間。）

6.財務安排

配偶A同意□保留雙方的聯合帳戶，共同支付帳單，□保留聯合帳戶，但分開付帳，□開新帳戶，□支付汽車費用，□支付家庭生活費用，□支付孩子撫養費用每月＿＿＿＿元，□支付房屋貸款和水電瓦斯費用，□支付醫療和牙醫帳單。

配偶B同意□保留雙方的聯合帳戶，共同支付帳單，□保留聯合帳戶，但是分開付帳，□開新帳戶，□支付汽車費用，□支付家庭生活費用，□支付孩子撫養費用每月＿＿＿＿元，□支付房屋貸款和水電瓦斯費用，□支付醫療和牙醫帳單。

（有些夫妻會決定繼續保留聯合支票帳戶和儲蓄帳戶，共同支付帳單，有些想要在理財方面完全分開。多年的經驗告訴我們，很多時候，一方會在對方完全不知情或是對方不同意的情況下撤銷支票和儲蓄帳戶。如果雙方有潛在的分歧，就應該把儲蓄拿出來對分，然後各自開各自的新帳戶。）

7.汽車

配偶A同意使用＿＿＿＿車，配偶B同意使用＿＿＿＿車。

（在婚姻的最後狀態決定之前，關於車輛的具體歸屬不必做出決定。）

四、有關孩子

1. 我們同意□共同監護孩子，□單獨將監護權給予＿＿＿＿。
2. 我們同意以下的探視安排。
3. 孩子的醫療、牙科和健康保險是配偶＿＿＿＿的責任。
4. 我們同意以下的建議，其目的是讓我們的孩子在治癒式分居期間有積極的體驗：

(1)父母雙方要和每一個孩子保持高度緊密的關係。雙方都要繼續讓每個孩子感受到自己的愛。
(2)父母雙方都要用適當的方式與孩子坦誠地談論治癒式分居。
(3)父母要幫助孩子明白分居是成年人的問題，父母的關係出了問題，孩子們沒有責任。
(4)父母雙方都不能藉由孩子向對方表達憤怒和負面情緒。父母交惡卻讓孩子身陷其中，這樣做的破壞性會相當大。
(5)夫妻爭論中出現不同的態度和觀點時，父母雙方要避免強迫孩子選邊站。
(6)父母雙方都不能讓孩子充當間諜，打探回報另一方的行為。

(7)父母雙方都要在當父母的這個角色上一起努力合作。

（夫妻處在治癒式分居期間，應該盡可能地減少對孩子的情感傷害，這一點非常重要。）

五、簽訂協議

我們已經閱讀並且討論了上面協議的內容，我們同意上面的條款。我們雙方同意，如果以後哪一方想要對協議進行修改或是終止協議，我們會通知對方。

配偶A（　　　　）日期（　　　　）

配偶B（　　　　）日期（　　　　）

附錄D
喪偶者的重建

作者注：喪偶者的部分是由北達科他州俾斯麥的格魯姆德維格（Nelse Grundvig）和科羅拉多州丹佛市的史都華（Robert Stewart）共同編寫。感謝格魯姆德維格和史都華對此的重要貢獻，使喪偶的人能參與重建模式及從中獲益。

此份附錄的目的，在於詳細解說會影響喪偶者的獨特問題，所以將重建的概念以更適合喪偶者的語言重新說明。

拋棄者和被拋棄者類型的喪偶者

你可能會問：「拋棄者或被拋棄者和我有什麼關係？我喪偶。」這兩個詞彙乍看之下似乎對你的情況並不適用。你愛的人並非離開這段關係繼續去過他（她）的生活。你的配偶是因下面兩種原因之一而離開這段關係：猝死，或久病不癒。請記住，拋棄者指的是「在關係結束之前就開始悲傷的人」，被拋棄者是「在關係結束時才開始悲傷」。經由這兩項定義，便可將這兩個詞彙套用在自己身上。

配偶很快死亡的喪妻或喪夫者，驟然間被迫開始了悲傷的過程，起先可能是情緒上感到麻木，發生的事所帶來的影響通常是在葬禮後才會充分感受到。喪偶的人從某種意義上來說是被拋棄的——他們並沒有選擇結束這段關係。因為死亡是突然發生的，所以那個活在世上的配偶就像離婚中的被拋棄者一樣，歷經許多相同的想法和感受。

若另一半是經過一段長時間才緩慢走向死亡，那個活在世上的配偶，其想法和感受可能更類似於拋棄者。丈夫長期患病後死亡，喪夫者往往在丈夫死亡之前就已經開始悲傷，所以她們可能會對配偶的死亡有如釋重負的反應。她們通常看起來情緒處理得很好，因為她們在這段關係中的不同時間點就已經開始悲傷，對於丈夫的離世有較多的時間做心理準備。

對喪偶的人來說，也可能會有結合拋棄者和被拋棄者的想法及感受。你可能並不完全符合任何一種，但重要的是，你開始意識到且承認：你正經歷配偶的死亡。你可能對於「喪偶的事實將影響自己的生活」產生衝突的情緒。你也會對妨礙自己完全接受目前狀態的情感有一些基本的判斷。

利用以下這些重建的過程，更有意義地探索那些會直接影響你生活的問題。

否認

否認是情緒的安全閥。人身受到痛苦時，身體會試圖平復，劇痛時，甚至會無意識。情緒也以類似的方式反應痛苦。

對被拋棄者而言，「否認」出現在像是「這不可能發生在我身上」、「這是殘酷的玩笑，它不是真的」等陳述。在極端的情形下，否認可能包括固執堅守著配偶會回來的錯覺。你可能會對自己說，「我今天回到家的時候，妻子會一如往常地在廚房煮晚餐」或是「要是我等得夠久，他就會回來了」。

拋棄者也會經歷否認的過程，但通常是發生在配偶實際死亡之前。當你第一次聽到配偶將要死去的消息時，你就會否認。「他不會真的死去」或「有藥可以治療」都是表示否認的說法。「否認」和「期望」可能很難區分。然而，你甚至不願承認有死亡的可能性，這是你在否認中掙扎的有力跡象。

這個階段要記住的重要事情是：否認在最初時會非常強烈，直到走入悲傷過程的期間才會完全消失。

恐懼

恐懼可能是你最明顯的情緒，這是否認的原因之一——面對恐懼令人難以承受。你可能會經歷兩種主要的恐懼：⑴瀕死的恐懼，及⑵活著的恐懼。當你的配偶死亡時，你比任何時候都更感到自己的大限將至。面對死亡的必然性，許多人都想逃避，而當配偶死亡時，你對自己也將會死亡的內在恐懼便浮出水面，尤其當配偶突然過世時更是如此。你也可能因為配偶已無法再滿足你的需要或照顧你而害怕死亡。許多喪夫或喪妻的人在某種程度上全然依賴他們的配偶。因此，常見的恐懼變成：「我現在會變得如何？」

活著的恐懼有多種面貌。你可能對未來生活型態的調整和新的選擇感到恐懼。你可能對配偶死亡後所產生的感受和想法感到恐懼，尤其是你對久病離世的配偶感到如釋重負時，這可能在配偶死亡後一段時間更是如此。

適應

我們生活在夫妻是兩人的社會。當我們在婚禮上發誓「直到死亡將我們分開」時，我們都沒有打算看到自己的婚姻結束。好吧，我們知道人不會永遠活著，但我們從來都不會有意識地去想自己的配偶會死亡。但此時你的配偶死亡了，你還在，你仍然活著，獨自留下來進行無數的自我調整——首先要面對處理的就是「你現在已單身一人」的事實。

你可能會抗拒接受這個事實。要是有人邀你出去約會怎麼辦？這絕對讓你嚇壞了。要展開一段新關係的動力似乎全都很複雜。要進入和別人約會的未知未來，是喪偶後主要調適的其中一項。婚姻越長久，面對這種情況就可能越困難。你可能會緊抓住配偶的印象不放，既然配偶已經死亡，你對他（她）的印象可能就會變得更理想化。

聽起來也許很殘忍，但是配偶的死亡是人們自我審視的機會：你是如何看待自己、看待生活和其他人事物？你在哪些領域墨守成規或停滯不前？配偶的死亡能讓你開始審視自己有哪些行為會將生命視為理所當然。

這也是一個機會，讓你思考當初為什麼結婚：你是否經歷過一段成功、完滿、互動良好的關係？你滿意這段關係的性質和動能嗎？當你適應單身狀態時，反思能加強你對現在的認知以及未來自由的選項。

孤獨

你可能會感到從未有過的孤獨感。知道你的配偶不會再因為你的笑話而大笑，或在你哭泣的時候在身邊陪伴，你覺得這樣生活下去很痛苦。過去你們可能有段分開的時間，像是度假、出差或住院，但你從未體會過這樣深切的孤獨。這段關係現在已經永久結束，另一個人已不在，這讓你感到完全的孤單。

你的孤獨感會被這樣的問題放大：「我將會這樣永遠孤獨下去嗎？」你開始懷疑自己是否能再次擁有愛情關係中的感情，即使有子女和朋友的安慰及鼓勵，這種感覺仍然揮之不去。

也許你本來就在這段關係中感到孤單，尤其是當你的配偶住院或被診斷出身患絕症時。這種孤獨特別痛苦，然而配偶的死亡實際上可能會減輕這種痛苦的負擔。

你在社交上還可能會孤立自己。你覺得自己像腳踏車的第三個輪子——不那麼適合、不被需要。你想像每個人都在談論你，甚至私底下你懷疑到底有誰真正關心你的痛苦。當有人問起已逝的配偶時，你不知道是否感到被冒犯、要哭泣或乾脆走開。

你可能嘗試去處在人群或置身於親朋好友之中，以此來逃避孤獨的感受。你還可能讓自己變得超級忙碌，藉此尋求慰藉，或做些什麼事以避免獨自在家。你也許會尋找能一起出去的人，只是為了避免孤單，即使你並不樂於有他們的陪伴。有時候，什麼事都比獨自在家懷抱這些感受和回憶好得多。

隨著時間流逝，你將會跨越孤獨，進而接受孤獨。孤獨是自在地與自己相處的過程，你願意停止逃離痛苦，並在各方面接受這期間原本的自己。這意味著你了解到自己經歷的獨特性，你所經歷的是其他人可能無法分擔或全然明白的。

要達到這個境界，我們就需要了解，害怕孤獨比真正的孤獨還要糟。當我們經歷孤獨時，會發現一些我們從來都不知道自己已經擁有的資源，同時學習聚集自己需要但缺乏的資源，然後我們便能接受孤獨是人類境況的一部分。

「獨處」是自我治癒的一種方式。你需要時間反思及沉思，重新連結被自己否認的想法和感受，透過重新去體驗這些感受和想法，你會了解到當你獨自一人的時候，你不是空虛的，而是盈滿的。當你允許自己成長及發展時，就會感受到內心的充實感：沒有別人的陪伴也能感到自在。

最終你就能明白，想藉由「與另一個人在一起」來逃避孤獨，這麼做既毫無幫助也是痛苦的。知道你自己需要什麼來治癒，如此你便能選擇建立一段關係，而非只是尋找一個讓自己逃避孤獨的人，這將是你最大的挑戰之一。

友誼

當你經歷痛苦，尤其是情感上的痛苦時，和朋友分擔痛苦通常很有幫助。然而這並不是說朋友能治癒你的痛苦，而是分擔的行為能減輕負擔。遺憾的是，在喪偶後，婚姻時期的許多朋友不再與你相聚，因為你現在已是單身一人。

你可能會經歷失去朋友的階段，這有幾個原因。首先就是「你單身」，你可能會被已婚朋友視為威脅，因為你現在是一個可以愛的對象，如果朋友的婚姻關係正好不穩固，你對他們來說就可能構成威脅。同時，這也讓其他人意識到自己的配偶也會死亡，因為你的配偶已逝，而你提醒了他們這個事實。

另一個可能失去朋友的原因是，既然你目前單身，不論你是否願意，你已成為另一個次文化的一員：單身成年人當中的一個。你可能與已婚朋友更難有共同之處。如果你想保有你的朋友，就必須記住：你們過去的相似點，現在變成是差異，你必須要去加強其他的相似點。同樣地，你可能需要去接近擁有類似情況的人，也就是恢復單身的人，因為他們和你經歷過相同的情況。

拒絕及內疚

這可能聽起來不合理，但你會因為自己仍活著而產生拒絕的感受。你可能覺得配偶選擇死亡，而不是選擇與自己一起活下去。這個想法是正常的，也是悲傷過程的一部分。但是，拒絕意味著問題出在你身上，於是你開始搜尋自己個性中一些臆想的缺點：你有什麼可怕的地方，讓配偶寧願選擇死亡，而非與你共同生活？你也許會因為沒有經常對配偶表達愛意而感到內疚。仍然活著繼續過你的生活，是感到內疚的另一個原因。

你感到內疚，因為你不想獨自被留下，即使你的配偶在活著時要受苦。如果你的配偶曾經歷痛苦，你可能還會因為自己看到所愛的人從受苦當中解脫而感到內疚。

這些感受並非全部都是負面的。你在審視自己的行為時，如果你發現你的行為對自己和別人的互動造成困難，你可以做出改變。完成這項重建過程的目的，是要將自己視為有愛且出色的人，開始欣賞自己，如同你是自己最好的朋友一樣。

內疚並非全然無用，這可以協助你了解自己尚未達到的標準，但過度內疚則毫無幫助。當你用「應該」、「應該有」和「原本可以」的態度生活時，就無法將生活過得充實，最後會變得拘謹且被操控。如果你沒有達到實際可行的期望，可能未來就需要修正（如果可能的話）及改變行為。如果你是基於不切實際的期望而感到內疚，你就要提醒自己：在當時的狀況下，自己已經做到最好。

這個階段的目標，是要能夠理性審視你的內疚，思考內疚是否合適。你因為想要繼續自己的生活，或因為祈禱所愛的人的苦痛能夠結束而感到內疚，這是正常的。但你因為沒有阻止配偶死亡而感到內疚，這對你自己並不公平。

悲傷

人們用許多不同的方式經歷悲傷階段。但有些模式，不論是在拋棄者或被拋棄者的身上都確實出現了。你很可能經歷否認、討價還價、憤怒、沮喪，到最後的接受。

一旦你的配偶去世，悲傷是治癒過程中重要的一環。配偶的死亡包含出殯、葬禮及親朋好友的在側陪伴，但是悲傷的過程並沒有時限。善意的人會說：「不是應該繼續你的生活了嗎？已經過去〇個月了。」他們不了解的是，我們需要經過悲傷才能與這段關係告別，我們不只需要與配偶告別，也要與自己的生活方式告別。

我們會時常限制自己，不允許自己哭泣或感受痛苦。遺憾的是，這只能阻斷悲傷的過程，並未將悲傷揮除。我們需要承認痛苦以及生活中的失控，如此才能繼續我們的生活。

在悲傷過程中，討價還價的階段有兩種不同的面貌。對拋棄者而言，通常是「我會做任何事來防止這發生在我的伴侶身上」。對被拋棄者而言，這可能意味著去教堂祈禱所愛的人有生路，或願付出任何代價換來減輕痛苦。討價還價可能有幫助。許多人會去互助團體交換悲傷的情緒。在這些情況下，悲傷的人會嘗試進入另一種關係，藉以繞過孤獨的痛苦及不安全感。這裡要強調的是，如果你因為一段過去的關係受傷害，你便無法將時間和精力用來建立真實的親密關係。

沮喪的階段通常比我們認為能夠忍受的期間長。我們花大量的精力關心我們的配偶，以至於當我們不能接觸到他（她）的時候，就會很痛苦。可能會產生「凡是自己碰觸到的一切人事物都會死亡」的感覺。事實不是如此，不過這種沮喪的感覺仍需要被審視和處理。有些人認為，沮喪就是沒有出口的憤怒。不論原因為何，重要的是要了解：其他人也有或正在經歷相同的情緒。

當你終於停止問「為什麼我的配偶必須死」的時候，就表示「接受」的過程正在進行。因分離感到情緒上的痛苦，這確實會隨時間而減輕。我們希望你正經歷的痛苦能讓你了解自我，擁抱充實及豐富的經歷。

「接受」是很特別的，當我們能開始面對自身過去的痛苦或其他人的痛苦時，才會知道自己已然接受。「接受」可能無法完全做到，它也許會在我們揭開過去的痛苦時就溜走。當「接受」溜走消失時，這通常表示我們需要有更多的自我發現和個人成長。

憤怒

憤怒是悲傷過程中自然的一部分，也是治癒過程的一部分。你可能有很多要發洩憤怒的目標，通常上帝是很好的目標，因為上帝帶走你的配偶。你可能會因為逝去的配偶離開你，或因為朋友和牧師不了解你情感上的痛苦而感到憤怒。即使是那些明白且願意協助你的人，都可能會成為你憤怒的目標。你還可能因為情緒上的劇變，導致很難繼續生活而感到憤怒。

憤怒是種感受，感受是生活的一部分。你會很想否認或抑制自己的憤怒，但是憤怒就積極的能量來說很有建設性，因為它會引導你承認自己的人性，以及其他人的人性。當你解決你的憤怒後，便開始經歷平靜，放下你過去和現在不能控制事情的感受。

放手

這個艱難痛苦的過程，主要是在放開與已離世的前配偶的情感連結。在某個時間點，你的心會放掉與配偶結婚時的一切權利及特權。當你的注意力從過去轉到未來時，這表示是時候該以目前你擁有的一切來繼續過生活了。

一個遺孀仍戴著婚戒，或仍稱自己為某某太太（這裡的某某是她逝去配偶的姓氏），這就是沒有從過去解脫的例子。一部分的你，可能會抗拒這個放手的過程。當你嘗試放手時，你會經歷憤怒或內疚。

如果你擁有或正在培養其他興趣，例如工作或嗜好，而且維持很好的親友支持網絡，那麼你在度過悲傷過程的最後階段時會容易得多。為幫助你解脫，我們建議你移動臥室的家具，把已逝配偶的個人物品收起來，並試著在你生活中做些小更動。此後，當你與過去的情感連結變得更淡時，你可以再次把收起來的物品拿出來看。但是當你陷入那些回憶時，你會希望有朋友在身邊陪伴。

自我價值

當你的愛情關係結束時，你的自我概念會到達最低點。你大部分的性格都投入到這段關係，以至於你在面對身分空缺的位置時，會是極具毀滅的考驗。有太多時候，你總是只考慮到這段關係中的自己，你向別人介紹自己時，你會稱自己是「某某某的丈夫」或「某某某的妻子」。當你沒有和配偶在一起時，別人會問：「你的另一半去哪裡了？」

費雪博士發現，人們在喪失一段愛情關係後，會立即產生很差的自我形象，這種情況很常見。他認為人們的自我形象是習之得來的態度。我們稱自己是某某某的配偶、子女或父母的這種方式，賦予我們一種認同感。當你喪偶時，你就喪失了這種身分。如果你的自尊衰退，維持低迷，那麼悲傷的過程會變得更加艱難。

轉變

你處在可能是你人生中最大的轉變當中。更艱難的是，這甚至不是你自己選擇的。當喪偶後，在生活中的各方面，你都要從婚姻的生活方式走入單身生活。

在這種轉變下的最大變化是：從對生活無意識的影響中轉變為新的自由。隨著配偶不再是生活的一部分，你可能開始評估你在婚姻中的許多選擇，包括選擇背後的動機。過去遺留下來的東西仍會影響你的生活，不過你對此會有新的認知。

開放

開放是指你願意卸下武裝，願意尋求與另外一個人的親密關係。在另一個人面前容易變得脆弱，這可能會激起恐懼和內疚的感受。在悲傷的過程中，你可能已經打造了面具，不讓人知道你的痛苦。也許你會終生躲在面具後面，畢竟冒險「接納某人」似乎風險太大。

你在這期間可能會用許多面具來保護自己，常見的一種是「快樂的寡婦」面具，以正面角度看待所有的人事物，所有的痛苦都被遮掩。另一個面具是「勤奮者」面具，指的是只專注在細節，和人維持表面上談話的喪偶者。其他還有許多不同的面具。你是否戴上面具來因應這段期間的痛苦和不確定性？

面具並非全都不好。為了在艱難情況下生存，例如：失去逝去的配偶，面具是必要的。但總有一天，當維持面具所需的能量，妨礙個人成長和親密關係的潛力時，面具便是負擔。你需要決定什麼時候是讓別人看到面具背後的你的適當時刻。

試著寫下你為了保護自己所戴上的面具。如果有的話，哪一個是因為你配偶去世而產生的結果？每個面具隱藏或保護的是怎樣的感情？對哪一個面具你想要放手？

愛

「愛」在典型上被定義是針對外在對象，通常指的是人，但真愛的起點是你自己。你可能會發現你無法接受部分的自己。悲傷能揭露自己更深層的部分，學習擁抱這些部分，是愛別人的起點。如果你不愛自己，你如何愛別人？

你已經失去你對他付出愛的那個人，現在你試圖付出同樣的愛給自己時，可能會為此感到悵然若失。也許你尚未從另一個人那裡經歷過「接納」的美，這會使得「付出愛給自己」變得更難。然而，這次是一個機會能讓你體會自己有多獨特。你在照顧自己的期間，會查覺到自己開始出現了想再次與另一個人體驗愛的渴望。你發現自己免不了會拿將未來的伴侶和前配偶做比較，你可能希望找到能取代前配偶的人。雖說這種渴望可以理解，但卻是不可能的，不過要建立親密關係則是有可能的。

信任

你可能會想著，不要再愛別人了，因為他們可能會在你面前死去。然而，當你揮去這個想法時，那些潛在對象似乎都不符合你的要求了，最後演變成你將自己變成絕緣體，這樣你就不會再次受到傷害。和別人相處時需要分享自我，當我們信任他人時，我們就會把自己暴露在痛苦中。但若我們不信任他人，我們就只是存在，而不是在過生活。

你活著，你的配偶死亡，若你不願參與生活，你便是情感死亡的人。缺乏信任並非絕對是壞事，但不信任任何人，包括你自己，都會導致痛苦、懷疑和恐懼，而這些只有你自己才感受得到。

成長型關係

當你繼續攀登時，這裡指的是你在重建過程中前行時，你可能會在沿途發現有其他人可以結交認識。喪偶的人找到可以給予自己安慰、支持和鼓勵的人，並非少見，然而這種「成長型」關係不一定浪漫，而且通常是短暫的。

性

當你結婚時，你知道在性方面對配偶有什麼期待。在這段關係的這個領域中，你的需求也許並不總是能獲得滿足或感到滿足，但你擁有的是你所熟悉的人。對有些人而言，進入新的性關係可能令人興奮，但對許多人而言，未知的可變因素讓人深感壓力。

你同時也會面對一連串的新選擇。你對性的價值觀為何？失去配偶後，想創造對性滿足的需求，會暴露出你對於與另一個人變得親密的恐懼。你可能甚至會因為受到陌生人的性吸引而感到內疚。

單身

在悲傷過程的早期，你可能覺得沒有另一段愛情關係就無法活下去。當你到能說出「我很滿意單身」的時候，你便到達個人滿足的階段。這並不意味著你的下半生都會單身，但這確實意味著你已接受孤獨。

如果你大部分的時間都繞著前配偶轉，那麼你在單身一開始時可能會有失敗感。你內心可能響起「我只有結婚才行」的聲音。雖然這是很難改變的信念，但你仍然可以更新對自己的看法。這種更新是種醒悟，了解你身為人的價值不是來自與另一個人的關係。即使獨自一人，你自己也具有價值。在你的婚姻或原生家庭裡，你可能沒有感到被珍視，或是在特別形成的關係中你必須放棄自己的價值，而現在，你有機會取回屬於自己的東西了。

目標

這個令人激動的時刻，發出快要結束悲傷的信號。你似乎是第一次開始有活著的感覺。過去你深陷於失去配偶的痛苦中，因此認為一些人事物是理所當然的或是理應被忽略，對於這些你終於能敞開心扉了。

這期間，你停止了自己在先前婚姻中的生活。你開始依自己的需要和看法來形成目標。這是你評估生活方向以及決定真正嚮往的道路的時候了。你開始更活在當下、放下過去，並同時規劃未來。

自由

自由就是完全做自己。這是你在接受和整合個性中的多種面向後所採取的行動。你可自由感受、思考及適應。假設你順利解決先前的重建，你現在便可自由地成為你想成為的人。你了解各種關係都可能是你的老師，與他人建立聯繫意味著重新連結自己。你已經攀登上山，現在準備繼續你的生活。你已對失去的配偶悲傷過，現在抱持開放的心和其他人建立親密關係吧。

恭喜！

出版後

很多人都認為結婚的目的是找到理想中的另一半，好讓自己成為一個「完整的人」，並希望以婚姻方式處理自身的不完整和無法獨立解決的事情，最終卻落得不歡而散。其實，婚姻本身並沒有錯，錯誤的是很多人結婚的目的。

本書作者致力於離婚後個體的自我成長已經十幾年，他們將這些累積的經驗和見聞凝聚在這本書裡，同時告訴我們：婚姻對人的意義並不是雪中送炭，而是錦上添花；夫妻兩個人不僅僅是取長補短，還應當做到珠聯璧合。

這本書詳細講解了如何走出離婚陰霾直到重獲新生的十九個步驟，剖析了每個步驟出現的原因和意義，同時提供切實可行的方法；此外，針對父母離異的孩子，作者也提出了相對應的心理成長方案，讓孩子受到最少的傷害，獲得最多的成長。

關係結束後，成為更好的自己【薩提爾專文推薦暢銷經典版】（二版）：分手、離婚、喪偶，重建自我的19段旅程

Rebuilding: When Your Relationship Ends

作　　者　布魯斯・費雪（Bruce Fisher）、羅伯特・艾伯提（Robert Alberti）
譯　　者　熊亭玉
責任編輯　夏于翔
協力編輯　陳婉婷
內頁構成　李秀菊
封面美術　萬勝安

總 編 輯　蘇拾平
副總編輯　王辰元
資深主編　夏于翔
主　　編　李明瑾
業務發行　王綬晨、邱紹溢、劉文雅
行　　銷　廖倚萱
出　　版　日出出版
地址：231030新北市新店區北新路三段207-3號5樓
電話：02-8913-1005　傳真：02-8913-1056
網址：www.sunrisepress.com.tw
E-mail信箱：sunrisepress@andbooks.com.tw

發　　行　大雁出版基地
地址：231030新北市新店區北新路三段207-3號5樓
電話：02-8913-1005　傳真：02-8913-1056
讀者服務信箱：andbooks@andbooks.com.tw
劃撥帳號：19983379　戶名：大雁文化事業股份有限公司

印　　刷　中原造像股份有限公司
二版一刷　2024年5月
定　　價　650元
I S B N　978-626-7460-41-2

國家圖書館出版品預行編目（CIP）資料

關係結束後，成為更好的自己：分手、離婚、喪偶，重建自我的19段旅程／布魯斯・費雪（Bruce Fisher）、羅伯特・艾伯提（Robert Alberti）著；熊亭玉譯. -- 二版. -- 新北市：日出出版：大雁出版基地發行, 2024.05
448面；17×23公分
譯自：Rebuilding : when your relationship ends
ISBN 978-626-7460-41-2（平裝）
1.兩性關係　2.離婚
544.7　　113006708